E PARTICIPAÇÕES ESPECIAIS

E AÍ

PARA QUE SERVE?

Literare Books
INTERNATIONAL
BRASIL · EUROPA · USA · JAPÃO

GUIA ILUSTRADO DE **INTELIGÊNCIA ARTIFICIAL** PARA CURIOSOS COM CASOS PRÁTICOS

Presidente do conselho:
Maurício Sita

Presidente:
Alessandra Ksenhuck

Vice-presidentes:
Cláudia Pires e Julyana Rosa

Diretora de projetos:
Gleide Santos

Capa, projeto gráfico e diagramação:
Gabriel Uchima

Gráficos e diagramas:
Candido Ferreira Jr.

Coordenadora editorial:
Amanda Moura

Assistentes editoriais:
Júlia Almeida e Lui Navarro

Revisão:
Ivani Rezende e Margot Cardoso

Ilustrações de IA:
DaVinci AI e Dall-E

Impressão:
Printi'

Dados Internacionais de Catalogação na Publicação (CIP)
(eDOC BRASIL, Belo Horizonte/MG)

Reisier, Ariane.
R377e E AÍ para que serve? / Ariane Reisier. – São Paulo, SP: Literare Books International, 2024.
408 p. : il. : 16 x 23 cm

Inclui bibliografia
ISBN 978-65-5922-897-3 - Brochura
ISBN 978-65-5922-914-7 - Capa dura

1. Inteligência Artificial. I. Título.
CDD 006.3

Elaborado por Maurício Amormino Júnior – CRB6/2422

Literare Books International.
Alameda dos Guatás, 102 – Saúde– São Paulo, SP.
CEP 04053-040
Fone: +55 (0**11) 2659-0968
site: www.literarebooks.com.br
e-mail: literare@literarebooks.com.br

MISTO
Papel | Apoiando o manejo florestal responsável
FSC® C196274

Dedico este livro a minha primeira família, minha mãe, meu pai e meus irmãos,
e à família que construí com o homem que trouxe modernidade a minha vida,
Antônio Loureiro. Ao garotinho mais inspirador do mundo, Raphael,
e às três garotinhas que me fazem querer ser uma mulher
em constante evolução: Antonella, Bia e Duda.

E AÍ REQUALIFICANDO PARA O FUTURO

Vivemos numa era de transformação digital sem precedentes, onde a Inteligência Artificial (IA) finalmente emerge como a protagonista de uma revolução que promete redefinir o futuro do trabalho. A requalificação dos profissionais de todas as áreas em IA não é apenas uma necessidade, mas uma oportunidade de ouro para aqueles que desejam permanecer relevantes, competitivos e empregáveis no mercado. Assim como os microcomputadores, as ferramentas do Microsoft Office, internet e inúmeras outras ferramentas que revolucionaram a forma como trabalhamos e nos comunicamos nas organizações, a IA está pronta para elevar nossa produtividade e inovação a níveis nunca antes vistos.

Nos primórdios da internet, a adaptação e o aprendizado foram cruciais para o sucesso das empresas e indivíduos. Aqueles que abraçaram a mudança e investiram em conhecimento colheram os frutos de uma conectividade global e de uma automação sem igual. Da mesma forma, quando as ferramentas do Office se tornaram indispensáveis, empresas que promoveram a capacitação de seus colaboradores em ferramentas hoje consideradas básicas, destacaram-se pela eficiência e organização aprimoradas.

Hoje, estamos diante de uma nova fronteira. A IA não apenas automatiza tarefas repetitivas, mas também oferece *insights* poderosos através da análise de grandes volumes de dados, aprendizado de máquina e processamento de linguagem natural. No entanto, para que essas ferramentas alcancem seu máximo potencial, é fundamental que as empresas promovam uma cultura de aprendizado contínuo e adaptação.

Incentivar a requalificação em IA significa capacitar os colaboradores para utilizarem essas ferramentas de forma estratégica,

tornando-se solucionadores de problemas mais eficazes e inovadores. É um investimento que se traduz em melhores resultados, seja na otimização de processos internos, na melhoria do atendimento ao cliente ou na criação de novos produtos e serviços.

Portanto, convido todas as empresas a reconhecerem o valor da requalificação em IA e a investirem no desenvolvimento de seus colaboradores. Ao fazer isso, não apenas estarão preparando seus times para o futuro, mas também garantindo que a organização acompanhe, evolua, se adapte, se reinvente e continue a prosperar em um mundo cada vez mais digital e interconectado, valorizando o ser humano que conduz essa jornada.

Seja bem-vindo a esta jornada de transformação e aprendizado. Que este livro seja um guia valioso no caminho para um futuro mais inteligente e promissor.

Antonio Loureiro

CEO - Presidente da ConquestOne.

E AÍ ORIENTA SEU FUTURO?

Nos últimos anos, a evolução da tecnologia da informação no mundo dos negócios sustentou-se em três pilares: interação, informação e computação. Segundo a edição de 2023 do relatório Tech Trends, da Deloitte, que analisa tendências tecnológicas, o futuro da TI deve continuar a se apoiar nesses pilares para, agora, alcançar três objetivos principais: **simplicidade, abundância e inteligência.** Essa transformação será conduzida de acordo com a necessidade de responder a demandas concretas dos negócios, como conquistar e manter a confiança de *stakeholders* e modernizar suas operações como um todo. Afinal, como aponta o relatório da Deloitte, são os negócios que impulsionam a tecnologia, e não o contrário.

Algumas tecnologias ocuparão o centro dessas discussões no médio prazo. A Inteligência Artificial (IA), que tem amadurecido em ritmo alucinante, indiscutivelmente estará na liderança. Outras tecnologias, obviamente, têm destaque. Cloud, por exemplo, é uma delas, mas sobretudo por sua capacidade de acelerar a jornada de transformação digital das empresas. Assim, Cloud crescerá ao permitir às empresas, principalmente, tirarem proveito máximo da Inteligência Artificial. Trata-se, de fato, de um tema que assumiu o topo da pauta tecnológica. Quando a publicação britânica *The Economist* incluiu IA em seu relatório *The World Ahead 2024*, afirmou que 2024 seria o ano em que a Inteligência Artificial *"gets real"*; ou seja, que o jogo ficaria sério, com regulamentações sendo extensivamente discutidas e estabelecidas conforme mais empresas adotam AI e desenvolvedores a aprimoram, gerando novos usos.

Vivemos um momento crucial em que compreensão e ponderação são palavras-chave em termos de Inteligência Artificial. É isso o que torna fundamental a presente obra, que é uma iniciativa de Ariane Reisier, que gentilmente me convidou a escrever este prefácio. Como não poderia ser diferente, este livro nasceu do estudo e determinação de

Ariane para compreender profundamente o tema e transmiti-lo de maneira acessível aos não técnicos no assunto. Para enriquecer o livro, Ariane decidiu incluir aplicações práticas de IA descritas por mulheres, o que insere uma dimensão também transformadora em termos de promover novos pontos de vista e impulsionar o protagonismo das mulheres nesse tema.

Novas visões são essenciais para moldar o debate. Muitos líderes de negócios com quem interagi nos últimos anos diziam acreditar que a Inteligência Artificial ainda não parecia capaz de trazer vantagens competitivas relevantes aos seus negócios. A percepção dessas lideranças, em minha visão, se deve em parte à maior visibilidade que as aplicações populares da IA ganharam no dia a dia, que têm um caráter padronizado, quase comoditizado. Eu mesmo empreguei a IA generativa para me apoiar a solucionar um pequeno trecho desse texto - e deixo a cargo de vocês, leitores, tentarem identificar qual é. O grande potencial da IA, no entanto, não estará no uso isolado ou ferramental, mas em como uma empresa, instituição poderá integrá-la organicamente em todos os seus processos, de forma robusta, transformando-se completamente diante de seus pares ou mesmo competidores.

O desafio a ser endereçado no médio prazo para viabilizar essa transformação está em uma palavra: confiança. É preciso amadurecer a Inteligência Artificial a ponto de que se possa deixá-la tomar decisões a partir de um nível de discernimento bastante sólido. Trata-se de uma evolução tecnológica e processual, claro, mas também de uma evolução cultural – e, nesse quesito, iniciativas como esta obra certamente terão um grande peso.

Altair Rossato

Sócio de Strategic Clients & Alliances e Ex-CEO da Deloitte.

E AÍ FOCO NA JORNADA?

Olá, leitores.

Se estão lendo estas primeiras páginas é porque tiveram acesso a esta intrigante obra de minha amiga, Ariane Reisier. Recomendo uma "degustação" de cada capítulo, de cada página, a fim de que possam desfrutar do conteúdo nele contido. Acredito fielmente que lerão mais de uma vez, de forma sequencial, ou buscando tópicos específicos de acordo com a necessidade.

Com um título que faz um trocadilho criativo e cativante, Ariane Reisier não apenas captura a atenção do leitor, mas também garante que ela seja mantida do início ao fim. Em *E AÍ, para que serve?*, Ariane nos convida a embarcar em uma jornada de descobertas sobre a Inteligência Artificial, guiando-nos por um caminho marcado por vários *insights* e aprendizados. A cada capítulo, Ariane, com sua habilidade única de comunicação – forjada em inúmeras palestras e seminários – não só dissemina conhecimento, mas também estimula a curiosidade e o pensamento crítico.

Numa era em que se diz que **"os dados são o novo petróleo",** Ariane trabalha habilmente em um conceito que considero até mais atual do que o anterior. Na realidade, a meu ver, **"a atenção é o novo petróleo"**. E verdade seja dita, ela realmente sabe como capturar e manter a nossa atenção. Com uma escrita simultaneamente acessível e informativa, este livro se torna uma leitura essencial para todos aqueles que desejam compreender a fundo o universo da Inteligência Artificial – explorando não apenas o que é visível, mas também o que se esconde por trás da mística que envolve o tema.

Ariane, na sua paixão pelo estudo da IA associada à vasta experiência como palestrante, se qualifica não apenas como uma multiplicadora de conhecimento, mas também como uma influenciadora dessas novas abordagens e tecnologias emergentes. Este livro reflete sua jornada e expertise, transformando complexidade em clareza e incerteza em compreensão.

Com uma abordagem englobando desde a introdução até o desenvolvimento da Inteligência Artificial (IA), o texto se mostra informativo e bem contextualizado. Ao conectar histórias mitológicas com inovações contemporâneas em IA, em uma linha condutora clara, ela fornece uma perspectiva histórica que ajuda a situar o leitor no tema, facilitando a compreensão de sua evolução ao longo do tempo.

Nos capítulos finais, Ariane inclui considerações importantes sobre as implicações éticas e práticas da IA, aspectos estes que se mostrarão obrigatórios e recorrentes nos próximos anos. Tais inclusões se mostram benéficas, uma vez que encorajam os leitores a pensarem sobre as consequências futuras da tecnologia na sociedade, além de suas capacidades técnicas.

Em geral, a obra, como um todo, serve como uma introdução efetiva aos temas complexos da Inteligência Artificial, equilibrando bem explicações técnicas com discussões conceituais mais amplas. A habilidade de Ariane em abordar tanto a história (linha do tempo) quanto os impactos potenciais da IA contribui sobremaneira para uma compreensão abrangente do campo.

Do primeiro ao último capítulo deste livro, os leitores são convidados a enfrentar um desafio intelectual estimulante: adentrar no universo da IA e emergir transformado, com uma nova visão sobre como a tecnologia molda nosso mundo. Repleto de curiosidades e narrativas envolventes, *E AÍ, para que serve?* não é apenas um livro, mas uma porta para o futuro da tecnologia, acessível a qualquer um que se atreva a girar a maçaneta.

Assim sendo, ressalto, para todos aqueles que buscam entender as tendências atuais e futuras da Inteligência Artificial, que a leitura deste livro não é apenas recomendada, mas sim essencial.

Embarque nesta jornada de conhecimento e deixe que Ariane Reisier seja sua guia na transformação de como você vê e interage com o mundo da tecnologia.

Lester de Abreu Faria

Postgraduate and Undergraduate Professor (Master's and Doctoral Advisor) do Instituto Tecnológico de Aeronáutica - ITA.

Principal Researcher - Digital Twins and Advanced Manufacturing do SENAI-SP.

Senior Partner da Shamal Space.

CAPÍTULO 01: O DESPERTAR DA INTELIGÊNCIA ARTIFICIAL

CAPÍTULO 02: INTELIGÊNCIA ARTIFICIAL CLÁSSICA OU SIMBÓLICA

CAPÍTULO 03: INTELIGÊNCIA ARTIFICIAL ESTATÍSTICA OU SEMISSIMBÓLICA

CAPÍTULO 04: USANDO INTELIGÊNCIA ARTIFICIAL

CAPÍTULO 05: ELABORAÇÃO DE PROJETOS NA INTELIGÊNCIA ARTIFICIAL

CAPÍTULO 06: MULHERES NA VANGUARDA DA INTELIGÊNCIA ARTIFICIAL

CAPÍTULO 07: FILOSOFIA DA INTELIGÊNCIA ARTIFICIAL

CAPÍTULO 08: VIVENDO COM INTELIGÊNCIA ARTIFICIAL

CAPÍTULO

01

O DESPERTAR DA INTELIGÊNCIA ARTIFICIAL

CONCEITOS, MECANISMOS E ESTRUTURAS

Desde tempos remotos, a humanidade se encanta com a ideia de criar máquinas animadas, como ilustrado nas antigas histórias: Talos, o gigante construído por Hefesto para proteger a ilha de Creta; Dédalo e Ícaro, da Grécia, e a construção de exoesqueleto que permitiu que voassem. Essas narrativas ancestrais nos mostram que a busca pela criação de algo vivo desenvolvido pelo humano sempre esteve presente em nossa imaginação.

No cenário mais contemporâneo, observamos os engenheiros e filósofos indagando sobre a possibilidade de simular o pensamento humano por meio de símbolos e algoritmos. Essas reflexões culminaram no desenvolvimento dos primeiros computadores digitais programáveis na década de 1940, marcando o início de uma nova era na história da tecnologia.

À medida que a Inteligência Artificial se estabelecia como um campo de estudo reconhecido, os computadores se tornavam mais poderosos, abrindo portas para uma infinidade de aplicações no mundo dos negócios. No entanto, surgem questões intrigantes: até onde podemos ir com essa tecnologia? Será possível criar uma Inteligência Artificial verdadeiramente viva? Ou será sempre uma simulação da vida?

Hoje, ao nos depararmos com esses questionamentos, somos desafiados a explorar novas perspectivas e buscar soluções inovadoras para nossas empresas.

Essas reflexões, conceitos e conhecimentos abordados em pesquisas, experimentos e materializados em produtos e serviços dos tempos modernos nos conduzirão por estas próximas páginas em *insights* para estimular a criatividade, revolucionar processos e estratégias de negócios.

IMITANDO A VIDA

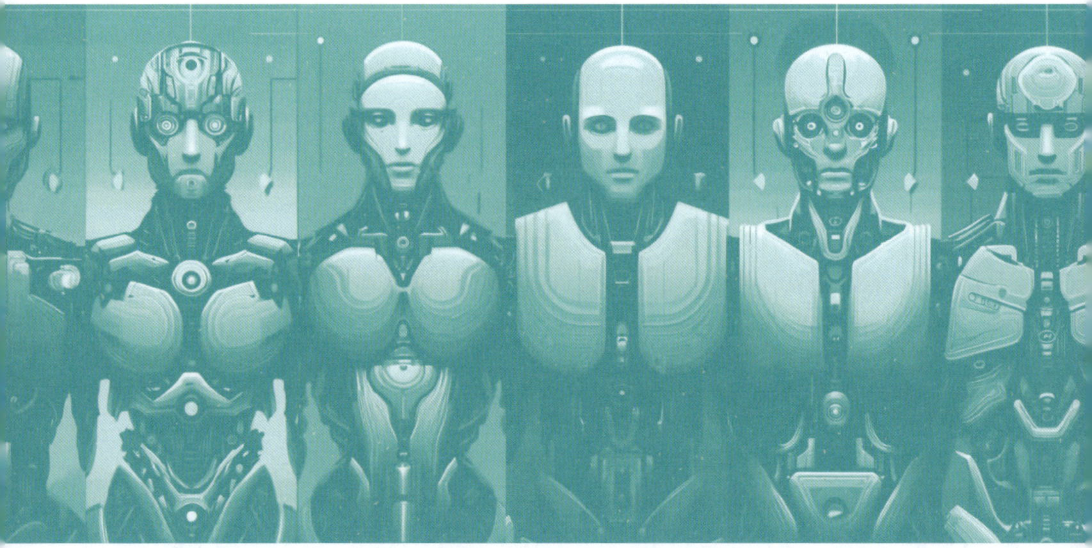

Presenciamos o desenvolvimento contínuo de entidades artificiais projetadas não apenas para executar tarefas, mas para emular a complexidade da vida humana e animal. A capacidade dessas máquinas para imitar e, em alguns casos, aprimorar as funções biológicas levanta questões profundas sobre o ponto de conexão entre as máquinas e os seres humanos. Desde os primeiros autômatos mecânicos até os sofisticados androides e ciborgues interativos de hoje, testemunhamos uma transformação notável no campo da tecnologia.

Os autômatos, um conceito antigo já mencionado na mitologia grega representado por Talos, o gigante de ferro que protegia a ilha de Creta, mesmo com a descrição de seus mecanismos rudimentares, pavimentou o caminho pelo imaginário até alcançarmos o conceito de robôs, máquinas capazes de realizar tarefas complexas com precisão super-humana.

Nessa evolução, os ciborgues aproximaram o conceito entre o orgânico e o artificial, integrando tecnologia na biologia para restaurar funções perdidas ou expandir capacidades do corpo humano.

E no ápice da tentativa de replicar a forma humana, os androides, talvez os mais intrigantes de todos, incorporam Inteligência Artificial para simular o comportamento humano, desde a conversação até a expressão emocional.

Podemos observar, por essas criações, quem somos e explorar como a Inteligência Artificial e suas diversas manifestações não apenas imitam a vida, mas também ampliam nosso entendimento quando refletimos sobre a natureza da inteligência, da consciência e da identidade em um mundo em que a fronteira entre o natural e o artificial é cada vez mais difusa.

DIMENSÕES E DEFINIÇÃO DA INTELIGÊNCIA

A inteligência é um atributo multifacetado que engloba diversas características intelectuais, como conhecer, compreender, raciocinar e interpretar. Originária do termo latino *intelligentia*, ela se refere à capacidade de escolha entre várias possibilidades, envolvendo o processo de avaliação das vantagens e desvantagens das opções por meio do raciocínio, pensamento, compreensão, memória, juízo, abstração, imaginação e concepção. Essa definição de inteligência pode variar de acordo com o contexto, como na psicologia, que se refere à capacidade de aprender e relacionar, ou na biologia, associada à adaptação a novos ambientes.

Inicialmente, na Inteligência Artificial, utilizou-se o modelo proposto pelo matemático inglês **Alan Turing (1912-1954)**, que concebeu um teste para determinar se uma máquina tem inteligência semelhante à humana. Originalmente focado na inteligência numérica e na capacidade de realizar cálculos matemáticos, o teste de Turing (ver mais na pág. 354) evoluiu à medida que os cientistas argumentaram que a Inteligência Artificial deve abranger os diferentes tipos de inteligência para ser considerada equivalente à humana.

O psicólogo **Howard Gardner (1943-)** e sua teoria das inteligências múltiplas explora os 8 tipos de inteligências que indicam habilidades específicas.

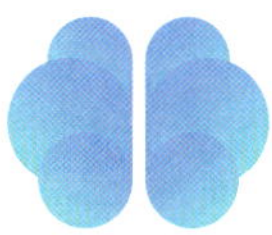

Inteligência linguística
Associada à capacidade de usar a linguagem de forma eficaz.

Inteligência sensorial
ou corporal cenestésica
Refere-se à habilidade física e motora.

Inteligência emocional ou interpessoal
Relacionada à capacidade de se relacionar com os outros.

Inteligência numérica ou lógico-matemática
Envolve a capacidade de resolver problemas matemáticos e detectar padrões.

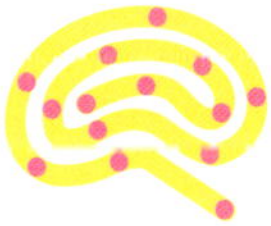

Inteligência naturalística
Ligada à compreensão e interação com o ambiente natural.

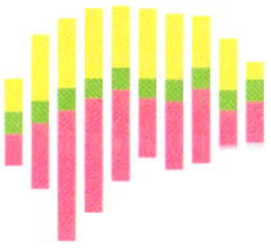

Inteligência musical
Envolve habilidades musicais e auditivas.

Inteligência espacial
Ligada à capacidade de pensar de forma imagética e visualização de espaço.

Inteligência interpessoal ou reflexiva
Envolve o autoconhecimento e a consciência emocional e intelectual.

A INTELIGÊNCIA ARTIFICIAL E O PENSAMENTO COMPUTACIONAL

No mundo da Inteligência Artificial, surge uma interessante perspectiva: a ideia de que todo pensamento pode ser equiparado a processos computacionais. Isso significa que tanto o pensamento humano quanto o artificial são essencialmente formas de computação, utilizando algoritmos para processar informações e produzir resultados.

Para os profissionais de negócios, essa visão tem implicações significativas. Ela sugere que a Inteligência Artificial pode ser desenvolvida para realizar ampla gama de tarefas, desde a análise de dados até a tomada de decisões estratégicas. Em outras palavras, a IA pode se tornar uma poderosa aliada nas operações comerciais, ajudando a otimizar processos, identificar oportunidades e impulsionar o crescimento.

No entanto, essa abordagem também levanta questões importantes sobre o potencial da Inteligência Artificial. Alguns estudiosos argumentam que, ao atribuir à IA a capacidade de pensar e ter consciência, estamos superestimando suas capacidades e ignorando as complexidades da mente humana. Além disso, preocupações éticas surgem em relação ao desenvolvimento de sistemas autônomos com capacidade de tomar decisões que afetam vidas humanas.

Ao considerar essas perspectivas contrastantes, somos desafiados a encontrar um equilíbrio entre a confiança na Inteligência

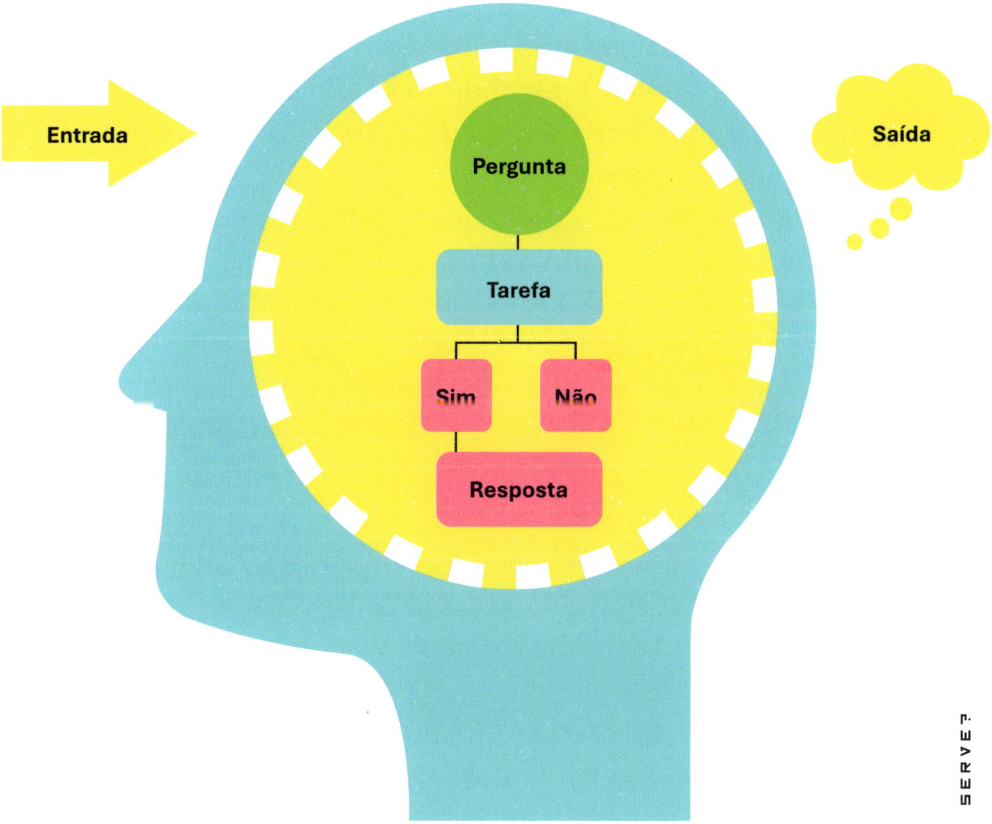

Artificial e a valorização das habilidades humanas únicas, como intuição, criatividade e empatia. Embora a IA possa oferecer eficiência e precisão, ela não pode substituir completamente a complexidade e a adaptabilidade do cérebro humano.

O MUNDO TRADUZIDO EM ZERO E UM

O código binário é uma maneira de expressar a linguagem da computação, uma representação codificada matematicamente, por meio dos dígitos: 0 e 1. Essa simplicidade aparente esconde uma complexidade incrível, pois cada combinação desses dois dígitos pode representar vasta gama de informações.

Compreender o código binário é essencial, pois ele é a base de todo o funcionamento dos sistemas computacionais modernos. Cada número, letra ou símbolo pode ser convertido em uma sequência de zeros e uns, permitindo que seja processado e armazenado por computadores de forma eficiente.

Por exemplo, o número decimal 12 é representado como 1.100 em binário. Da mesma forma, qualquer letra de qualquer alfabeto conhecido pode ser representada por uma sequência binária única. Essa capacidade de representar informações de forma binária é o que torna os computadores tão versáteis e poderosos em lidar com uma variedade de dados e tarefas.

Além disso, o código binário também é utilizado para representar os dois estados de uma corrente elétrica: ligada (representada pelo número 1) ou desligada (representada pelo número 0). Essa interpretação física do código binário permite que os dispositivos eletrônicos se comuniquem entre si e executem operações de forma coordenada.

01100101

0110

000101101001

01110000 01100001 01110010 01100001

01110001 01110101 01100101

01110011 01100101 01110010 01110110 01100101 00111111

SOLUÇÃO BOA O SUFICIENTE

Heurística, derivada do termo grego "heuriskein", que significa "descobrir", é fundamental no campo da Inteligência Artificial (IA). Essas técnicas, essenciais para resolver problemas que são demasiados complexos para abordagens determinísticas tradicionais, oferecem uma via prática e eficiente para encontrar soluções aproximadas.

Na IA, as heurísticas são frequentemente aplicadas em sistemas que precisam tomar decisões inteligentes com informações incompletas ou sob restrições de tempo rigorosas. Um exemplo clássico é o uso de heurísticas em algoritmos de busca, como aqueles que guiam a navegação de robôs em ambientes desconhecidos ou jogos de computador nos quais o número de possíveis movimentos é vastamente grande.

Apesar de suas vantagens, é crucial reconhecer as limitações das heurísticas. Elas não garantem a obtenção da melhor solução possível e, às vezes, podem levar a decisões subótimas.

As heurísticas também desempenham papel vital na aprendizagem de máquina, especialmente em algoritmos de otimização que ajustam parâmetros de modelos de IA. Métodos como o Gradiente Descendente, que utiliza princípios heurísticos para fazer ajustes incrementais nos pesos de redes neurais, guiando-os em direção a um desempenho ótimo.

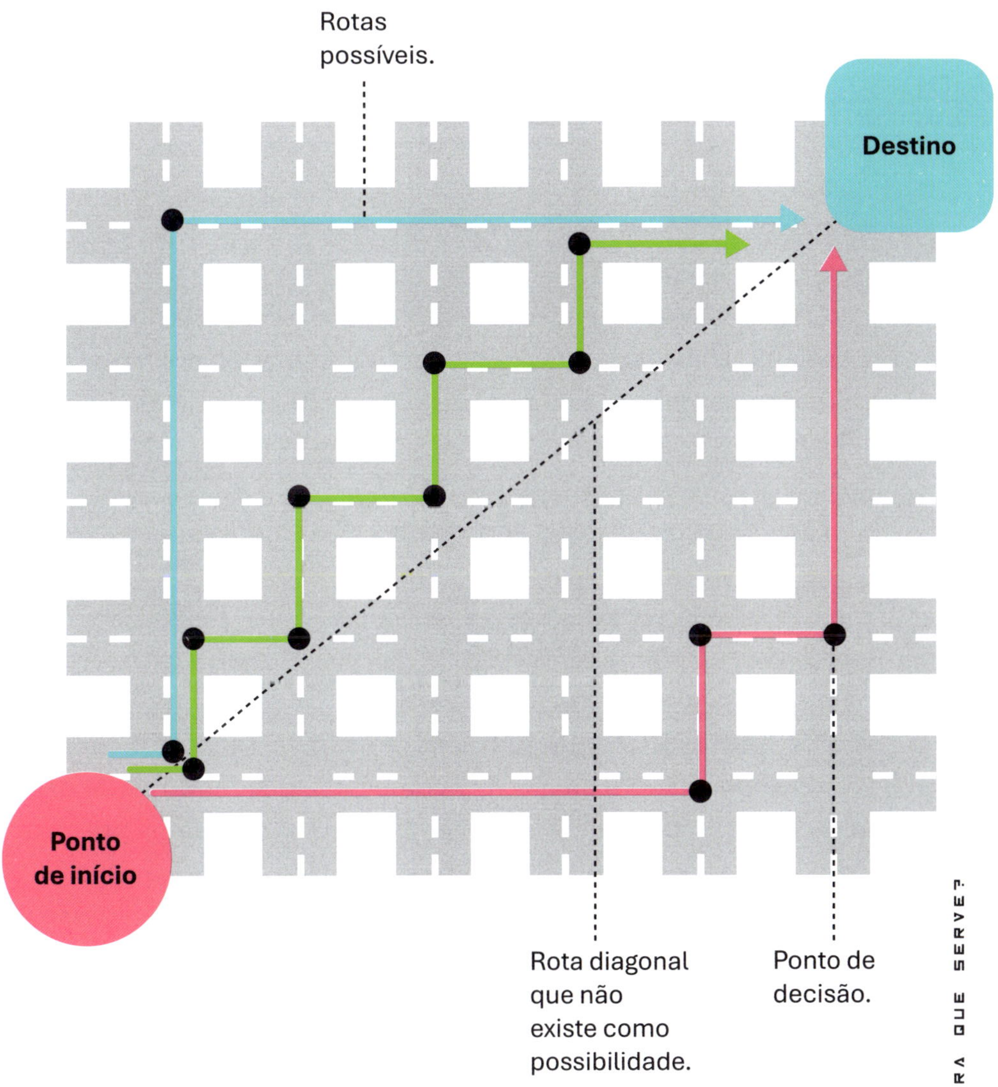
Rotas
possíveis.
Destino
Ponto
de início
Rota diagonal
que não
existe como
possibilidade.
Ponto de
decisão.

RIGOROSO E SISTEMÁTICO

Os algoritmos são como receitas para o mundo digital. Eles consistem em uma sequência de instruções projetadas para realizar uma tarefa específica, processando uma entrada de dados por meio de várias etapas até produzir o resultado desejado.

Compreender o conceito de algoritmos é essencial, pois são a espinha dorsal de muitos processos e sistemas computacionais utilizados no ambiente empresarial. Desde cálculos simples até a solução de equações matemáticas complexas, os algoritmos são aplicados em ampla variedade de tarefas e processos.

Um dos aspectos mais importantes dos algoritmos é sua eficácia. Isso significa que possuem um número finito de etapas e são capazes de produzir uma resposta ou saída definida. Em outras palavras, os algoritmos são métodos confiáveis e previsíveis para alcançar um resultado desejado.

Por exemplo, imagine um algoritmo para calcular o preço total de uma compra on-line. Ele começaria recebendo a lista de itens selecionados pelo cliente, em seguida, somaria os preços individuais dos produtos, aplicaria descontos, se aplicável, e finalmente apresentaria o valor total a ser pago. Cada etapa desse processo é cuidadosamente definida no algoritmo, garantindo que o resultado seja preciso e confiável.

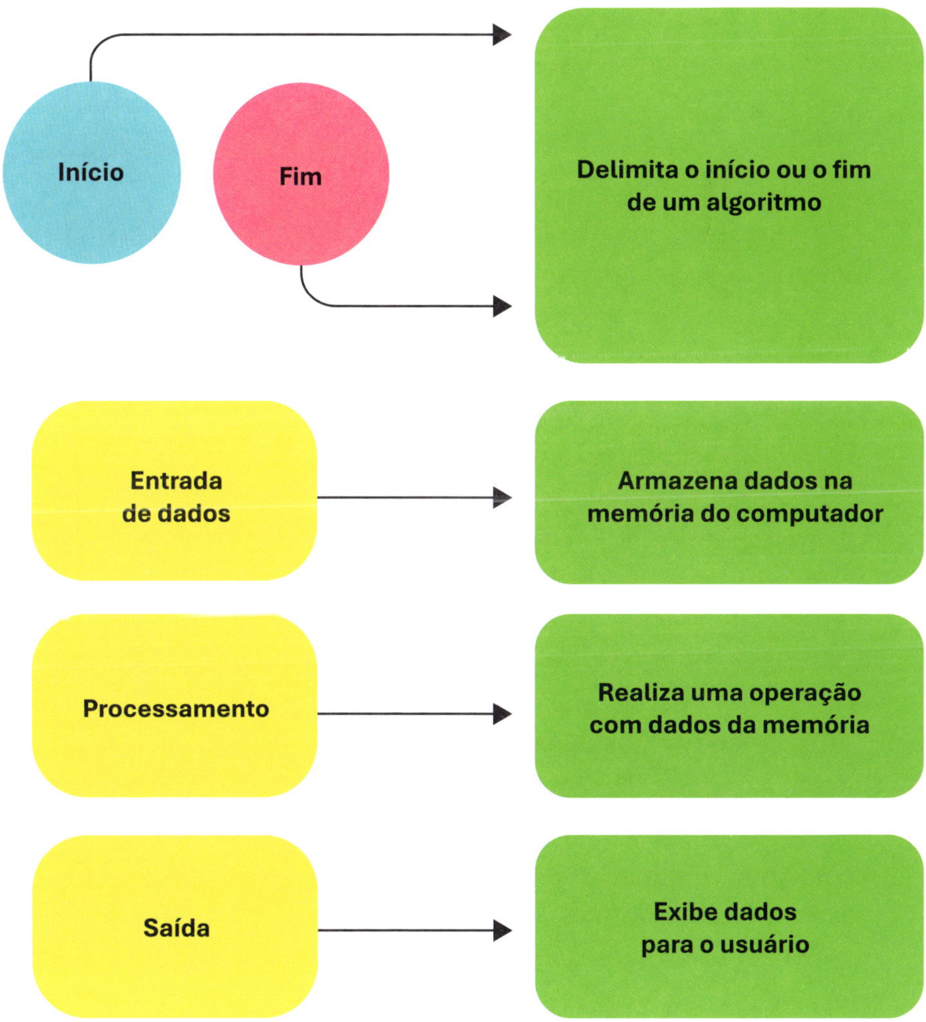
Início
Fim
Delimita o início ou o fim de um algoritmo
Entrada de dados
Armazena dados na memória do computador
Processamento
Realiza uma operação com dados da memória
Saída
Exibe dados para o usuário

ALGORITMO EM AÇÃO

Os algoritmos não são apenas conceitos abstratos – estão em constante ação ao nosso redor, impulsionando a computação e a resolução de problemas em ampla gama de contextos.

Imagine que você está somando mentalmente um par de números de três dígitos. Você segue uma série de etapas ou um algoritmo para realizar esse cálculo, mesmo que não esteja consciente disso. Cada etapa, desde a adição dos dígitos menos significativos até a consideração dos transportes dos dígitos, faz parte desse algoritmo.

Os cálculos podem utilizar símbolos para representar números, mas esses símbolos podem representar quase qualquer coisa. Com os símbolos certos e os algoritmos adequados, a computação pode se tornar incrivelmente complexa, possibilitando uma variedade de aplicações e soluções de problemas em diferentes domínios.

Os componentes fundamentais de um cálculo incluem a entrada, a saída e as várias etapas intermediárias. Essas etapas podem variar desde simples adições até equações complexas envolvendo múltiplas variáveis e operações matemáticas. O objetivo final é transformar a entrada em uma saída desejada, seguindo as regras e instruções definidas pelo algoritmo.

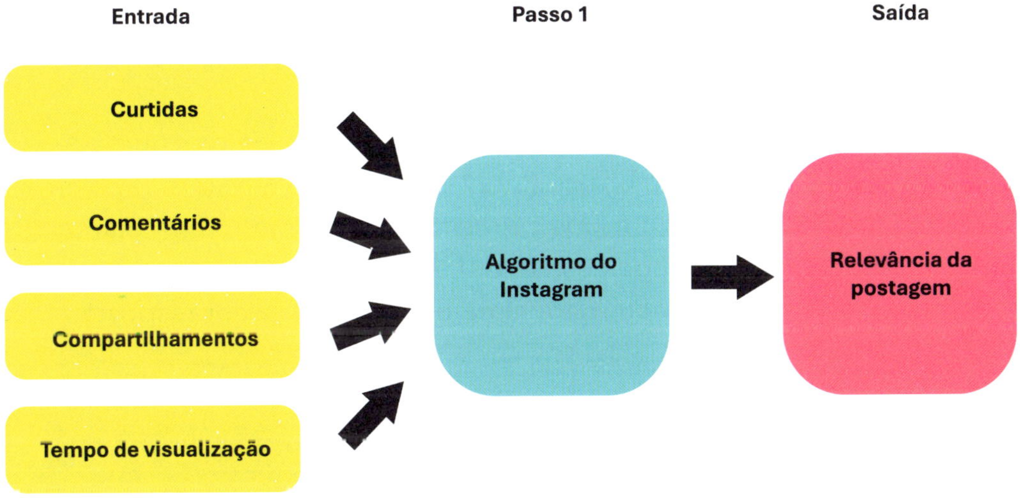

Aqui temos um exemplo de como seria o algoritmo de uma postagem em redes sociais em ação.

INSTRUINDO COMPUTADORES

Os programas são os cérebros por trás da operação de um computador. Eles consistem em uma sequência de instruções escritas em código, que permitem que a máquina execute uma ou mais tarefas específicas. Essas instruções são fundamentais para o funcionamento de qualquer software ou sistema computacional.

Um dos pioneiros na criação de programas de computador foi **Charles Babbage (1791-1871)**, o idealizador da "máquina analítica", um dos primeiros projetos de computador mecânico. Babbage se inspirou em um tear de seda, no qual as peças se moviam para cima ou para baixo em resposta a

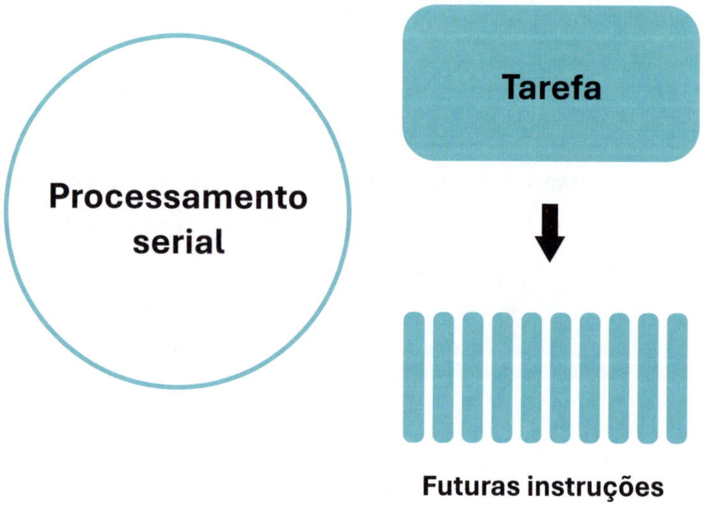

um padrão de furos feitos em um cartão. Ele reconheceu que esses furos poderiam armazenar instruções para operar as engrenagens e alavancas de sua máquina analítica.

Atualmente, os computadores modernos operam com base no mesmo princípio fundamental. Eles seguem sequências de instruções, geralmente escritas em códigos binários, que são interpretadas e executadas pela unidade de processamento central (CPU). Essas instruções podem variar desde operações simples, como adição e subtração, até operações complexas envolvendo manipulação de dados, interação com dispositivos externos e execução de algoritmos sofisticados.

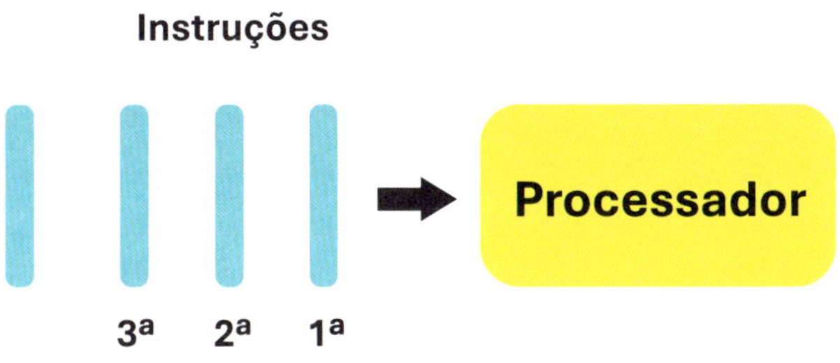

PROCESSANDO TUDO

Atualmente, os computadores modernos operam com base no mesmo princípio fundamental, seguindo sequências de instruções em códigos binários que são interpretadas e executadas pela CPU (*Central Processing Unit*). A CPU, com seus vários núcleos de processamento, é essencial para todos os sistemas de computação, executando comandos e processos que determinam a velocidade de execução dos programas. Em paralelo, a GPU (*Graphics Processing Unit*), composta por muitos núcleos menores e mais especializados, oferece desempenho massivo em tarefas paralelas, sendo integral para jogos modernos e útil em Inteligência Artificial (IA). Embora ambas sejam microprocessadores de silício e lidem com dados, a CPU é adequada para uma variedade de tarefas com ênfase em latência e desempenho por núcleo, como navegação na web, enquanto a GPU, inicialmente projetada como ASICs (*Application-Specific Integrated Circuits*) para renderização 3D, evoluiu para processadores paralelos de uso geral, lidando com gráficos, jogos e aplicações de IA.

Adicionalmente, as TPUs (*Tensor Processing Units*) representam uma especialização ainda maior dentro dos ASICs. Projetadas especificamente para acelerar tarefas de aprendizado de máquina e *deep learning*, as TPUs são otimizadas para operações específicas necessárias em algoritmos de aprendizado de máquina, como multiplicações de matrizes e operações de convolução. Esta otimização permite que as TPUs executem essas tarefas de maneira muito mais eficiente e rápida do que CPUs e GPUs genéricas. Em consequência, as TPUs oferecem um desempenho significativamente superior em aplicações de aprendizado de máquina em larga escala, demonstrando a contínua evolução e especialização dos componentes de hardware nos computadores modernos.

No contexto de processamento paralelo, a importância de CPUs, GPUs e TPUs é evidenciada pela necessidade de realizar múltiplas operações simultaneamente. A CPU, com seus múltiplos núcleos, gerencia tarefas que requerem desempenho sequencial e baixa latência. A GPU, com sua arquitetura paralela, é ideal para computação intensiva que pode ser dividida em várias tarefas menores, como renderização de gráficos e processamento de IA. As TPUs, especializadas em operações de *deep learning*, maximizam a eficiência em cargas de trabalho paralelas, permitindo que modelos complexos de aprendizado de máquina sejam treinados e executados com alta performance. Dessa forma, a colaboração entre CPU, GPU e TPU dentro de sistemas de computação moderna reflete a integração e otimização de diversas formas de processamento paralelo para atender a demandas crescentes de desempenho e eficiência.

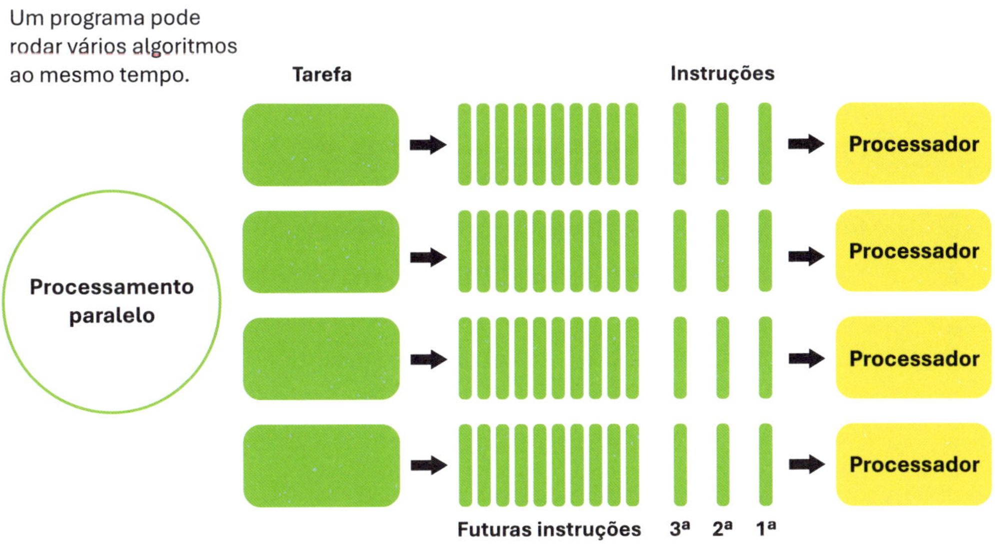

COMPUTADOR MECÂNICO

No século XIX, o trabalho de produção de tabelas numéricas era uma tarefa complexa, realizada por indivíduos chamados de computadores. Esses profissionais eram responsáveis por realizar cálculos meticulosos utilizados em áreas como navegação, guerra e outras disciplinas.

Para lidar com a possibilidade de erros humanos e otimizar o processo de cálculo, o matemático inglês **Charles Babbage** concebeu uma solução revolucionária: a Máquina diferencial ou "Difference Engine", uma máquina mecânica projetada para realizar cálculos matemáticos de forma automatizada, eliminando a necessidade de trabalho manual intensivo.

No entanto, Babbage não parou por aí. Inspirado pelo potencial da Máquina diferencial, ele concebeu uma máquina ainda mais avançada: a "máquina analítica". Essa máquina, uma espécie de calculadora de uso geral, poderia ser programada usando cartões perfurados, uma inovação tecnológica impressionante para a época. Além disso, a máquina analítica possuía memória e unidade de processamento separados, antecipando conceitos fundamentais dos computadores modernos.

Babbage é inspiração dos principais recursos dos computadores que conhecemos hoje. Sua visão revolucionária e pioneira ajudou a pavimentar o caminho para a evolução da computação e o desenvolvimento dos computadores modernos.

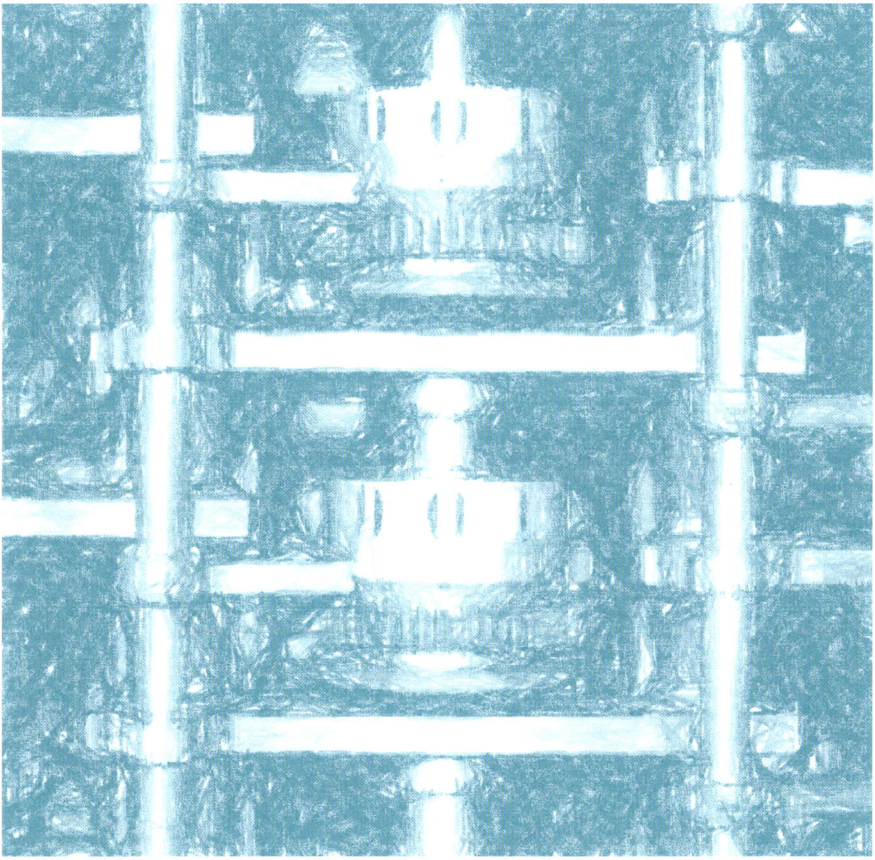

UMA MÁQUINA HIPOTÉTICA

Em 1936, o renomado matemático inglês Alan Turing propôs uma ideia revolucionária que mudaria para sempre o curso da história da computação. Ele imaginou uma máquina hipotética capaz de resolver qualquer problema que pudesse ser considerado computável, desde que pudesse ser descrito por símbolos e algoritmos e traduzido em código binário. Essa máquina, conhecida como a "máquina de Turing", foi um marco na evolução dos computadores.

A máquina de Turing era conceitualmente simples: consistia em uma cabeça que se movia sobre uma fita marcada com informações binárias. Embora nunca tenha sido construída fisicamente, a máquina de Turing desempenhou papel fundamental na demonstração de que uma máquina poderia resolver qualquer problema computável, desde que fosse adequadamente programada.

Essa máquina imaginária, com sua cabeça de leitura e gravação movendo-se para frente e para trás ao longo de uma fita de papel, seguindo as instruções de um algoritmo, podia alternar entre zeros e uns, dependendo do que encontrasse anteriormente. Essa simplicidade aparente escondia uma poderosa capacidade de resolver uma ampla gama de problemas matemáticos e lógicos.

A contribuição de Turing desencadeou uma verdadeira revolução na computação. Sua máquina demonstrou que os problemas computacionais poderiam ser abordados de forma sistemática e algorítmica, abrindo caminho para o desenvolvimento dos primeiros computadores eletrônicos e pavimentando o caminho para a era da informática moderna.

O PROBLEMA DA PARADA

Uma questão fundamental proposta por Alonzo Church em 1936, antes mesmo do trabalho de Turing, ambos os trabalhos se complementaram e levaram à formulação da Tese de Church-Turing, que unifica as noções de computabilidade: o Problema da Parada. Este é um enigma fascinante que questiona se existe uma maneira de determinar, para qualquer programa de computador e qualquer entrada, se o programa irá eventualmente parar (ou seja, completar sua execução) ou continuar rodando indefinidamente. Desde a prova de Turing, ninguém conseguiu refutar a impossibilidade de resolver o Problema da Parada de forma geral. Pesquisadores continuam a explorar variações e casos específicos, mas a tese original de Turing permanece intacta, um testemunho da engenhosidade de sua mente.

O Problema da Parada não é apenas um conceito técnico; é um convite à reflexão sobre os limites da lógica e da computação. Em sistemas de aprendizado de máquina, por exemplo, os algoritmos podem ser projetados para melhorar continuamente. O Problema da Parada sugere que pode ser impossível prever se esses algoritmos sempre chegarão a uma conclusão ou se ficarão presos em um ciclo de melhoria contínua sem fim. Da mesma forma, assistentes virtuais, que processam grandes quantidades de dados e aprendem continuamente, podem enfrentar situações em que não é possível prever se determinadas tarefas serão concluídas.

Essa incerteza nos lembra que, mesmo nas ciências exatas, existem perguntas que desafiam nossa capacidade de encontrar respostas definitivas. E, no entanto, essa busca incessante por compreensão é o que impulsiona o progresso humano. Assim, ao avançarmos no nosso livro, lembremos sempre da importância de questionar e explorar, sabendo que alguns mistérios podem nunca ser completamente resolvidos, mas são valiosos em si mesmos por nos levarem a pensar além dos limites.

UM CÉREBRO ELÉTRICO

A colaboração entre o cientista **Walter McCulloch (1898-1969)** e o matemático **Walter Pitts (1923-1969)** trouxe uma perspectiva fascinante para o campo da computação e neurociência. Em 1943, eles demonstraram que redes de unidades baseadas em células nervosas humanas, ou neurônios, transmitindo sinais elétricos de um lado para o outro, tinham a capacidade de replicar o funcionamento de uma máquina de Turing.

Essa descoberta foi incrivelmente significativa, pois sugeriu que o cérebro humano poderia ser visto como uma espécie de computador vivo. Em outras palavras, assim como uma máquina de Turing pode realizar cálculos com a combinação certa de símbolos, os neurônios no cérebro poderiam executar operações computacionais por meio de seus padrões de atividade elétrica.

Essa teoria, conhecida como o princípio da realizabilidade múltipla, desafia nossa compreensão tradicional do cérebro e da mente. Ela sugere que programas que funcionam em cérebros humanos também podem funcionar em sistemas de computação eletrônica e vice-versa.

Além disso, a teoria da realizabilidade múltipla sugere possibilidades emocionantes para a colaboração entre ciência cognitiva e computação. Ao integrar os *insights* da neurociência em algoritmos e modelos computacionais, podemos avançar significativamente em áreas como reconhecimento de padrões, aprendizado de máquina e Inteligência Artificial.

Modelo copiado dos seres humanos.

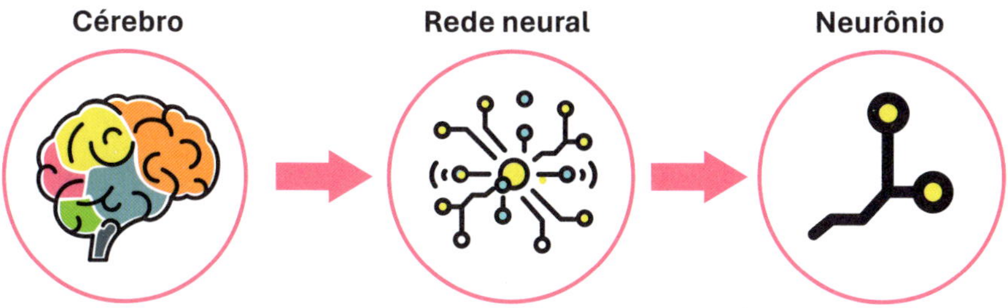

Modelo de rede neural com quatro entradas, duas camadas e duas saídas

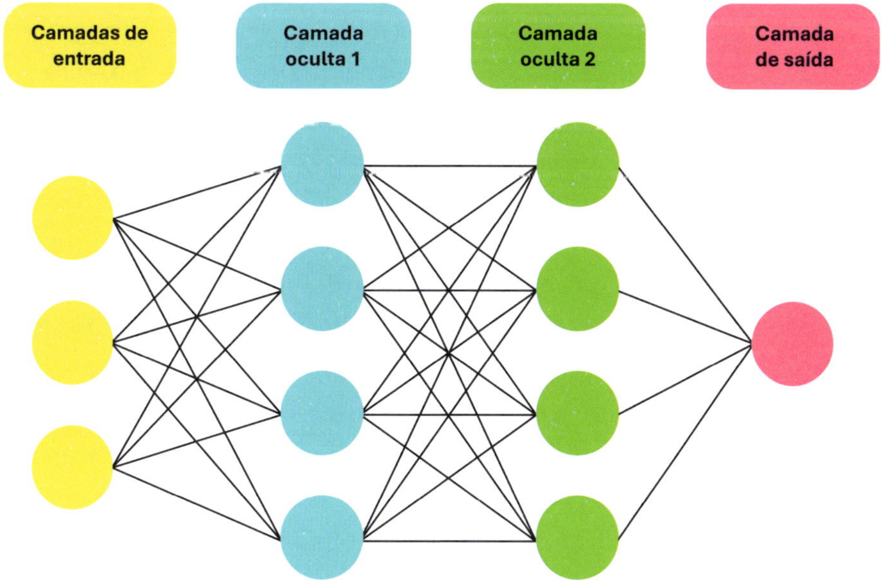

NEURÔNIOS = PROCESSADORES

Cada um dos 86 bilhões de neurônios presentes no cérebro humano desempenha papel vital como um minúsculo processador, acionando informações por sinais elétricos recebidos e transmitidos. Essa complexa rede neural foi objeto de estudo e fascínio para muitos cientistas, incluindo **Walter McCulloch e Walter Pitts**, cujas descobertas revolucionaram nossa compreensão da computação e neurociência.

McCulloch e Pitts perceberam que os neurônios têm a capacidade de atuar como portas lógicas, dispositivos que podem ser ligados e desligados dependendo das entradas que recebem. Eles propuseram o conceito de um neurônio imaginário chamado "unidade lógica de limite", que opera de maneira semelhante às portas lógicas em sistemas computacionais.

Essa unidade lógica de limite realiza duas operações principais: primeiro, adiciona os valores de suas entradas, que são os sinais recebidos de outros neurônios; em seguida, multiplica esse valor pelo que é chamado de "peso", que representa a força da conexão entre os neurônios. Essa multiplicação ponderada ajuda a determinar a importância relativa de cada entrada para o neurônio.

Se a soma ponderada dos sinais de entrada exceder um determinado valor limiar, o neurônio é ativado para enviar um sinal de saída. Esse processo de ativação é conhecido como "função de ativação", e é crucial para o funcionamento dos circuitos neurais no cérebro.

Essa descoberta fundamental nos permite entender como os neurônios processam e transmitem informações dentro do cérebro, formando a base para o funcionamento dos sistemas cognitivos e comportamentais humanos. Além disso, abre caminho para aplicações práticas em áreas como Inteligência Artificial e aprendizado de máquina, nas quais os princípios da computação neuronal são aplicados para criar sistemas computacionais inspirados no cérebro humano.

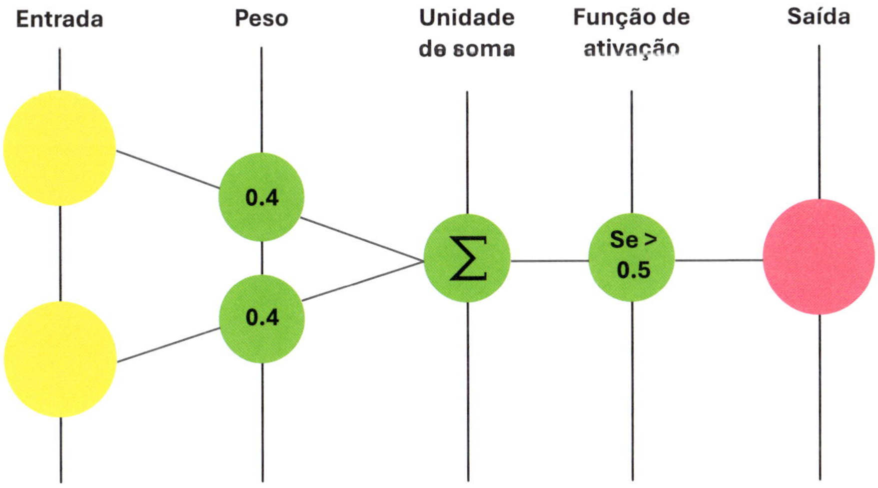

O MARCO DIGITAL

O ENIAC, Electronic Numerical Integrator And Computer ou, em português, Integrador Numérico Eletrônico e Computador, representa um marco histórico na evolução da computação. Construído nos Estados Unidos entre 1943 e 1946, em um projeto que contava com os mais renomados nomes da ciência da computação e liderado pelos cientistas John Eckert e John Mauchly, o ENIAC foi uma das primeiras máquinas de computação eletrônica do mundo de larga escala, marcando o início da era dos computadores digitais.

Composto por mais de 18.000 tubos de vácuo, que eram componentes eletrônicos semelhantes a lâmpadas, e cobrindo uma área de 167 metros quadrados, o ENIAC foi uma verdadeira proeza tecnológica para sua época.

Sua principal função era calcular tabelas de alcance, que eram listas de ângulos e elevações necessárias para atingir um alvo com artilharia. Surpreendentemente, o ENIAC podia completar, em apenas 20 segundos, cálculos que levariam horas para serem realizados usando calculadoras eletromecânicas.

Uma das características mais notáveis do ENIAC foi sua capacidade de ser programado para executar diferentes programas. No entanto, a programação do ENIAC era uma tarefa complexa e demorada. Era necessário alterar a disposição dos cabos conectados à máquina, um processo que podia levar dias para ser concluído.

Apesar desse desafio, o ENIAC representou um grande avanço em relação aos métodos de cálculo anteriores e demonstrou o potencial da computação eletrônica para acelerar processos e resolver problemas complexos de maneira eficiente.

MENTE COMPUTACIONAL

Em 1948, **Alan Turing (1912-1954)**, com o matemático **David Champernowne (1912-2000)**, embarcaram em uma missão ambiciosa: provar que um computador, com o algoritmo correto, poderia jogar uma partida de xadrez. Naquela época, não existia nenhum computador eletrônico capaz de realizar tal feito, então Turing assumiu o papel do próprio computador, executando cada etapa do algoritmo no papel.

O projeto, apelidado de "Turochamp", foi um marco na história da Inteligência Artificial, demonstrando que os computadores, sejam humanos ou artificiais, poderiam realizar cálculos complexos sem compreender o significado por trás deles. Em vez disso, eles simplesmente seguiam um conjunto de instruções, processando informações de maneira lógica e sistemática.

A abordagem de Turing e Champernowne para resolver o problema do xadrez foi revolucionária. Eles desenvolveram um algoritmo detalhado que descrevia todas as possíveis posições do tabuleiro e as melhores jogadas a serem tomadas em cada situação. Embora o processo tenha sido demorado e trabalhoso, eles conseguiram demonstrar que um computador, mesmo na forma de um ser humano, poderia ser treinado para jogar xadrez com um alto nível de competência.

O legado do Turochamp vai além do xadrez. Ele lançou as bases para o desenvolvimento de programas de computador capazes de jogar xadrez e, eventualmente, outros jogos complexos, como o Go. Atualmente me questiono: qual seria o rating deste programa comparado ao programas de Xadrez StockFish ou o Alpha Zero do Google?

ALICERCE DOS COMPUTADORES

John von Neumann (1903-1957), renomado cientista húngaro-americano, deixou um legado duradouro no campo da computação com seu trabalho pioneiro no desenvolvimento do ENIAC, o primeiro computador programável. No entanto, foi seu conceito revolucionário de arquitetura de computadores que moldou a forma como os computadores modernos são estruturados e operados.

A arquitetura von Neumann introduziu o conceito de uma unidade de memória central que armazena tanto programas quanto dados. Isso significava que as máquinas podiam ser mais rápidas e mais fáceis de reprogramar do que suas antecessoras. Dentro dessa unidade de memória, as informações alimentam uma Unidade Central de Processamento (CPU), o cérebro do computador.

Dentro da CPU, uma Unidade de Controle decodifica o programa em instruções que são executadas pela Unidade Aritmética e Lógica (ALU). A ALU utiliza dados para realizar cálculos e tarefas, e os resultados são então realimentados na unidade de memória. Esse ciclo contínuo de processamento de informações permite que os computadores realizem ampla variedade de operações de maneira eficiente e precisa.

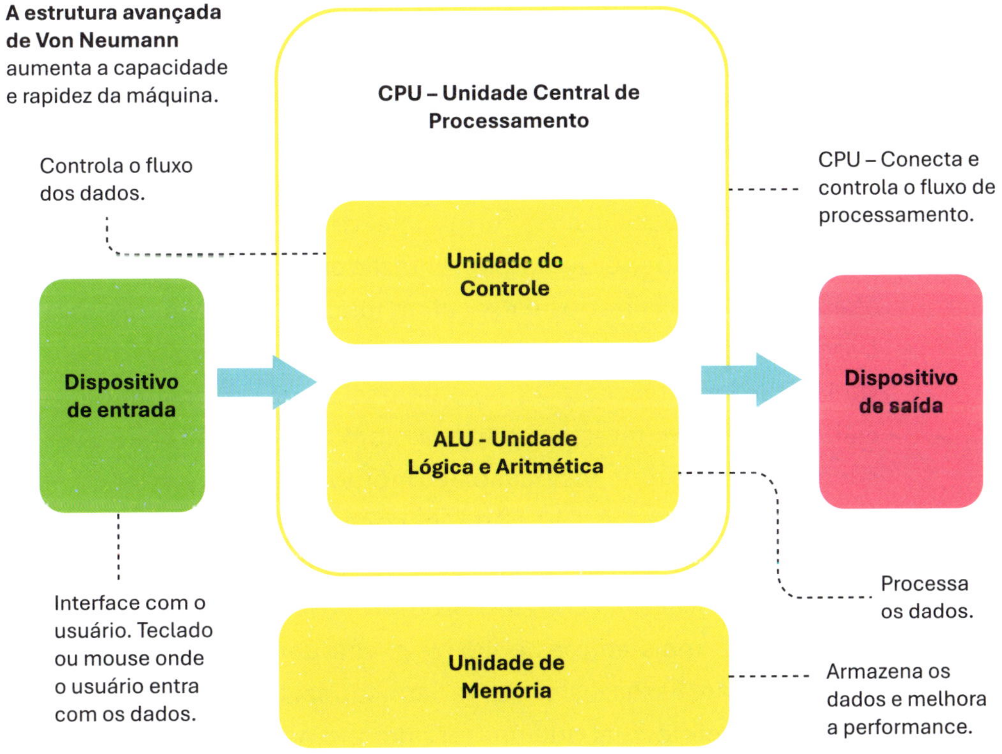
A estrutura avançada de Von Neumann aumenta a capacidade e rapidez da máquina.
CPU – Unidade Central de Processamento
Controla o fluxo dos dados.
CPU – Conecta e controla o fluxo de processamento.
Unidade de Controle
Dispositivo de entrada
Dispositivo de saída
ALU - Unidade Lógica e Aritmética
Processa os dados.
Interface com o usuário. Teclado ou mouse onde o usuário entra com os dados.
Unidade de Memória
Armazena os dados e melhora a performance.

INTELIGÊNCIA ARTIFICIAL: TIPOS

Na jornada da Inteligência Artificial, a distinção entre Inteligência Artificial fraca e forte desempenha papel crucial. Esses dois tipos de IA diferem significativamente em termos de capacidade e alcance, delineando os limites e possibilidades da tecnologia.

Inteligência Artificial Fraca (IA Fraca), também conhecida como "*Weak AI*", refere-se a sistemas projetados para desempenhar tarefas específicas de forma inteligente, mas sem consciência ou capacidade de autoaprendizagem. Esses sistemas são altamente especializados e executam funções predefinidas com base em algoritmos e dados programados. Um exemplo comum de IA Fraca são os *chatbots* ou sistemas de reconhecimento facial, que realizam tarefas específicas com eficácia, mas não possuem capacidade de raciocínio autônomo ou autoconsciência.

Entre a IA Fraca e a IA Forte, encontra-se a Inteligência Artificial Geral (AGI), ou *Artificial General Intelligence*. A AGI visa desenvolver sistemas com uma compreensão e capacidade de aprendizado mais amplas e flexíveis, comparáveis às habilidades humanas. Esses sistemas seriam capazes de realizar qualquer tarefa intelectual que um ser humano pode, adaptando-se a novas situações e aprendendo com a experiência, sem restrições a domínios específicos.

Inteligência Artificial Forte (IA Forte), conhecida como "*Strong AI*", aspira a criar sistemas com capacidade de autoconsciência, raciocínio autônomo e aprendizado contínuo, comparáveis à inteligência humana. Esses sistemas seriam capazes de resolver uma ampla gama de problemas, reagir a estímulos de forma

Inteligência Artificial fraca ou estreita

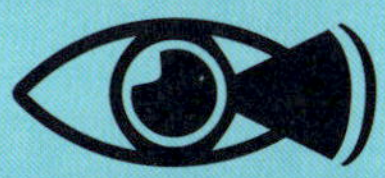

Aprendizado de máquina.

Especializa-se em uma área e resolve um problema.

Inteligência Artificial forte ou geral

Refere-se a um computador que é inteligente como um ser humano em todos os aspectos.

complexa e até mesmo manifestar emoções. A IA Forte representa um nível de Inteligência Artificial que se assemelha mais à inteligência humana, com potencial para realizar tarefas diversas e adaptar-se a novas situações de forma autônoma.

Embora o debate sobre a viabilidade da IA Forte ainda esteja em curso, há uma divisão de opiniões entre os especialistas. Alguns argumentam que a IA Fraca, limitada a tarefas específicas, é o único tipo de Inteligência Artificial que pode ser alcançado com a tecnologia atual. No entanto, outros acreditam firmemente que a IA Forte é uma possibilidade real e que um dia poderemos desenvolver sistemas com capacidade cognitiva equiparável à humana.

A perspectiva da IA forte levanta questões profundas sobre ética, moralidade e os limites da tecnologia. Se um dia alcançada, essa forma avançada de Inteligência Artificial não apenas teria capacidades cognitivas semelhantes às humanas, mas também poderia ser consciente, gerando debates sobre os direitos e o tratamento ético dessas entidades artificiais.

INTELIGÊNCIA ARTIFICIAL EM AÇÃO

Na prática da Inteligência Artificial, os Agentes Inteligentes desempenham um papel central, representando uma variedade de entidades capazes de interagir com o ambiente ao seu redor. Esses agentes podem assumir diversas formas, desde robôs físicos a programas de software, e são dotados de sensores para perceber o ambiente e atuadores para interagir com ele.

DEFINIÇÃO DE UM AGENTE INTELIGENTE

Um Agente Inteligente é definido como qualquer entidade que possa sentir, responder e afetar seu ambiente, seja ele físico ou digital. Esses agentes são equipados com sensores para coletar informações do ambiente e atuadores para realizar ações com base nessas informações.

EXEMPLOS DE AGENTES INTELIGENTES

» **Robôs:** os robôs são um exemplo clássico de Agentes Inteligentes, capazes de perceber o ambiente por meio de detectores como câmeras e sensores de movimento, e agir sobre o espaço utilizando atuadores, como motores e braços robóticos.

» **Termostatos Inteligentes:** esses dispositivos monitoram as condições ambientais, como temperatura e umidade, e ajustam automaticamente o sistema de aquecimento ou resfriamento para manter o ambiente confortável.

» **Programas de Software:** os programas de software também podem ser agentes inteligentes, realizando tarefas específicas com base em informações sensoriais e respondendo de acordo.

ADAPTAÇÃO E APRENDIZADO

Um aspecto importante dos Agentes Inteligentes é a capacidade de aprender e se adaptar ao ambiente. Alguns agentes são capazes de aprender com experiências passadas e ajustar seu comportamento de acordo com as mudanças nas condições ambientais. Isso permite maior flexibilidade e eficácia na execução de tarefas ao longo do tempo.

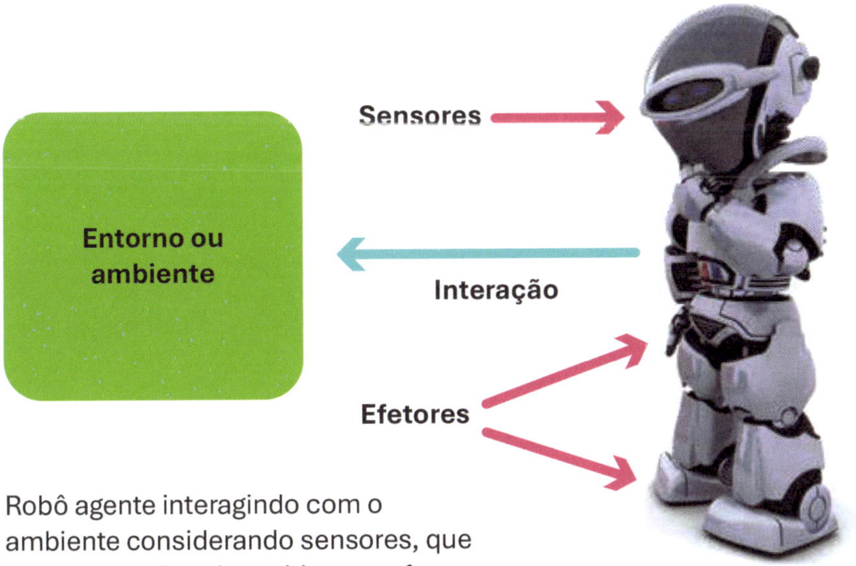

Robô agente interagindo com o ambiente considerando sensores, que detectam ações do ambiente e efetores que reagem aos estimulo recebidos.

TENTATIVA E ERRO NA EVOLUÇÃO DE MÁQUINA

Durante décadas, tivemos interação com máquinas capazes de seguir instruções simples, como as calculadoras que realizam operações matemáticas. Na era digital, estamos reaprendendo como interagir com a criação de máquinas que aprendem por conta própria.

O aprendizado de máquina é desenvolvido por programadores que utilizam algoritmos que passam por repetidas revisões, erros e acertos, que objetivam entregar resultados confiáveis.

Similar à evolução natural humana, essas melhorias são graduais e incrementais e dependem de ajustes humanos para o desenvolvimento. Existe uma corrente de pesquisadores que acredita que, conforme avançam os desenvolvimentos de aprendizado de máquina, chegará um dia em que as máquinas serão capazes de contribuir para a própria aprendizagem.

Ensinar uma máquina é fazer ela mais precisa e segura.

IMITANDO UM CÉREBRO HUMANO

O conexionismo não emerge como um modelo revolucionário que diverge da abordagem simbólica tradicional, em vez disso baseia-se na ideia de que a informação é processada por meio de padrões de conexões entre unidades.

Enquanto a abordagem simbólica manipula símbolos e regras formais, o conexionismo prioriza o processamento distribuído e paralelo, possibilitando um sistema de aprendizagem mais flexível e adaptativo.

No núcleo do conexionismo, está a concepção de que a aprendizagem ocorre por meio de estímulos e exemplos assimiláveis por redes neurais. Essas redes, compostas por unidades de processamento interconectadas, formam um sistema dinâmico capaz de processar informações de maneira análoga ao cérebro humano.

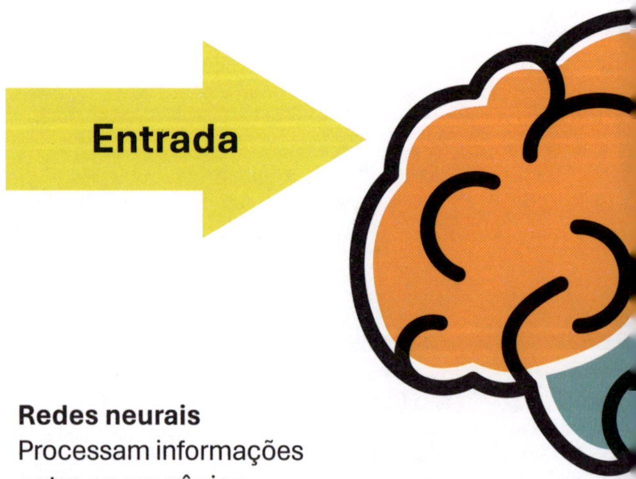

Redes neurais
Processam informações entre os neurônios.

As redes neurais artificiais, ou RNAs, são a encarnação do modelo conexionista na prática. Elas consistem em unidades de processamento, similares a neurônios, conectadas em camadas, formando padrões complexos de atividade que representam informações e permitem o processamento distribuído paralelo.

Uma das características distintivas do conexionismo é sua capacidade de aprendizado contínuo e de adaptação. Por meio de algoritmos de treinamento, as redes neurais podem ajustar as conexões com base nos dados fornecidos, permitindo uma melhoria gradual de desempenho ao longo do tempo.

Essa abordagem oferece *insights* valiosos sobre a natureza da inteligência e o potencial das máquinas para aprender e se adaptar.

MODELOS DE INTELIGÊNCIAS ARTIFICIAIS

A história da Inteligência Artificial (IA) é marcada por duas abordagens distintas: **a IA clássica e a IA estatística.** Compreender a evolução dessas abordagens é essencial para aproveitar ao máximo as capacidades da IA nos negócios.

A abordagem clássica da IA, também conhecida como simbólica, baseava-se na aplicação de regras de raciocínio simbólico inspiradas na forma como os humanos pensam. No entanto, essa abordagem mostrou-se limitada pela rigidez das regras e pela compreensão limitada dos programadores.

Em contraste, a abordagem da IA estatística adota uma perspectiva *bottom-up* (de baixo para cima), aproveitando

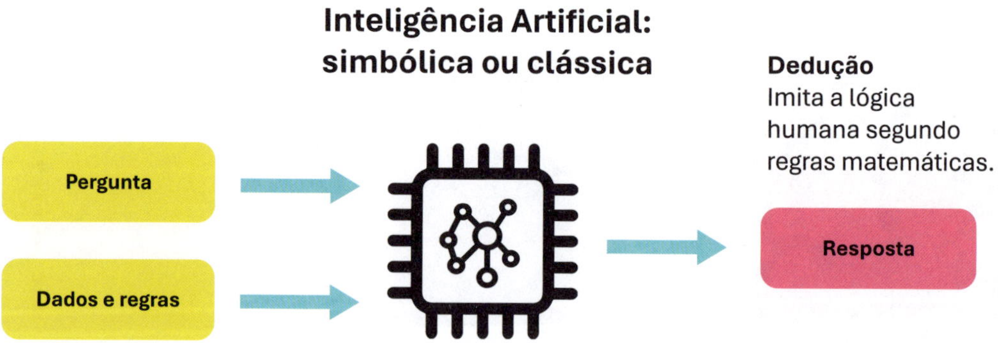

grandes volumes de dados e técnicas de aprendizado de máquina para descobrir padrões nos dados. Essa abordagem permite que os sistemas de IA construam modelos complexos que refletem o funcionamento de sistemas específicos, como os mercados financeiros.

Ao integrar ambas as abordagens, as empresas podem criar sistemas de IA mais robustos e adaptáveis, combinando o rigor das regras simbólicas com a capacidade de aprendizado e adaptação das abordagens estatísticas.

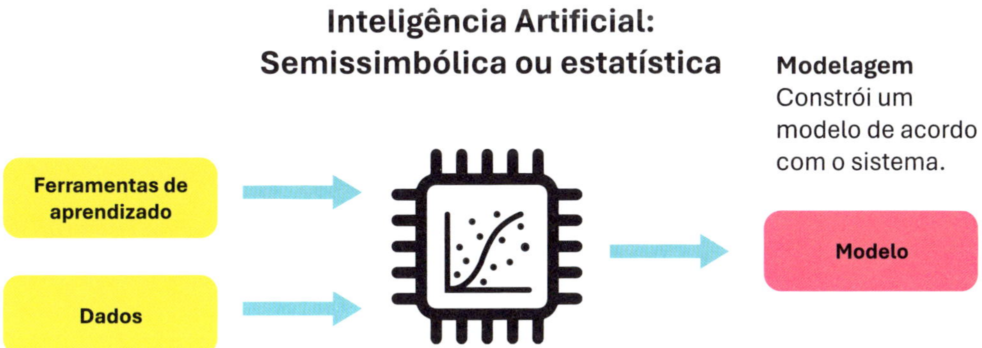

O PODER DA COMPUTAÇÃO

A Lei de Moore, batizada em homenagem a **Gordon Moore (1929-2023)**, cofundador da Intel, em 1965, previu que o número de transistores que poderiam ser instalados em um chip de computador dobraria a cada dois anos. Ele considerou os avanços tecnológicos e, principalmente, a miniaturização da tecnologia.

O número de transistores instalados em um computador está conectado ao aumento da capacidade de processamento e na complexidade das operações que o computador pode realizar. Com mais transistores, um computador pode executar tarefas mais rápidas, lidar com cálculos mais complexos, armazenar e processar uma quantidade maior de dados.

Embora essa previsão tenha se confirmado ao longo de décadas, estamos observando que o ritmo do aumento diminuiu recentemente, mas o poder de processamento computacional continua a aumentar de forma anual.

Isso sugere que outros caminhos de processamento computacional estão sendo construídos e não estão diretamente ligados aos transistores instalados e que, em breve, outras estruturas e as Inteligências Artificiais otimizadas podem igualar-se às habilidades do cérebro humano.

INFORMAÇÃO BRUTA

Os dados são essenciais para as operações empresariais, representando informações que assumem diversas formas, como números, palavras ou imagens. Na computação, os dados são sequências de símbolos processados pelos computadores de acordo com a programação. Nos sistemas modernos, esses símbolos são representados pelos dígitos binários, 0 e 1, do código binário ou digital, dependendo da forma como os computadores processam e armazenam informações.

Esses dados podem estar em diferentes estados: "em repouso", armazenados fisicamente em um banco de dados; "em trânsito", sendo utilizados para uma tarefa específica; ou "em uso", sendo constantemente acessados e manipulados. Além disso, podem ser compartilhados

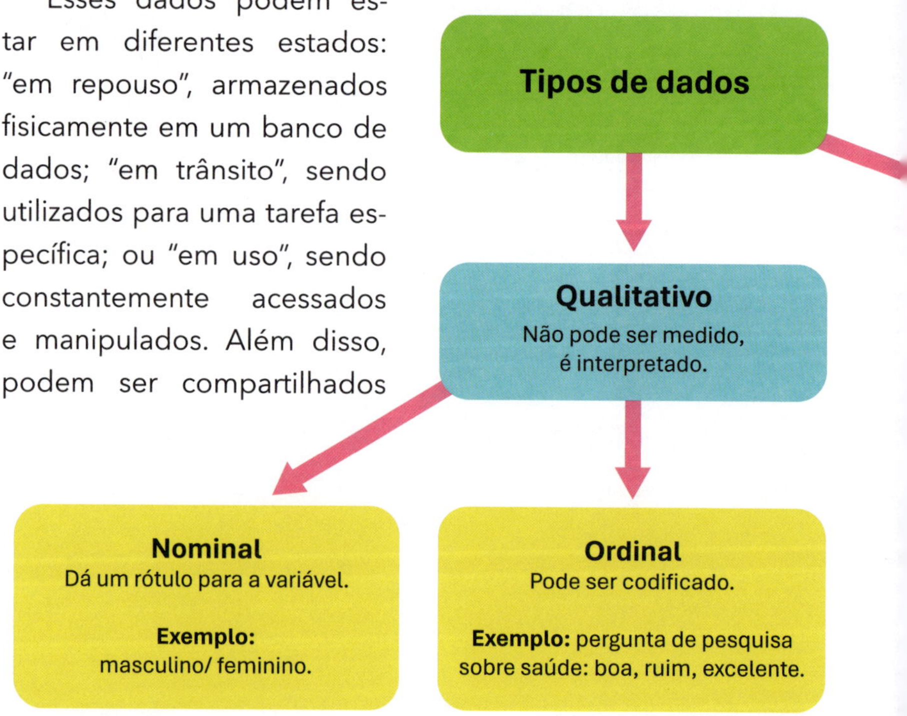

entre diferentes sistemas computacionais, promovendo a comunicação e a colaboração entre eles.

A classificação dos dados é crucial para interpretação e análise. Existem dois principais tipos de dados: **qualitativos e quantitativos.**

Os **dados qualitativos**, não numéricos, como palavras, imagens ou áudio, são interpretativos e não podem ser medidos diretamente. Eles podem ser subdivididos em **dados nominais**, como gênero ou nacionalidade, que não podem ser ordenados hierarquicamente, e **dados ordinais**, como níveis de escolaridade ou intensidade da dor, que possuem uma ordem específica.

Por outro lado, os **dados quantitativos**, numéricos, podem ser contados e analisados estatisticamente, proporcionando *insights* objetivos. Podem ser **discretos**, contados em unidades específicas e números inteiros, como o número de funcionários de uma empresa, ou **contínuos**, representando qualquer valor em um intervalo, geralmente decimal, como a altura de uma pessoa.

A compreensão dos diferentes tipos de dados e suas características é fundamental para as organizações, pois permite a coleta, análise e interpretação eficazes das informações, auxiliando na tomada de decisões estratégicas e na obtenção de *insights* valiosos para os negócios.

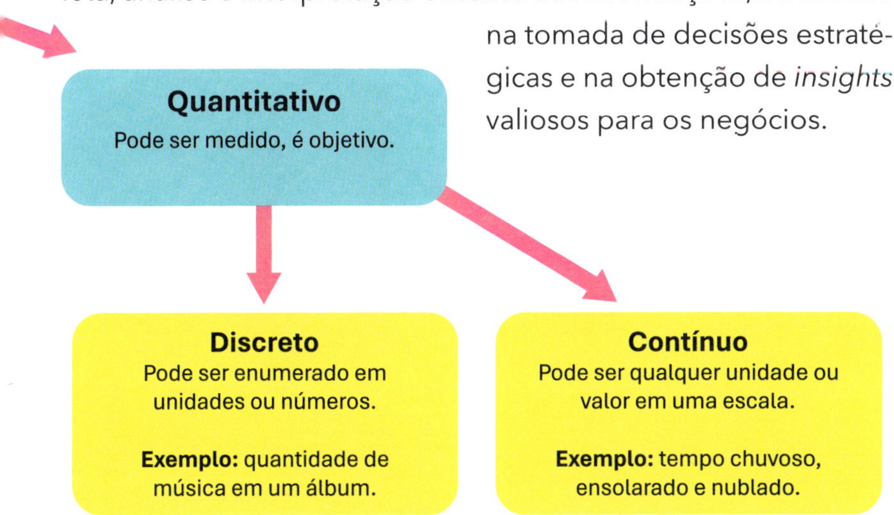

TUDO EM TODO LUGAR O TEMPO TODO

Os dados estão presentes em todos os lugares, o tempo todo e, em grandes quantidades, refletem a ideia de onipresença, abrangência total e constante das informações e enfatiza a possibilidade de ter alcance amplo de algo, seja físico, conceitual ou simbólico.

A expressão ***Big Data*** descreve conjuntos de dados tão imensos que ultrapassam a capacidade de processamento dos softwares tradicionais. Esses conjuntos contêm uma quantidade vasta de informações sobre indivíduos, seus comportamentos e interações, refletindo a onipresença e a abrangência.

Um exemplo marcante de *Big Data* é o uso pelas empresas de telefonia móvel dos dispositivos de seus clientes para monitorar movimentos. A cada segundo, milhões de pessoas têm seus dados registrados e consultados, formando uma massa de informações colossal. Esses dados são amplamente explorados na Inteligência Artificial e no aprendizado de máquina para fazer previsões sobre o comportamento futuro do cliente e impulsionar estratégias de negócios.

Aqueles que compreendem e aproveitam adequadamente o potencial do *Big Data* têm uma vantagem significativa no mercado. Eles podem prever tendências, antecipar as necessidades do cliente e otimizar as operações de maneira mais eficiente.

As organizações que utilizam e reconhecem o valor dos dados ganham uma qualidade ou condição de serem ubíquas, ou seja, podem estar presentes em todos os lugares ao mesmo tempo.

CAPÍTULO 02

INTELIGÊNCIA ARTIFICIAL CLÁSSICA OU SIMBÓLICA

PADRÃO, MODELO E TENDÊNCIA

Ao longo das décadas de 1950 até 1990, a Inteligência Artificial passou por uma fase de evolução marcada pela predominância do que hoje chamamos de Inteligência Artificial clássica ou simbólica.

Esse período representou uma era de descobertas e experimentações, em que os pioneiros da computação desbravaram novos caminhos para replicar a capacidade humana de raciocínio e tomada de decisões.

O diferencial da Inteligência Artificial clássica reside na maneira como ela manipula o conhecimento. Aqui, os sistemas são projetados para interpretar e processar informações por meio de símbolos, estabelecendo uma rede lógica que simula o pensamento humano.

Exploraremos os fundamentos dos paradigmas da Inteligência Artificial, desde os pilares do simbolismo até as fronteiras da inovação conexionista e evolutiva. Por meio dessa jornada, compreenderemos não apenas a história, mas também a essência de como a IA moldou e continua a moldar o mundo dos negócios e da tecnologia.

REPRESENTANDO DADOS

Os símbolos desempenham papel crucial na Inteligência Artificial, representando graficamente itens e conceitos do mundo real, desde imagens simples até grupos de símbolos complexos, como letras formando palavras ou nomes de projetos.

Embora os símbolos sejam fundamentais, a interpretação e aplicação dos dados a eles associados podem ser desafiadoras, exigindo uma compreensão precisa do contexto para garantir resultados precisos e relevantes.

Ao compreendermos o poder dos símbolos na Inteligência Artificial, podemos utilizar estratégias eficazes de rotulagem e associação de dados para criar sistemas mais inteligentes e adaptáveis, capazes de tomar decisões informadas e alcançar resultados significativos nos negócios.

Por exemplo, ao utilizar um símbolo para representar uma maçã em um sistema de Inteligência Artificial, podemos associar a esse símbolo uma variedade de dados relevantes, como cor, tamanho, sabor e origem, permitindo que o sistema reconheça e diferencie, com precisão, maçãs de outras frutas.

Isto é uma maçã.

Isto não é uma maçã.

SEGUINDO AS REGRAS

A lógica é crucial no contexto da Inteligência Artificial, fornecendo uma estrutura para raciocínio consistente e produção de conclusões confiáveis. Ela é a espinha dorsal do pensamento crítico e analítico em sistemas inteligentes.

Contudo, a lógica pura tem suas limitações, especialmente em situações ambíguas ou complexas nas quais a incerteza prevalece. Em cenários assim, a rigidez lógica pode não ser suficiente para capturar a gama completa de possibilidades ou nuances.

Portanto, a integração da lógica com técnicas como aprendizado de máquina proporciona uma abordagem mais equilibrada. Isso permite que a IA lide com uma variedade mais ampla de situações, combinando raciocínio lógico com a capacidade de aprender e adaptar-se a partir de dados reais.

Considerando um sistema de IA que avalia hábitos alimentares, ele pode usar a lógica para inferir que "todas as maçãs são frutas e todas as frutas são saudáveis, portanto, maçãs são saudáveis". Ao mesmo tempo, complementando essa análise lógica com dados do mundo real sobre preferências e hábitos alimentares, o sistema pode oferecer recomendações nutricionais mais personalizadas e eficazes.

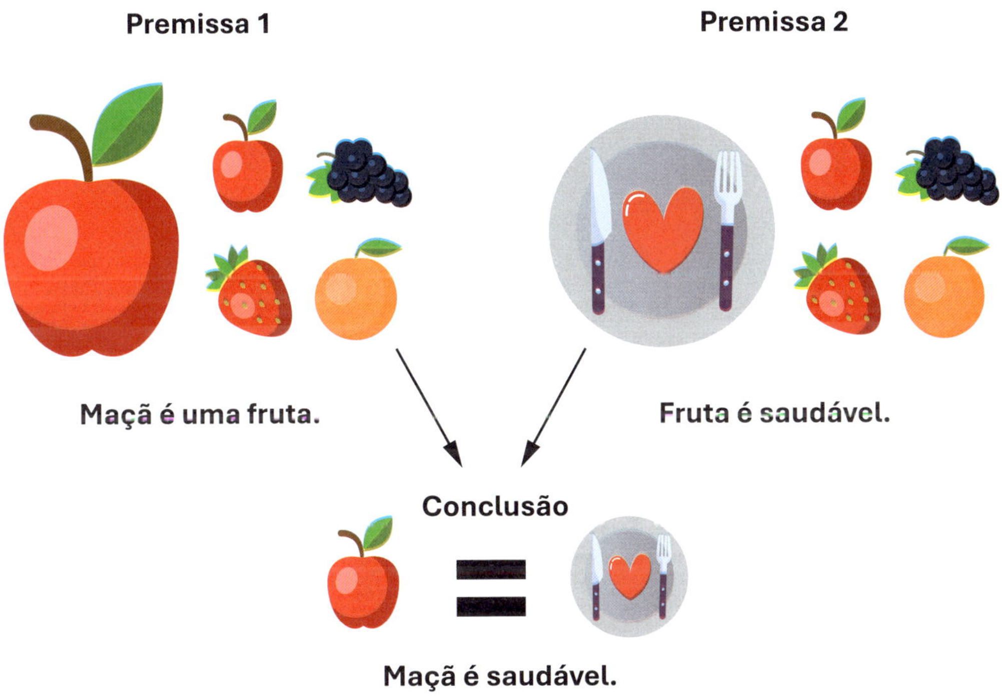
Premissa 1
Premissa 2
Maçã é uma fruta.
Fruta é saudável.
Conclusão
Maçã é saudável.

LÓGICA DE COMPUTADOR: O QUE, QUANDO, POR QUE E COMO

Nos sistemas de Inteligência Artificial, a lógica de computador desempenha um papel crucial, fornecendo a estrutura necessária para processar informações e tomar decisões.

Os 5 "sentidos" da máquina

Declarativo ou descritivo é saber sobre algo, inclui conceitos, fatos e objetos. E mais simples do que a linguagem processual e é expresso em frases declarativas.

Estrutural é o conhecimento básico para a resolução de problemas. Descreve relações entre vários conceitos, como tipo de, parte de e agrupamento de algo. Descreve a relação que existe entre conceitos ou objetos.

A lógica de computador abrange diferentes tipos de conhecimento que alimentam o funcionamento das Inteligências Artificiais. É empregada continuamente durante as interações com o ambiente e, a partir das informações disponíveis, realizam tarefas específicas e tomam decisões.

Esta lógica permite que as Inteligências Artificiais ajam de forma contextual e eficiente, baseando-se em fatos, regras e relações entre diferentes elementos do ambiente.

Os diferentes tipos de conhecimento a seguir são essenciais para o funcionamento da lógica de computador, pois fornecem as informações necessárias para entender o ambiente, executar tarefas, resolver problemas e tomar decisões.

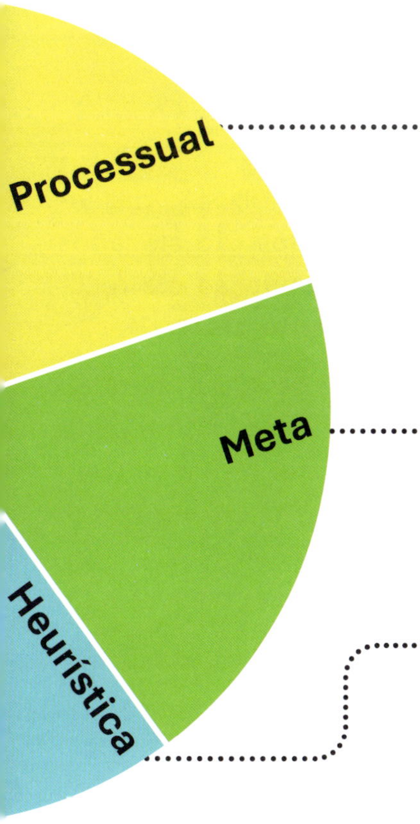

Processual ou imperativo é um tipo de conhecimento responsável por saber fazer algo. Pode ser aplicado diretamente a qualquer tarefa, inclui regras, estratégias, procedimentos, agendas etc.

Meta é o conhecimento sobre os outros tipos de conhecimento.

Heurística representa o conhecimento de alguns especialistas em um arquivo ou assunto, é baseada em experiências anteriores e que são boas para trabalhar, mas não são garantidas.

CONSTRUINDO CONHECIMENTO

Para que uma Inteligência Artificial compreenda as informações de forma precisa e eficaz, é fundamental apresentá-las de maneira clara e estruturada. Existem quatro abordagens principais para alcançar esse objetivo:

» **Representação lógica:** neste método, as informações são apresentadas utilizando palavras exatas de uma linguagem natural ou símbolos para representá-las de forma precisa e lógica;

» **Representação semântica:** este tipo de representação assegura que o significado individual das informações esteja conectado de maneira formal e lógica, garantindo uma compreensão precisa;

» **Representação estrutural:** envolve a organização das informações em tabelas, nas quais os fatos são alocados em *slots* individuais, facilitando a estruturação e a recuperação de dados;

» **Regra de produção:** são instruções que estabelecem quais conclusões uma Inteligência Artificial pode deduzir a partir das informações fornecidas, permitindo que o sistema tome decisões com base nessas regras.

Essas abordagens são fundamentais para garantir que a Inteligência Artificial compreenda e processe as informações de forma correta e eficaz, possibilitando a tomada de decisões e a execução de tarefas de maneira precisa e consistente.

Representação lógica

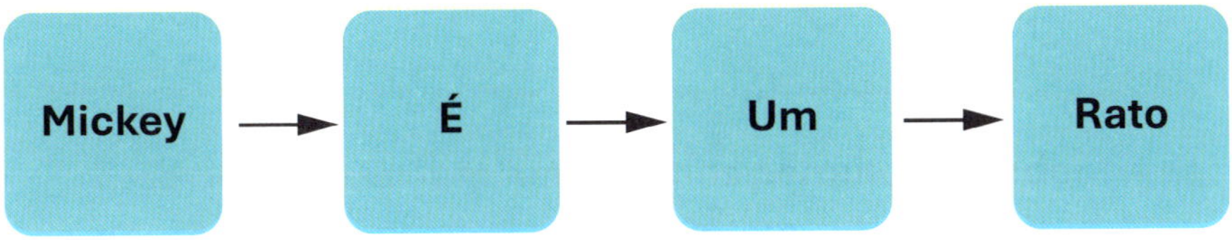

Representação semântica

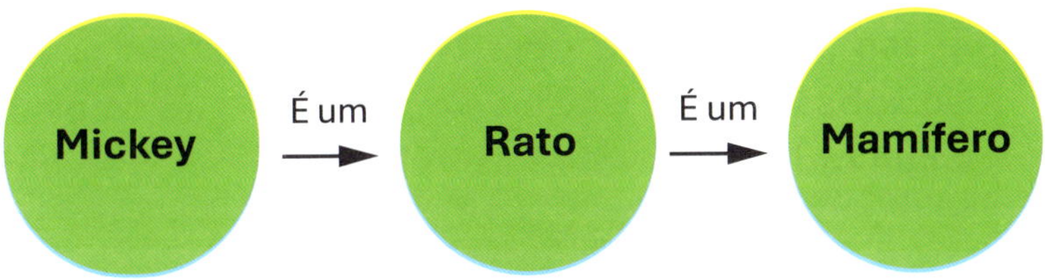

Representação estrutural

Grupo	Mamífero
Espécie	Roedor
Nome	Mickey

Regra de produção

If	**Then**
Mickey é um rato.	Mickey é um roedor.

SE ISSO, ENTÃO ISSO

Os sistemas de IA baseados em regras utilizam declarações IF-THEN para tomar decisões. Na forma mais simples, uma declaração IF-THEN orienta o sistema a agir com base em condições verdadeiras ou falsas. Por exemplo:

IF (condição verdadeira) **THEN** (ação).

IF-THEN-ELSE:
Essa estrutura permite decisões mais complexas, indicando diferentes ações para condições verdadeiras e falsas.

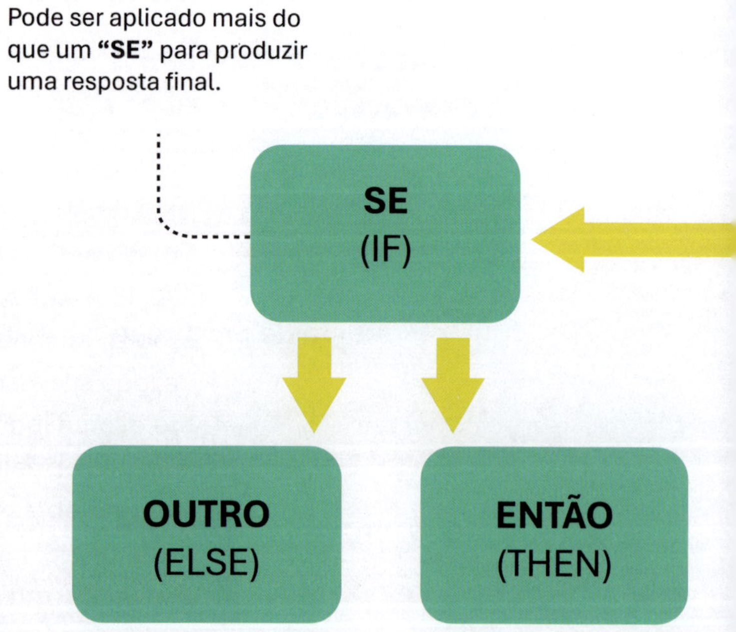

Por exemplo:
IF (condição verdadeira) **THEN** (ação A) **ELSE** (ação B).

As IAs baseadas em regras são previsíveis, confiáveis e transparentes, pois é fácil entender quais regras estão sendo aplicadas. No entanto, elas não podem aprender autonomamente e requerem intervenção humana para atualizar regras e fatos em seu conjunto de dados.

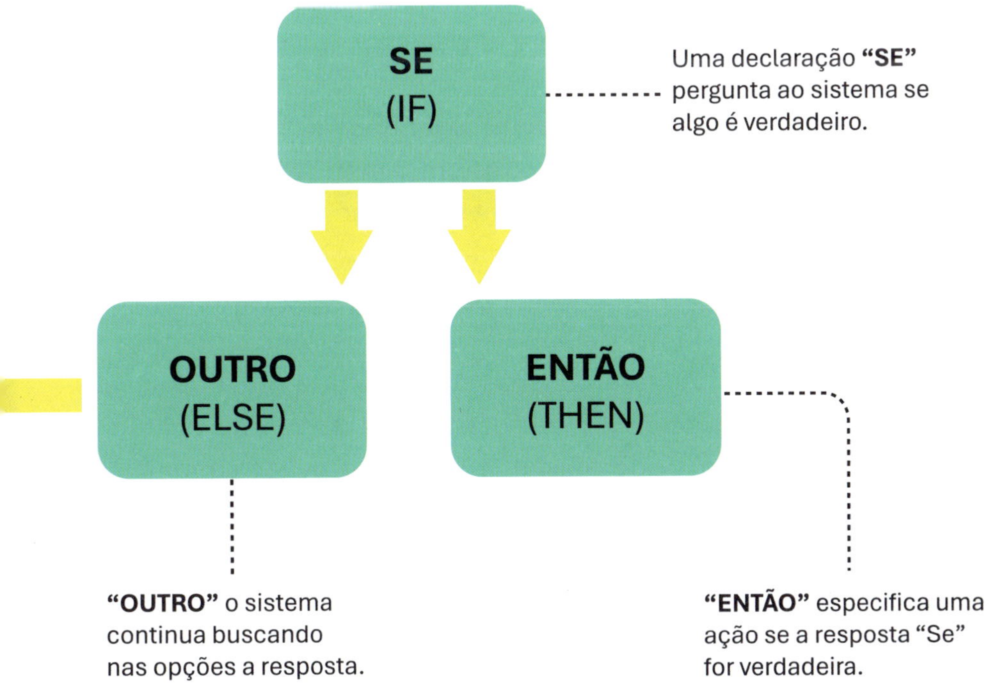

O CAMINHO MAIS CURTO

Algoritmos de *Pathfinding* são fundamentais para calcular a rota mais eficiente entre dois pontos. Eles são usados em uma variedade de aplicações, desde sistemas de navegação veicular até jogos de computador, ajudando a determinar o caminho mais rápido ou menos custoso.

Embora sejam extremamente úteis, esses algoritmos têm limitações. Eles dependem da precisão do gráfico ponderado utilizado e podem não refletir condições em tempo real, como tráfego ou construções, que alteram a viabilidade ou eficiência das rotas.

A chave, então, é combinar algoritmos de *Pathfinding* com outras tecnologias, como dados em tempo real e aprendizado de máquina, para adaptar as rotas às condições atuais. Essa integração aumenta a precisão e a utilidade das rotas sugeridas, proporcionando resultados mais eficientes e confiáveis.

Em um sistema de GPS para carros, um algoritmo de *Pathfinding* pode determinar a rota mais curta com base na distância. No entanto, ao incorporar dados de tráfego em tempo real, o sistema pode ajustar a rota para evitar congestionamentos, oferecendo ao motorista uma alternativa mais rápida, mesmo que seja mais longa em distância.

Início - Algoritmo busca o menor custo entre a rota A para Z.

Pesos - Somados resultam no custo da rota disponível.

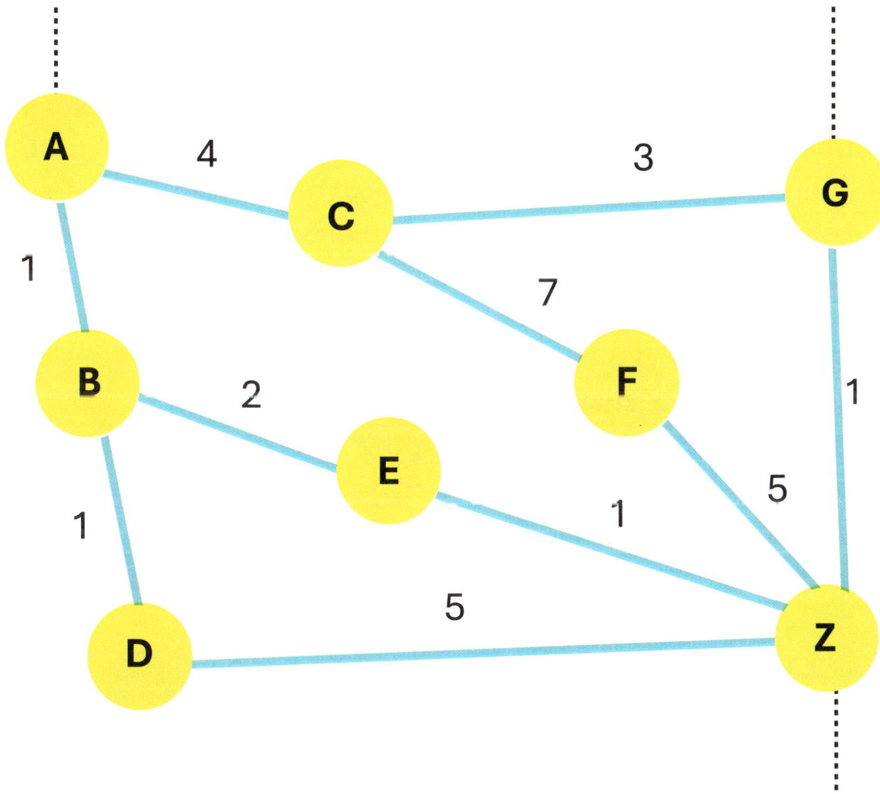

Destino - Deve ser a escolha da menor rota com o menor custo entre A e Z.

REALIZANDO UMA TAREFA

As Inteligências Artificiais incorporadas em robôs usam uma técnica conhecida como planejamento para ajudá-las a resolver problemas práticos. O planejamento envolve compreender o ambiente ou local em que a tarefa deve ser executada e mapear as ações necessárias para concluir.

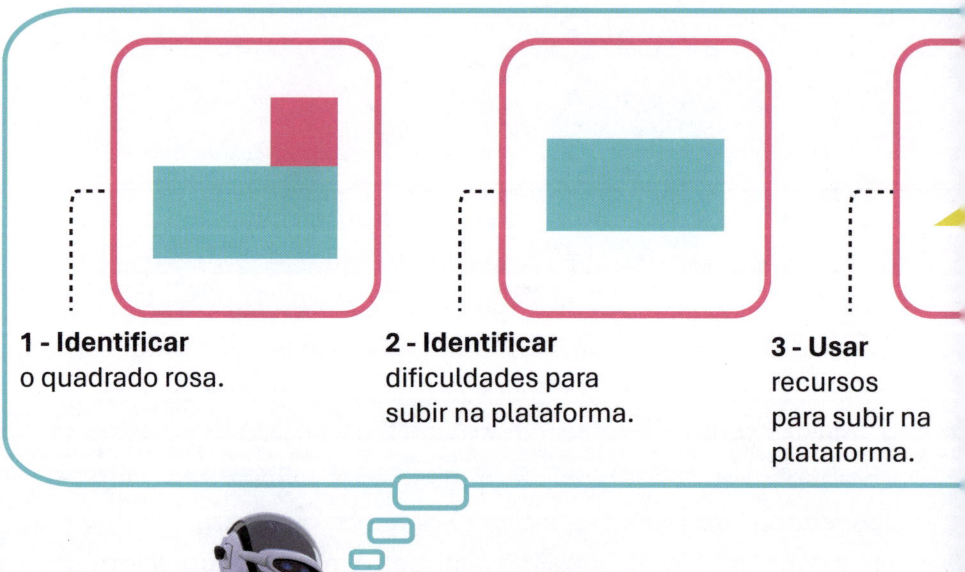

A Inteligência Artificial deve identificar cada passo necessário para cumprir a tarefa e a sequência ideal de menor custo para executá-la. Se a sequência ótima não for possível por qualquer razão também, deve ser capaz de decidir a próxima melhor alternativa, deve ser capaz de identificar e evitar qualquer ação que a impeça de completar a tarefa, planejando com antecedência para completar a tarefa. Veja a ilustração que explica como estas etapas estão divididas.

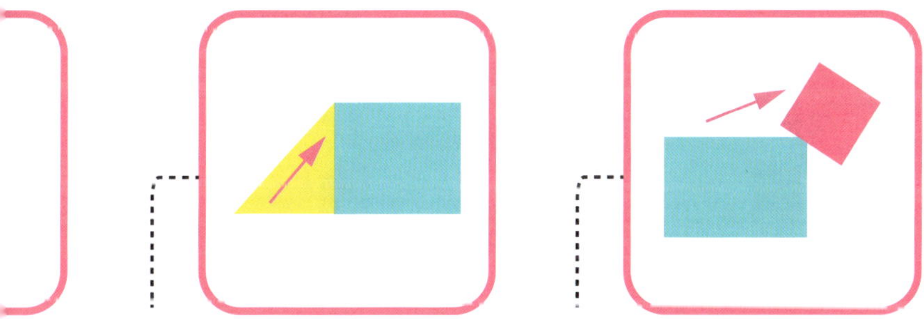

4 - Subir na rampa.

5 - Jogar o quadrado da plataforma.

Ambiente + Tarefa

A tarefa do robô será subir na plataforma e jogar o quadrado rosa para fora da plataforma.

INCORPORANDO INCERTEZA

Teorema bayesiano
A probabilidade de um evento acontecer com fumaça acompanhada de fogo depende do evento anterior, incluindo o conhecimento da frequência de acontecimentos de fumaça e fogo.

FOgo com FUmaça
A probabilidade do fogo ser sério, graças à presença de fumaça.

Nas Inteligências Artificiais clássicas, a lógica binária de verdadeiro ou falso dominava, mas a vida real é repleta de incertezas. Por isso, **a probabilidade** emerge como uma ferramenta essencial para lidar com essa realidade, introduzindo uma abordagem mais flexível e realista.

Os métodos bayesianos na Inteligência Artificial incorporam conhecimento prévio e atualizam probabilidades com base em novas evidências, permitindo decisões racionais sob incerteza. Esses métodos utilizam a regra de Bayes para revisar as crenças de maneira contínua e adaptativa à medida que recebem novos dados.

FUmaça com FOgo
A probabilidade da fumaça acompanhar incêndios sérios.

FOgo
Qual é a frequência que ocorrem incêndios sérios?

$$\frac{P(FU \mid FO)\,P(FO)}{P(FU)}$$

FUmaça
Quão frequente a fumaça acontece?

O Teorema de Bayes, desenvolvido pelo estatístico inglês **Thomas Bayes (1702- 1761)**, é um marco nesse contexto, calculando a probabilidade de um evento com base em eventos anteriores. Em vez de avaliar a probabilidade isoladamente, o teorema considera as condições relevantes que precedem o evento, fornecendo uma base sólida para inferências.

Ao aplicar o Teorema de Bayes, podemos compreender a interdependência entre eventos e estimar a probabilidade de ocorrência de um evento quando outro é dado. Por exemplo, ao considerar a presença de fumaça e a probabilidade de um incêndio ser perigoso, podemos inferir com mais precisão os riscos envolvidos.

MUDANÇAS ENCADEADAS

As **cadeias de Markov** são modelos probabilísticos usados para prever sequências de eventos, sendo extremamente úteis em várias áreas da Inteligência Artificial. Esses modelos operam com base na ideia de que o estado futuro depende apenas do estado atual, não do histórico de eventos passados.

Apesar de sua utilidade e eficiência, a principal limitação das cadeias de Markov reside na sua dependência do estado anterior. Essa característica pode dificultar a captura de padrões mais complexos em dados com variações significativas ou em sequências longas, em que múltiplos eventos anteriores são relevantes.

Assim, as cadeias de Markov são mais eficazes quando aplicadas em contextos em que a suposição de que o futuro depende apenas do estado atual é razoável. Ao serem utilizadas em conjunto com outras técnicas analíticas, elas podem contribuir significativamente para a tomada de decisões e previsões precisas.

Em uma empresa de investimentos, uma cadeia de Markov pode ser usada para analisar e prever tendências do mercado financeiro. Com base no estado atual dos preços das ações e indicadores econômicos, o modelo pode fornecer previsões úteis sobre futuras condições de mercado, auxiliando investidores a tomar decisões mais informadas e potencialmente lucrativas.

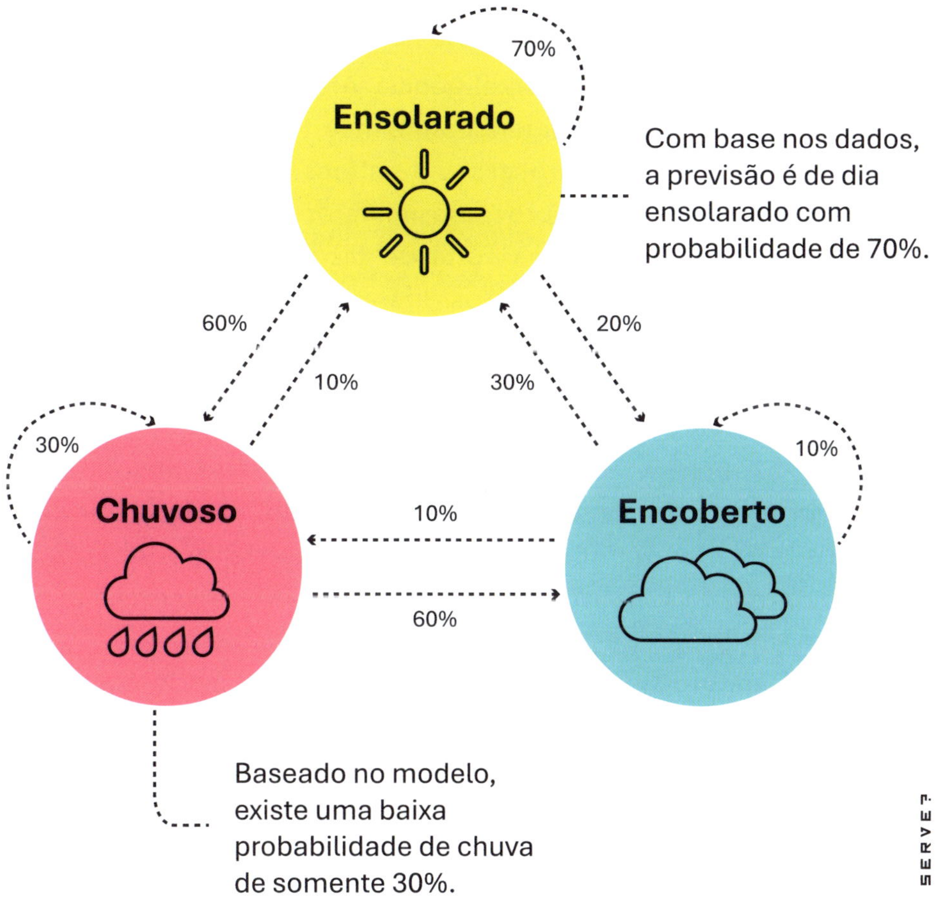
70%
Ensolarado
Com base nos dados, a previsão é de dia ensolarado com probabilidade de 70%.
60%
10%
30%
20%
30%
10%
Chuvoso
10%
Encoberto
60%
Baseado no modelo, existe uma baixa probabilidade de chuva de somente 30%.

MODELAGEM DE INCERTEZA

Os **modelos estocásticos** desempenham papel fundamental na Inteligência Artificial, permitindo que os sistemas lidem com a incerteza e a aleatoriedade inerentes a muitos processos e sistemas do mundo real. Um modelo estocástico processa milhares de combinações de variáveis e produz uma curta de distribuição que mostra a probabilidade de resultados diferentes em circunstâncias diferentes. Os modelos estocásticos reconhecem a natureza imprevisível e variável de muitos fenômenos.

Enquanto os modelos determinísticos assumem valores fixos para as variáveis e previsibilidade absoluta, os modelos estocásticos capturam a variabilidade e a imprevisibilidade por meio de distribuições de probabilidade, permitindo uma representação mais precisa e realista dos fenômenos em estudo.

A incorporação de variáveis aleatórias pode tornar os resultados menos previsíveis e mais difíceis de interpretar, especialmente em cenários complexos com múltiplas fontes de incerteza.

Apesar dos desafios, os modelos estocásticos são amplamente utilizados na Inteligência Artificial devido à sua capacidade de lidar com a incerteza de forma eficaz. Eles são essenciais para previsões em áreas como finanças, previsão do tempo, análise de riscos e muito mais, fornecendo *insights* valiosos mesmo em face da imprevisibilidade inerente a muitos processos do mundo real.

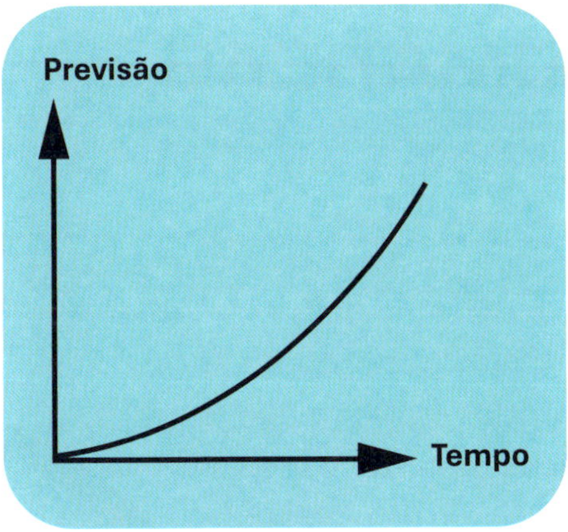

Modelo determinístico
Regular, determinado pelas condições iniciais.

VS

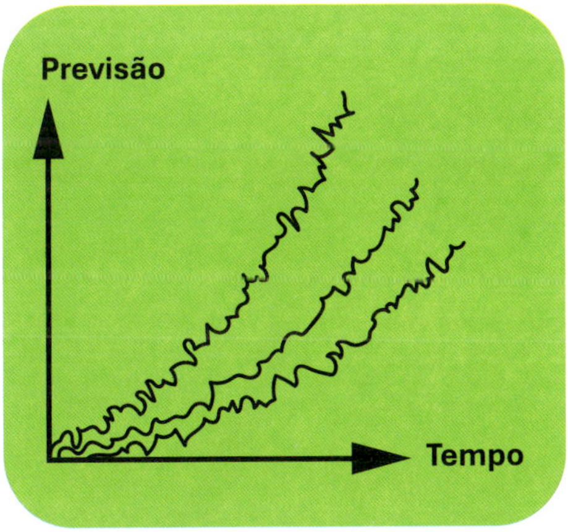

Modelo estocástico
Irregular, determinado pelas condições iniciais e as probabilidades que causam alterações.

Considere um modelo estocástico usado para prever o desempenho de uma carteira de investimentos. Ao incorporar variáveis aleatórias para representar flutuações de mercado e eventos imprevistos, o modelo pode fornecer projeções mais realistas e úteis para os investidores, permitindo-lhes tomar decisões informadas em um ambiente financeiro volátil.

DICAS AUTOMÁTICAS

Os **sistemas especialistas** são programas de computação desenvolvidos para emular o raciocínio e o conhecimento de especialistas humanos em campos específicos. Eles são construídos em três partes principais: base de conhecimento, mecanismo de inferência e interface do usuário, trabalhando juntos para fornecer respostas e soluções especializadas.

Apesar de sua capacidade de lidar com questões complexas e oferecer aconselhamento especializado, os sistemas especialistas enfrentam desafios. Sua eficácia depende fortemente da atualização e qualidade da base de conhecimento e do mecanismo de inferência. Além disso, eles podem não ser tão adaptáveis quanto os humanos em situações ambíguas ou únicas.

Assim, enquanto os sistemas especialistas são valiosos por oferecerem acesso democratizado a conhecimentos específicos e ajudarem na tomada de decisões, é essencial reconhecer e abordar suas limitações. Combinar suas capacidades com a supervisão e o discernimento humano pode resultar em sistemas mais robustos e eficientes.

Na medicina, sistemas especialistas podem ser usados para diagnosticar doenças combinando sintomas relatados com uma vasta base de conhecimento médico. Eles podem agilizar o processo de diagnóstico e sugerir tratamentos, mas devem ser usados em conjunto com a avaliação clínica de profissionais médicos para garantir a precisão e o cuidado adequado ao paciente.

GERENCIANDO A BAGUNÇA

A Inteligência Artificial clássica luta com algumas tarefas que os humanos consideram simples. Podemos programar computadores para tarefas baseadas no raciocínio, como jogar xadrez, mas não para tarefas sensório-motoras e baseadas nas percepções como pegar uma barra, uma bola ou reconhecer um gato.

O programador austro-canadense **Hans Moravec (1948-)** argumentou que as tarefas de raciocínio são fáceis de ensinar aos computadores porque os humanos já descobriram as etapas necessárias para incluí-las; em contraste, as atividades sensório-motoras e de percepção envolvem dados não estruturados ou confusos que requerem muito processamento.

Para os humanos, essas tarefas são em grande parte ações inconscientes e refinadas ao longo de milhares de anos de evolução cerebral, mas são difíceis de dividir numa série de passos que o computador possa resolver e seguir.

Embora a Inteligência Artificial possa facilmente lidar com tarefas de raciocínio, como resolver quebra-cabeças, sua capacidade de lidar com dados confusos e atividades sensório-motoras ainda é limitada. A superação desses desafios exigirá avanços significativos na modelagem de algoritmos e na compreensão da complexidade das interações humanas com o mundo físico.

Considere um robô projetado para classificar objetos em uma linha de montagem. Enquanto o robô pode facilmente executar tarefas lógicas, como identificar padrões de forma e cor, pode enfrentar dificuldade ao lidar com objetos danificados ou mal posicionados, destacando os desafios de lidar com dados confusos na Inteligência Artificial clássica.

IAS ARRUMADAS E IAS DESLEIXADAS

Na década de 1970, o teórico da Inteligência Artificial **Roger Schank (1946-)** observou que existem duas abordagens distintas na pesquisa em Inteligência Artificial: a arrumada e a desleixada. A abordagem arrumada, que desde então se tornou dominante, envolve a programação de computadores para seguir regras matemáticas estritas, permitindo-lhes distinguir entre diferentes tipos de dados e analisá-los usando algoritmos de aprendizado de máquina, como as redes neurais artificiais.

A IA arrumada é projetada para executar tarefas específicas com altíssima confiabilidade e replicar comportamentos previsíveis encontrados na física.

A IA desleixada envolve experimentação com vários modelos e algoritmos para desenvolver programas que demonstrem

IAs arrumadas

inteligência, baseando-se na capacidade de reconhecer analogias entre problemas e aplicar um tipo de bom senso.

Marvin Minsky (1927- 2016) descreveu essa abordagem como sendo analógica e não lógica, uma vez que abraça a ideia de que uma Inteligência Artificial, tal como um ser humano, deve ser capaz de reconhecer que certos problemas são análogos ou comparáveis a outros problemas.

Embora a abordagem arrumada busque replicar a confiabilidade e previsibilidade das máquinas, a abordagem desleixada procura capturar a complexidade e a imprevisibilidade da inteligência humana. Enquanto a primeira segue regras lógicas estritas, a segunda busca uma compreensão mais profunda e analógica dos problemas, refletindo a natureza multifacetada da inteligência humana.

Considere um sistema de reconhecimento de fala. Uma abordagem arrumada pode se concentrar na correspondência de padrões de onda sonora com fonemas conhecidos, enquanto uma abordagem desleixada pode explorar padrões mais sutis de entonação e contexto para uma compreensão mais completa da linguagem falada.

IAs desleixadas

CAPÍTULO

03

INTELIGÊNCIA ARTIFICIAL ESTATÍSTICA OU SEMISSIMBÓLICA

DADOS, APRENDIZADO E PERFORMANCE

Uma insatisfação crescente tomava conta dos corredores da pesquisa em Inteligência Artificial na década de 1990. Os pesquisadores, descontentes com as limitações da abordagem clássica, voltada para a lógica e o raciocínio dedutivo, buscavam uma nova direção para impulsionar o avanço da IA. Foi nesse contexto que surgiu a Inteligência Artificial Estatística, uma abordagem inovadora que se tornaria o epicentro das pesquisas na área.

No cerne dessa revolução, está o aprendizado de máquina, uma técnica revolucionária que transformou fundamentalmente a maneira como os sistemas de IA são concebidos e aplicados. O aprendizado de máquina capacita os modelos de Inteligência Artificial a absorverem informações dos dados, permitindo que realizem tarefas complexas sem a necessidade de programação explícita por parte dos engenheiros.

O sucesso do aprendizado de máquina foi impulsionado pela disponibilidade de hardware computacional cada vez mais poderoso e pela abundância de grandes conjuntos de dados, que fornecem o combustível necessário para o treinamento eficaz dos modelos.

ENSINAR A MÁQUINA A PENSAR

O aprendizado de máquina é uma subárea da Inteligência Artificial que se concentra em desenvolver sistemas capazes de aprender a partir de dados, melhorar com experiências e fazer previsões ou tomar decisões sem ser explicitamente programados para isso.

Em vez de exigir uma programação manual extensa para tarefas, como reconhecimento facial ou compreensão de linguagem natural, o aprendizado de máquina capacita os computadores a aprender com dados e experiências. Essa abordagem representa uma mudança de paradigma significativa na criação e no uso de sistemas computacionais.

Os algoritmos de aprendizado de máquina se baseiam em conjuntos de dados de treinamento, chamados de Dados de Treinamento, para aprender e melhorar seu desempenho ao longo do tempo.

Essa capacidade de os computadores aprenderem com dados e experiências, em vez de dependerem de instruções explícitas, impulsiona a eficiência e a capacidade dos sistemas de Inteligência Artificial em lidar com tarefas complexas e variadas.

Uma das características mais importantes se relaciona a como esses modelos são treinados ou aprendem com os dados disponíveis.

Inteligência Artificial
é a ciência do desenvolvimento de máquinas que podem agir e tomar decisões de forma "inteligente".

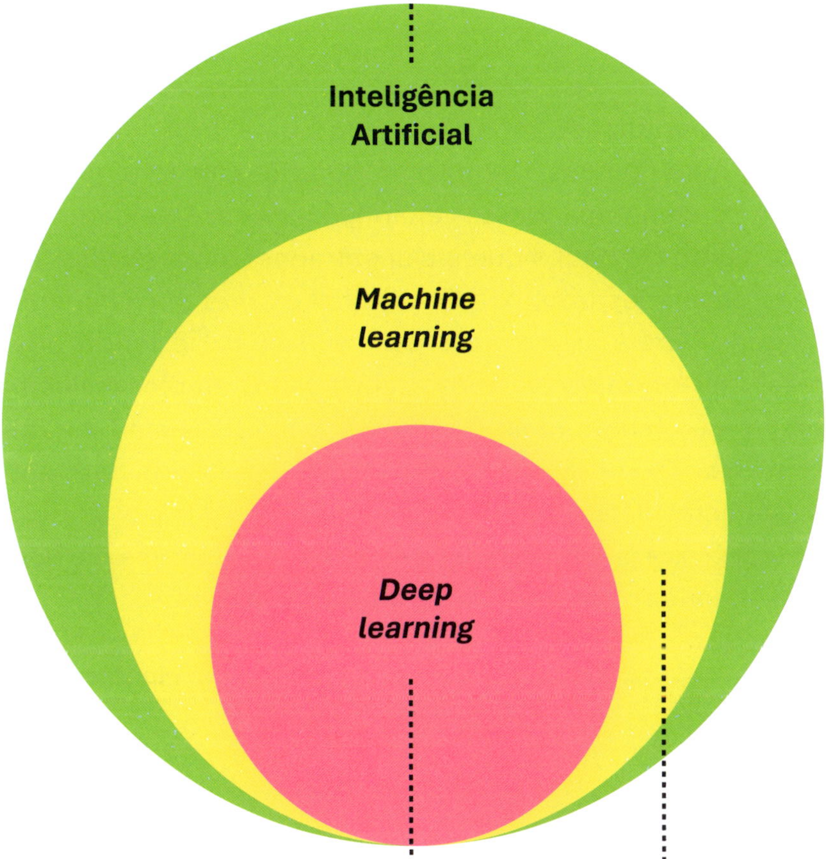

***Machine learning* ou aprendizado de máquina**
tem como foco treinar computadores para executar tarefas sem a necessidade de programação explícita.

***Deep learning* ou aprendizado profundo**
é o tipo mais sofisticado de aprendizado de máquina. Requer intervenção humana mínima e utiliza modelos de computador conhecidos como "redes neurais artificiais", que se baseiam no cérebro humano.

APRENDIZAGEM DE MÁQUINA COM DADOS ETIQUETADOS

O **aprendizado supervisionado** é uma das abordagens mais comuns e bem compreendidas no aprendizado de máquina. Nesse cenário, o modelo é treinado em um conjunto de dados que inclui entradas (características) e saídas desejadas (rótulos). O objetivo é aprender uma função que mapeie as entradas para as saídas de modo que possa prever a saída para novas entradas. Exemplos incluem classificação (como identificar se um e-mail é spam ou não) e regressão (como prever o preço de uma casa com base em suas características).

Essa técnica envolve ajustar "pesos" em uma função para que ela se adeque ao conjunto de dados de treinamento.

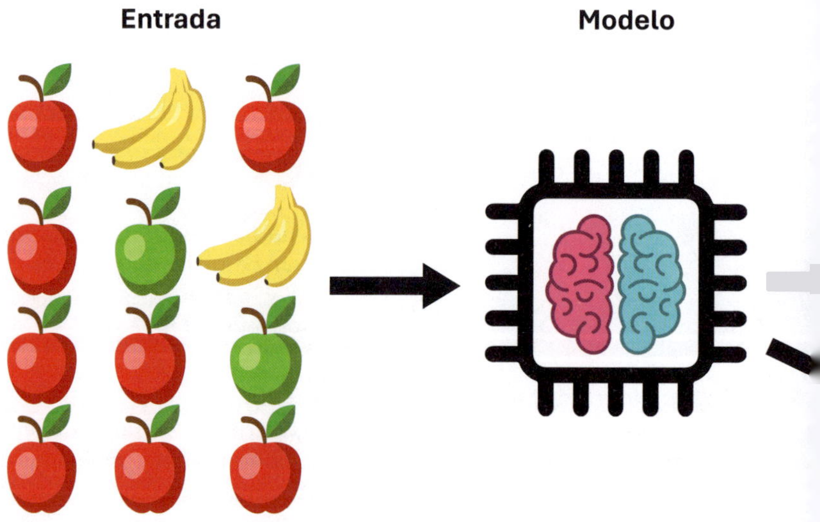

Apesar de ser uma ferramenta eficaz para ensinar a IA a reconhecer padrões e prever resultados, a aprendizagem supervisionada é limitada pela qualidade e abrangência dos dados rotulados. Dados mal rotulados ou enviesados podem levar a conclusões incorretas ou discriminatórias.

Portanto, o sucesso da aprendizagem supervisionada depende do cuidado e precisão no processo de rotulação dos dados. Uma base de dados bem rotulada e representativa é essencial para desenvolver modelos de IA confiáveis e úteis, capazes de realizar tanto classificação quanto regressão com precisão.

Na prática, a aprendizagem supervisionada pode ser usada em um sistema de recomendação de filmes. Ao ser treinada com dados que incluem preferências de usuários e características de filmes, a IA aprende a recomendar filmes que provavelmente serão de interesse do usuário, baseando-se nas preferências passadas e nas características dos filmes que gostaram anteriormente.

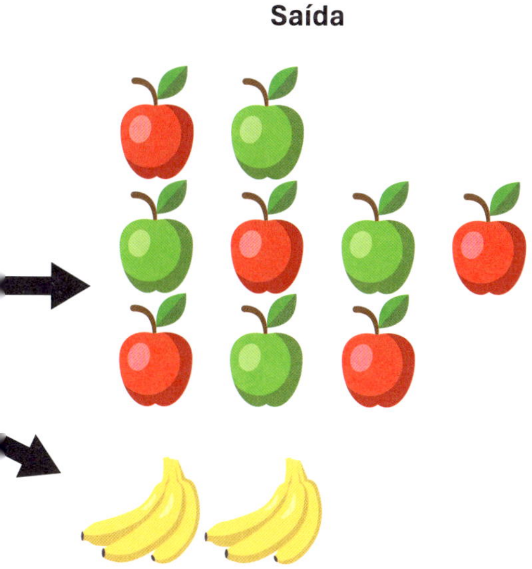

Classificação
a Inteligência Artificial é capaz de classificar entradas como, por exemplo, diferentes frutas de um grande grupo de dados não etiquetados.

APRENDIZAGEM DE MÁQUINA COM DADOS BRUTOS

No **aprendizado não supervisionado**, os dados de treinamento não possuem rótulos; o objetivo é identificar estruturas ou padrões subjacentes nos dados. Esse tipo de aprendizado é útil para agrupamento (*clustering*) ou redução de dimensionalidade. Por exemplo, segmentar clientes em grupos com base em comportamentos de compra sem saber antecipadamente quais grupos existem.

Entrada | **Modelo**

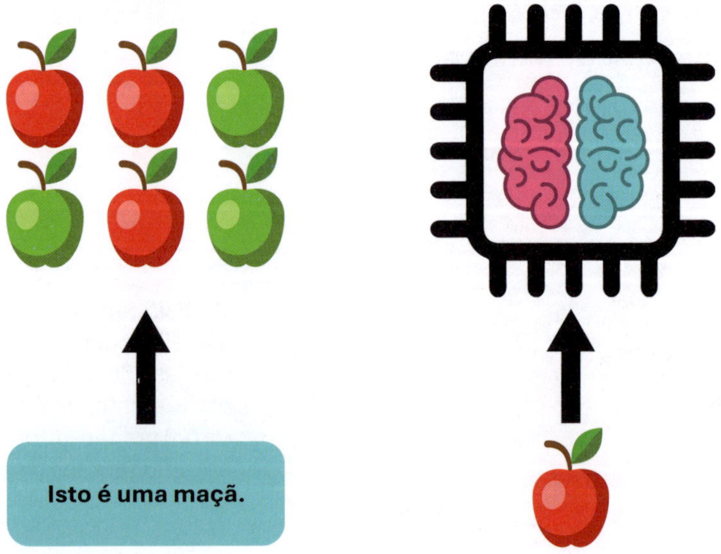

Dado etiquetado
Será usado como exemplo do que é uma maçã.

Dado de teste
Não sabe o que é maçã.

Essa abordagem é valiosa para identificar estruturas e relações nas informações que podem não ser imediatamente aparentes.

Apesar de sua utilidade na identificação de padrões, a aprendizagem não supervisionada não compreende a relevância dessas estruturas, necessitando de interpretação humana para dar significado aos padrões encontrados. Além disso, pode não ser tão eficaz quanto métodos supervisionados em tarefas específicas devido à ausência de direcionamento claro nos dados.

Na prática, a aprendizagem não supervisionada pode ser usada em análises de mercado para identificar segmentos de clientes com base em padrões de compra. Sem saber inicialmente quais são esses segmentos, a IA pode revelar agrupamentos naturais de comportamento do consumidor, que os analistas de mercado podem então interpretar e utilizar para estratégias de marketing direcionadas.

Saída

Isto é uma maçã.

Previsão
Baseada no treinamento de dados, a Inteligência Artificial executa uma previsão com o dado etiquetado na entrada.

APRENDENDO COM FEEDBACK

No aprendizado por reforço, um agente aprende a tomar decisões por meio de tentativas e erros, interagindo com um ambiente. O agente recebe recompensas por ações bem-sucedidas e, às vezes, punições por ações indesejadas. O objetivo é aprender uma política de ações que maximize a soma das recompensas ao longo do tempo. Exemplos incluem jogos, navegação de robôs e sistemas de recomendação.

É uma técnica dinâmica em *machine learning* na qual a Inteligência Artificial aprende a executar tarefas por um processo de tentativa e erro, sendo guiada por um sistema de recompensas e punições. Essa abordagem ajuda a IA a discernir entre ações que levam ao sucesso e aquelas que resultam em falhas.

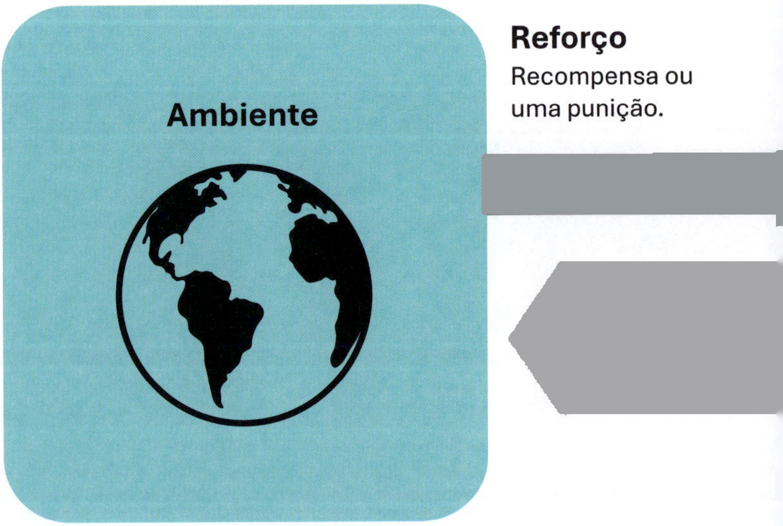

Embora o aprendizado por reforço seja eficaz para ensinar IAs a realizar tarefas complexas, seu sucesso depende fortemente da configuração adequada de recompensas e punições. Um sistema mal calibrado pode levar a IA a aprender comportamentos inadequados ou ineficientes.

Assim, o aprendizado por reforço deve ser cuidadosamente estruturado, garantindo que a IA não apenas aprenda a realizar a tarefa, mas a faça de maneira otimizada. A combinação de um bom design de recompensas com uma supervisão atenta é crucial para o desenvolvimento eficiente de sistemas baseados em aprendizado por reforço.

Por exemplo, em um veículo autônomo, o sistema de aprendizado por reforço pode ser usado para ensinar a IA a obedecer a sinais de trânsito. Recebendo feedback negativo (punição) por passar no sinal vermelho e feedback positivo (recompensa) por parar, a IA aprende a tomar decisões corretas no trânsito, melhorando a capacidade de condução segura e eficiente.

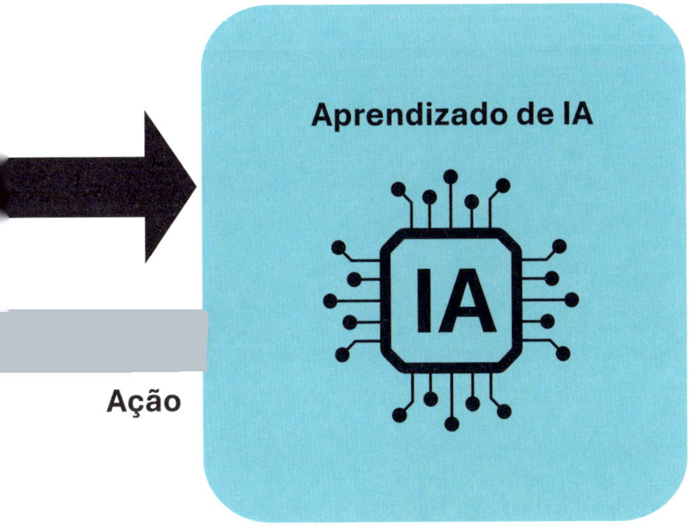

Tentativa e erro
IA aprende a ter sucesso numa tarefa através das consequências das suas ações. Ela buscará recompensa e evitará punições, até que a tarefa seja concluída. Uma recompensa ou uma punição.

UNINDO FORÇAS

Aprendizado em conjunto, ou *ensemble learning*, envolve a combinação de vários modelos de aprendizado de máquina para melhorar a robustez e o desempenho do sistema final. Métodos comuns incluem ***Bagging, Boosting* e *Random Forests***. Esses métodos são eficazes na redução da variância e do viés dos modelos individuais, levando a previsões mais precisas.

Essa técnica é baseada na ideia de que a colaboração entre diferentes modelos pode produzir resultados mais precisos e robustos do que um único modelo atuando isoladamente.

Embora seja uma estratégia poderosa, o *ensemble learning* traz complexidades adicionais, como a necessidade de integrar diferentes modelos e a possibilidade de sobreajuste, no qual o modelo combinado é tão ajustado aos dados de treinamento que perde a capacidade de generalizar para novos dados.

Portanto, **o sucesso do *ensemble learning* depende de um equilíbrio cuidadoso entre a diversidade e a eficácia dos modelos individuais**, bem como de uma abordagem ponderada para evitar o sobreajuste. Quando bem aplicado, o *ensemble learning* pode significativamente melhorar a precisão e a confiabilidade das previsões de um sistema de IA.

Na previsão do tempo, por exemplo, o *ensemble learning* pode combinar diferentes modelos meteorológicos para produzir previsões mais precisas. Cada modelo pode ter forças únicas em diferentes aspectos da previsão e, ao combiná-los, os pontos fracos individuais são minimizados, resultando em uma revisão geral mais precisa e confiável.

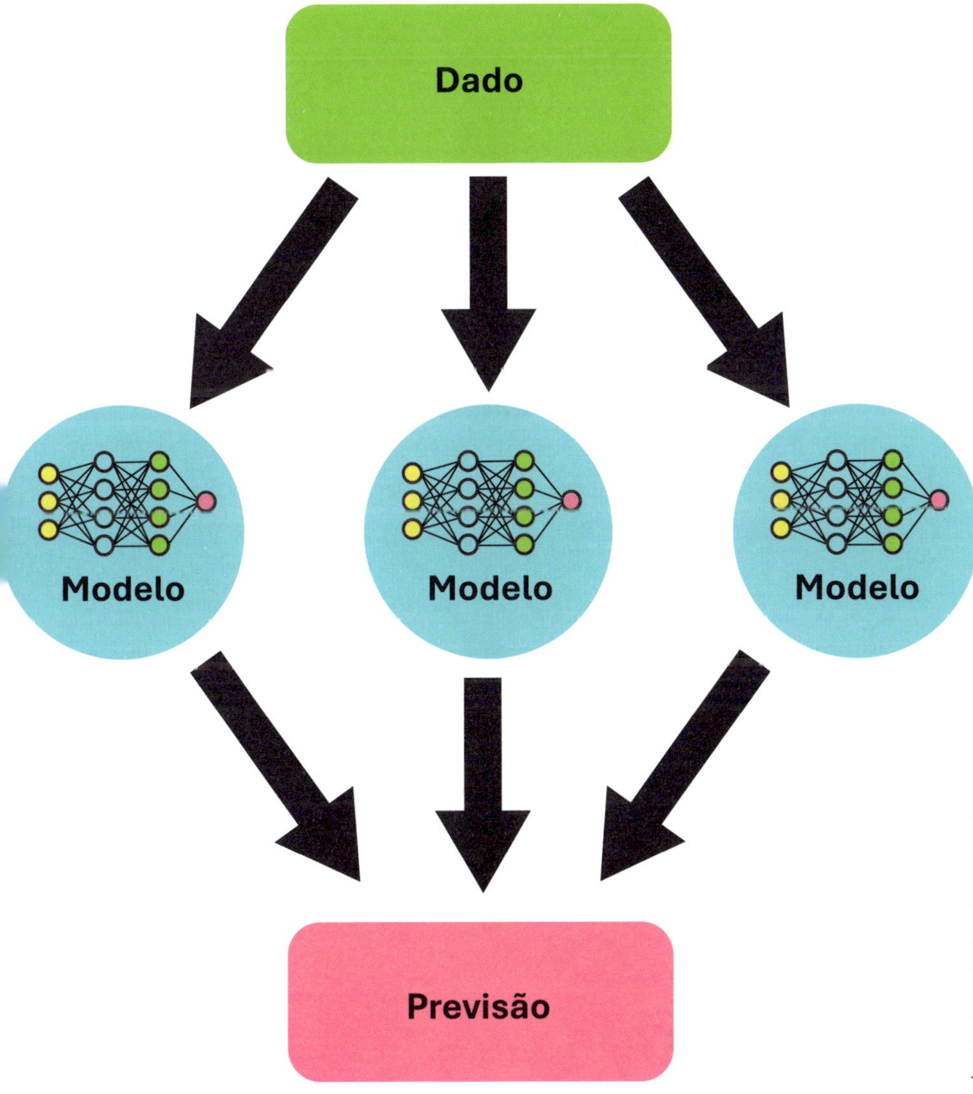
Dado
Modelo
Modelo
Modelo
Previsão

ANTECIPANDO O FUTURO

O **aprendizado automático** refere-se ao processo de automatizar as etapas envolvidas na seleção, otimização e validação de modelos de aprendizado de máquina. O AutoML busca automatizar a escolha do melhor modelo, ajuste de hiperparâmetros e pré-processamento de dados para tornar o aprendizado de máquina acessível a não especialistas e eficiente em termos de tempo.

Modelos de aprendizagem automática em Inteligência Artificial são capazes de fazer previsões analisando padrões em dados históricos. Essas previsões podem abranger desde suposições sobre eventos passados ou presentes até a antecipação de eventos futuros, oferecendo *insights* valiosos em diversas áreas.

Embora sejam ferramentas poderosas, as previsões de IA não são infalíveis. Elas dependem da qualidade e da quantidade dos dados disponíveis e podem ser limitadas por vieses nos dados ou por mudanças inesperadas no comportamento dos usuários ou nas condições do mercado.

Assim, enquanto os modelos de IA oferecem um meio eficaz de prever e entender comportamentos e tendências, é essencial reconhecer suas limitações e usar suas previsões como uma entre várias ferramentas de decisão, complementando-as com *insights* humanos e análises contextuais.

Em uma loja on-line, quando um cliente compra uma escova de dentes, a IA pode sugerir produtos complementares como pasta de dentes e enxaguante bucal, baseando-se no comportamento de compras do próprio cliente e de outros com perfis semelhantes. Isso não só melhora a experiência de compra do cliente, mas também pode aumentar as vendas da loja. Porém, é crucial manter os algoritmos atualizados e conscientes das tendências de consumo para que as recomendações permaneçam relevantes e precisas.

Modelo 1:
Recomendação por usuário

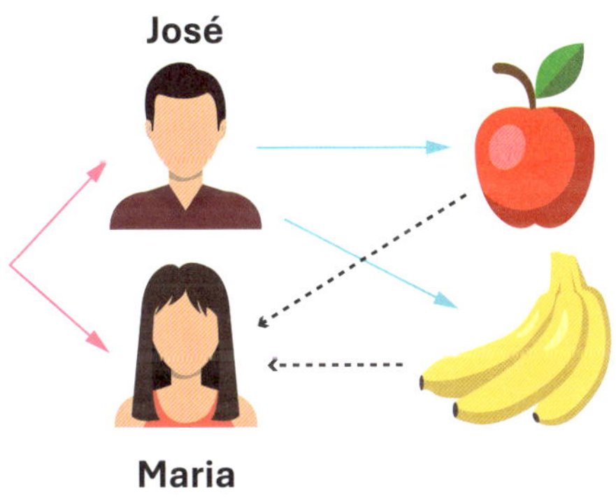

Modelo 2:
Recomendação por escolha de itens

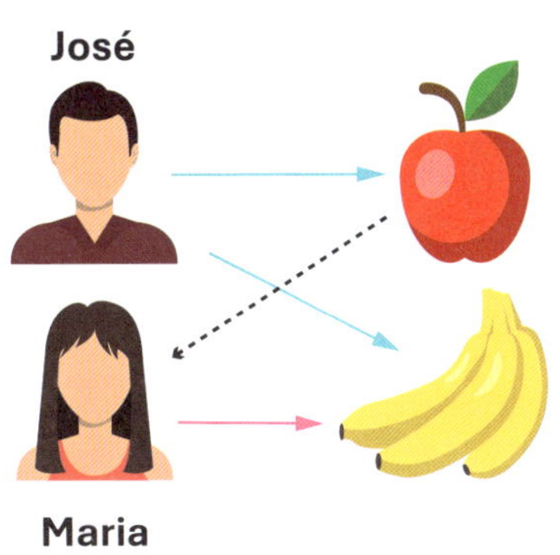

***Insights* por dados**
O modelo 1 recomenda um produto com base no perfil do usuário. Usuários semelhantes podem querer comprar os mesmos produtos.
No outro caso, o modelo 2, recomenda outros itens para compra com base na combinação de itens e compras efetuadas no histórico da plataforma.

MATERIAIS DE ENSINO

Dados de treinamento são tipos de dados usados durante a aprendizagem de máquina para ensinar a Inteligência Artificial a executar tarefas com precisão. São usados por programadores para testar, ajustar e aperfeiçoar a Inteligência Artificial até que se obtenha os resultados esperados.

Existem os **dados de validação**, usados para avaliar a precisão com que a Inteligência Artificial processa os dados de treinamento durante o período de aprendizagem.

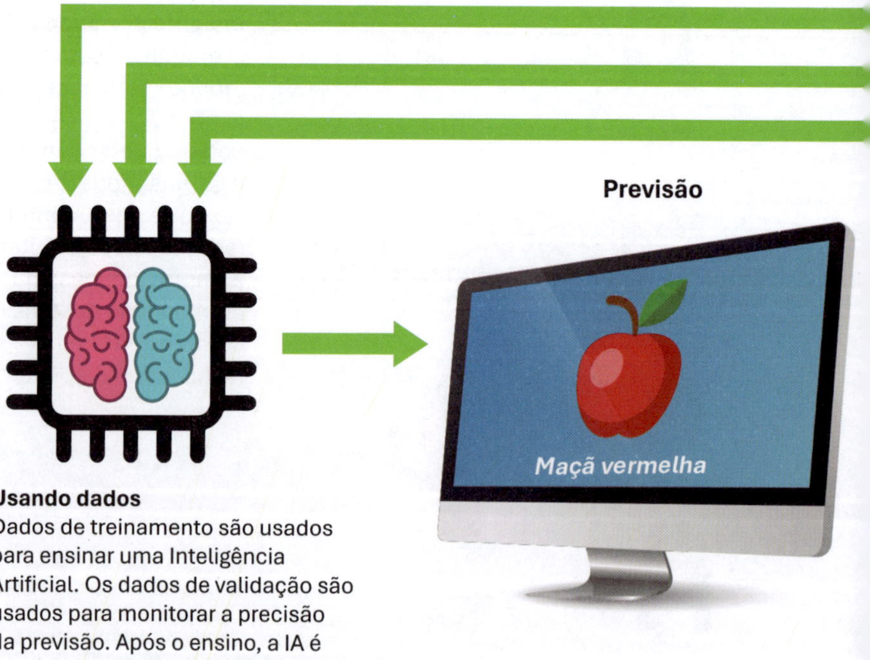

Usando dados
Dados de treinamento são usados para ensinar uma Inteligência Artificial. Os dados de validação são usados para monitorar a precisão da previsão. Após o ensino, a IA é avaliada por meio de dados de teste.

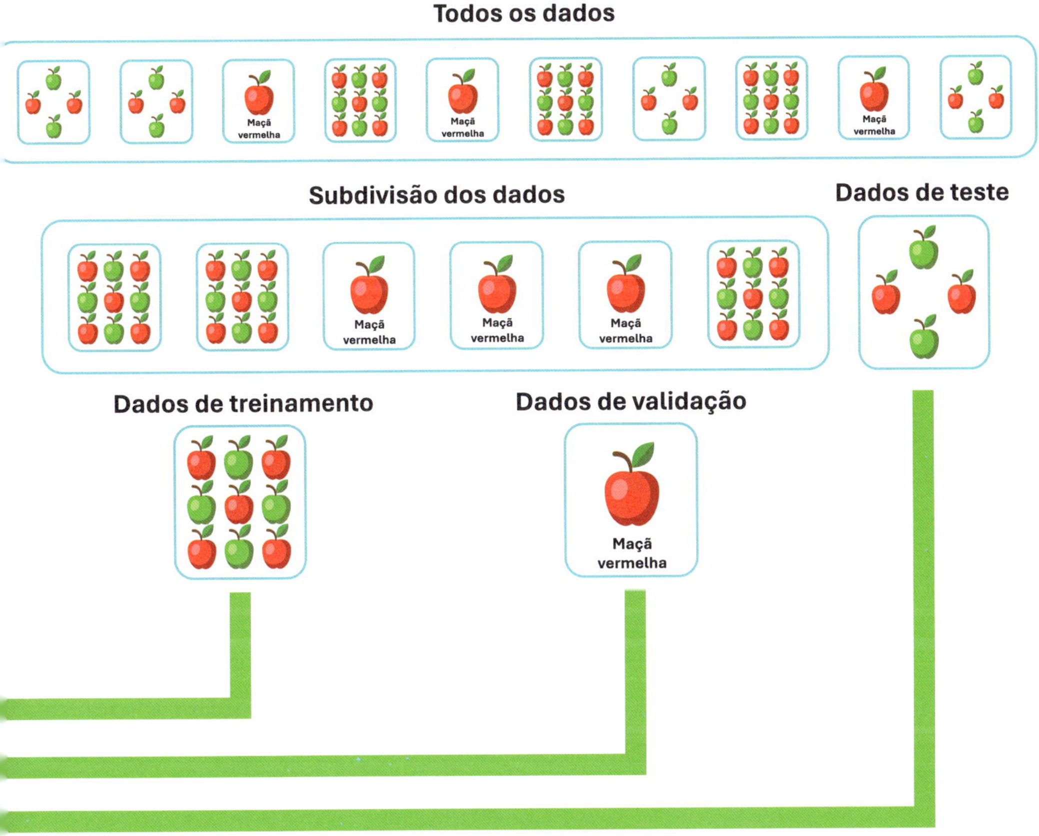

Uma vez treinada, a Inteligência Artificial será submetida aos **dados de teste**, que têm a função de avaliar a precisão dos resultados no processo de aprendizado de máquina.

Em geral, o aprendizado de máquina requer uma grande quantidade de dados de treinamento que podem ser ou não rotulados.

NATUREZA DO APRENDIZADO

Nos métodos de aprendizado de máquina, uma das distinções cruciais reside na escolha entre modelos paramétricos e não paramétricos. Essa escolha impacta diretamente a abordagem de modelagem, a complexidade do modelo, a capacidade de interpretação e a aplicabilidade em diferentes cenários de dados.

MODELOS PARAMÉTRICOS

Os modelos paramétricos são definidos por um conjunto fixo de parâmetros cujo número não aumenta independentemente do tamanho do conjunto de dados. Esses modelos assumem uma forma funcional predeterminada. Exemplos comuns incluem regressão linear e logística, na qual a relação entre variáveis independentes e dependentes é definida por parâmetros lineares.

MODELOS NÃO PARAMÉTRICOS

Os modelos não paramétricos, por outro lado, não assumem uma forma funcional fixa e têm a capacidade de aprender uma estrutura mais complexa dos dados. O número de parâmetros nesses modelos pode crescer com o tamanho do conjunto de dados. Exemplos incluem *k-nearest neighbors* (KNN) e árvores de decisão.

COMPARAÇÃO ENTRE MODELOS PARAMÉTRICOS E NÃO PARAMÉTRICOS

Característica	Modelos Paramétricos	Modelos Não Paramétricos
Número de parâmetros	Fixo	Cresce com os dados
Flexibilidade	Baixa	Alta
Necessidade de dados	Menor	Maior
Complexidade Computacional	Baixa	Alta
Interpretabilidade	Alta	Baixa
Suscetibilidade ao sobreajuste	Menor em dados limitados	Alto risco com poucos dados

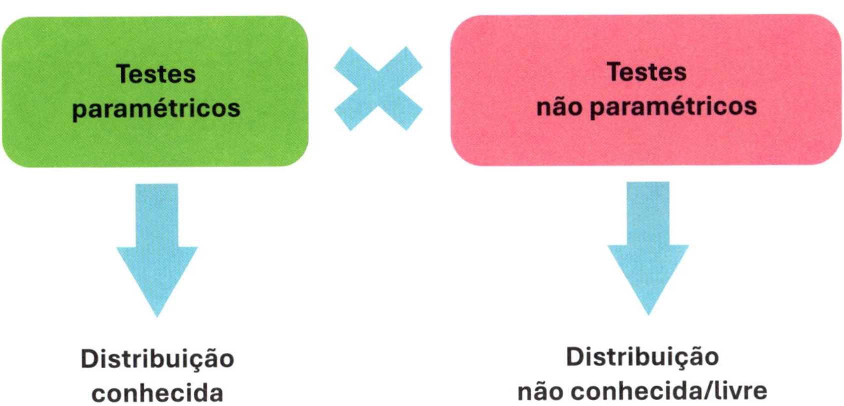

DANDO SIGNIFICADO AOS DADOS

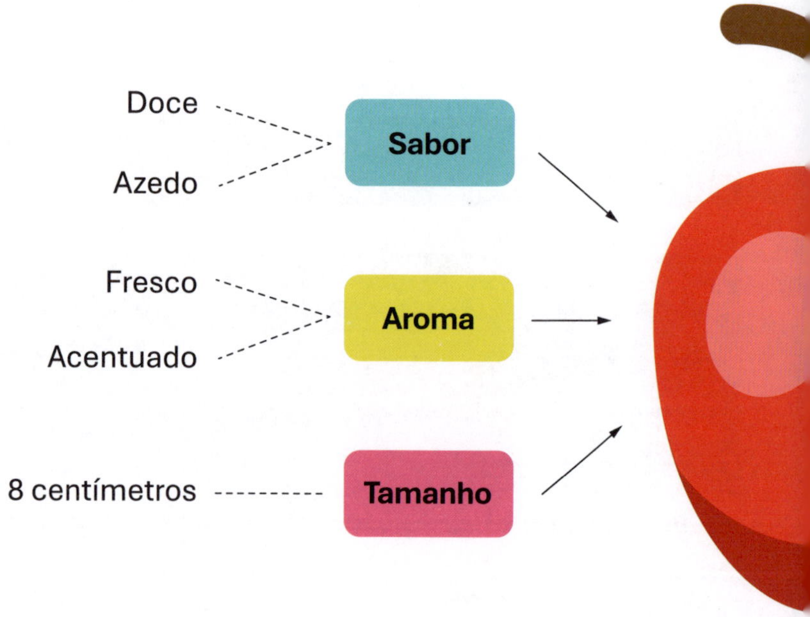

No **aprendizado de máquina supervisionado**, recursos são características específicas, como padrões de pixels em uma imagem que as Inteligências Artificiais utilizam para fazer previsões. Esses sistemas aprendem a associar recursos a rótulos específicos, processando conjuntos de dados que já foram rotulados por humanos.

Embora eficaz, esse método depende da qualidade e variedade dos dados de treinamento. Se os dados não forem diversos ou estiverem incorretos, a IA pode aprender padrões errados ou desenvolver vieses, limitando sua eficácia e precisão.

Portanto, o sucesso do aprendizado de máquina supervisionado reside no equilíbrio **entre dados de treinamento**

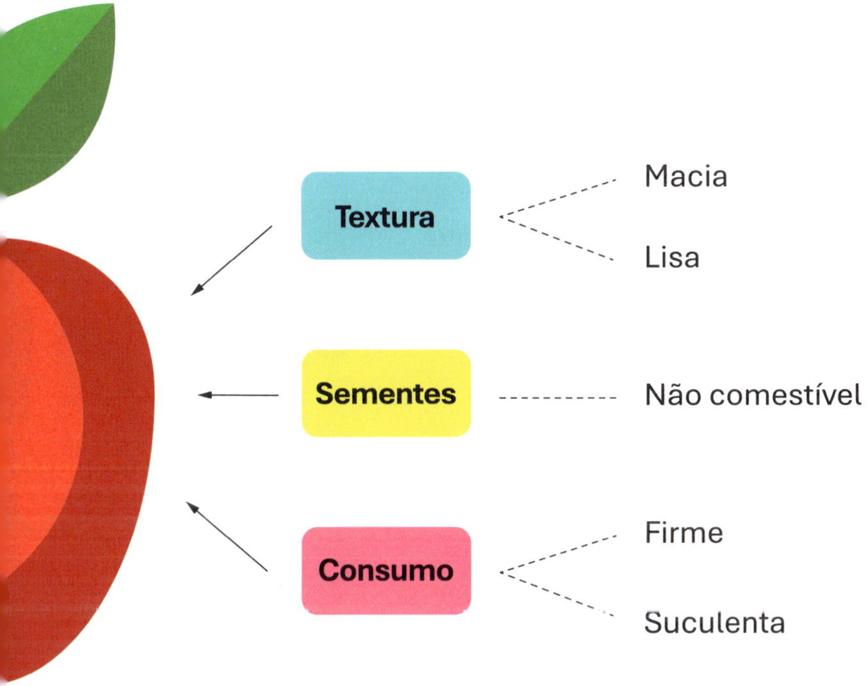

bem rotulados e uma abordagem que considere a diversidade e a precisão. Isso assegura que a IA faça previsões mais precisas e seja útil em ampla gama de aplicações.

Em um sistema de reconhecimento de imagens, se a Inteligência Artificial recebe uma foto de uma fruta cor vermelha, folhas verdes e superfície lisa, ela pode identificar corretamente a fruta como maçã.

No entanto, se a base de dados não incluir variabilidade suficiente ou estiver rotulada de forma imprecisa, a IA pode falhar em reconhecer corretamente a fruta ou identificar variedades similares.

DECIFRANDO PADRÕES

O reconhecimento de padrões é uma técnica central na Inteligência Artificial, permitindo a identificação e análise de padrões em grandes conjuntos de dados. É uma habilidade fundamental no aprendizado de máquina, envolvendo a **classificação de dados em categorias predefinidas ou o agrupamento de dados semelhantes.**

Contudo, os desafios no reconhecimento de padrões incluem lidar com dados de baixa qualidade ou incompletos e interpretar padrões complexos ou sutis. Além disso, o viés nos dados de treinamento pode levar a resultados incorretos ou discriminatórios.

Assim, para maximizar a eficácia do reconhecimento de padrões, é crucial ter conjuntos de dados de alta qualidade e diversificados. Combinar esta técnica com outras abordagens analíticas e verificar continuamente os resultados contra vieses e erros é essencial para assegurar precisão e justiça.

Em um sistema de saúde, o reconhecimento de padrões pode ser usado para identificar sinais de doenças em exames de imagem. Ao analisar milhares de imagens, a IA pode aprender a detectar indícios de condições médicas específicas. No entanto, é fundamental que os dados sejam variados e representativos para evitar erros de diagnóstico e assegurar a eficácia do sistema em diferentes populações.

TENDO INSIGHTS A PARTIR DE DADOS

A mineração de dados surge como uma ferramenta poderosa para extrair significado desses vastos depósitos de informações, permitindo que sejam transformados em conhecimento acionável.

A mineração de dados é um processo intricado que busca identificar padrões e tendências em conjuntos de dados de grande escala. Ao analisar informações como históricos médicos, registros financeiros ou padrões de comportamento do consumidor, os softwares de mineração de dados são capazes de revelar *insights* valiosos que podem ser aplicados em uma variedade de contextos, desde a medicina até o marketing.

Do vasto arsenal de técnicas de Inteligência Artificial, duas se destacam na mineração de dados: ***clustering*** **e detecção de anomalias.**

O *clustering* agrupa dados semelhantes em conjuntos distintos, **permitindo a identificação de padrões e segmentações dentro dos dados.**

A detecção de anomalias **destaca pontos incomuns ou fora do padrão nos conjuntos de dados, revelando *insights*** sobre eventos ou ocorrências fora do comum.

VÁRIAS PERGUNTAS DE SIM OU NÃO

Árvores de decisão são modelos fundamentais na Inteligência Artificial, usados para estruturar o processo de tomada de decisão. Elas operam com uma série de perguntas de "sim" ou "não", facilitando a classificação e análise de dados.

Apesar de sua eficácia em **simplificar processos decisórios complexos**, as árvores de decisão podem se tornar ineficientes se forem demasiadamente longas ou se os dados forem exces-

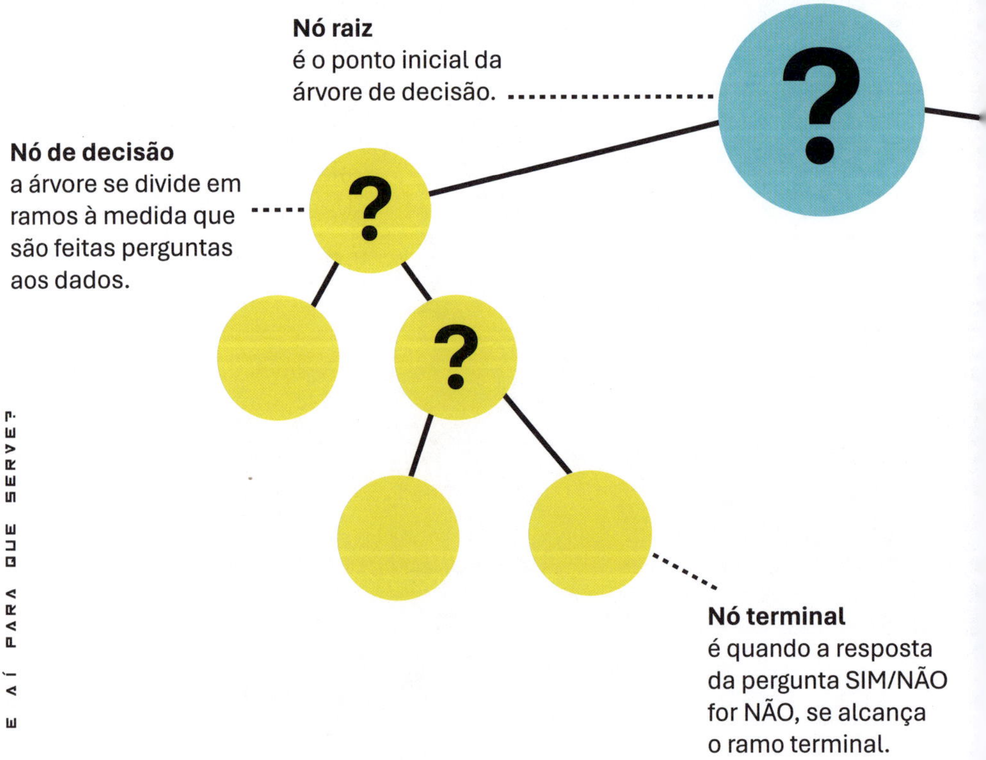

sivamente fragmentados. Além disso, elas podem não ser adequadas para situações que exigem análises com nuances além de respostas binárias.

Portanto, **árvores de decisão são mais efetivas quando usadas em contextos em que decisões binárias são suficientes para classificar dados de maneira precisa.** É crucial equilibrar a simplicidade da estrutura de árvore com a complexidade e variedade dos dados para garantir decisões informadas e precisas.

Em um aplicativo de triagem de saúde, uma árvore de decisão pode ser utilizada para determinar a probabilidade de uma doença com base em respostas simples de "sim" ou "não" a perguntas sobre sintomas. No entanto, para casos mais complexos, seria necessário um modelo mais sofisticado para capturar a gama completa de informações de saúde do paciente.

Da raiz até a folha
Uma árvore de decisão ramifica-se através de uma série de "nós" que representam as respostas SIM/NÃO até que uma folha ou conclusão seja alcançada.

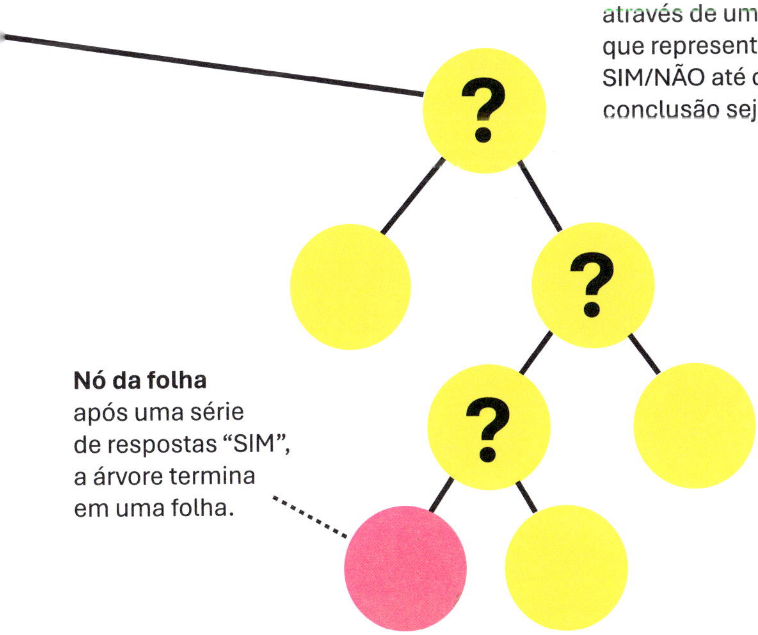

Nó da folha
após uma série de respostas "SIM", a árvore termina em uma folha.

CLASSIFICADORES

Na aprendizagem supervisionada, os algoritmos de classificação desempenham papel crucial ao atribuir rótulos a itens, organizando-os em categorias específicas. Esse processo depende de um conjunto de dados de treinamento previamente rotulado, permitindo à Inteligência Artificial aprender a identificar e replicar padrões associados a diferentes rótulos.

Enquanto essa abordagem é eficiente para criar sistemas de classificação automatizados, não é tão boa quanto à qualidade e representatividade dos dados de treinamento. Se os dados são enviesados ou limitados, o algoritmo pode desenvolver preconceitos ou falhar em reconhecer certas categorias adequadamente.

Portanto, para garantir a eficácia e precisão dos classificadores, é essencial usar conjuntos de dados de **treinamento bem rotulados, diversificados e representativos.** Com isso, os sistemas de IA podem fornecer classificações confiáveis e úteis em uma variedade de aplicações práticas.

Um exemplo clássico é o filtro de spam em sistemas de e-mail. Ele é treinado com exemplos de e-mails classificados como spam e não spam. Com base nesse treinamento, o filtro aprende a reconhecer características de e-mails indesejados e automaticamente classifica novos e-mails recebidos, aumentando a eficiência do usuário ao gerenciar a caixa de entrada.

Dividindo conjuntos de dados
Os classificadores podem separar os dados em regiões divididas por linhas, conhecidas como barreira de decisão.

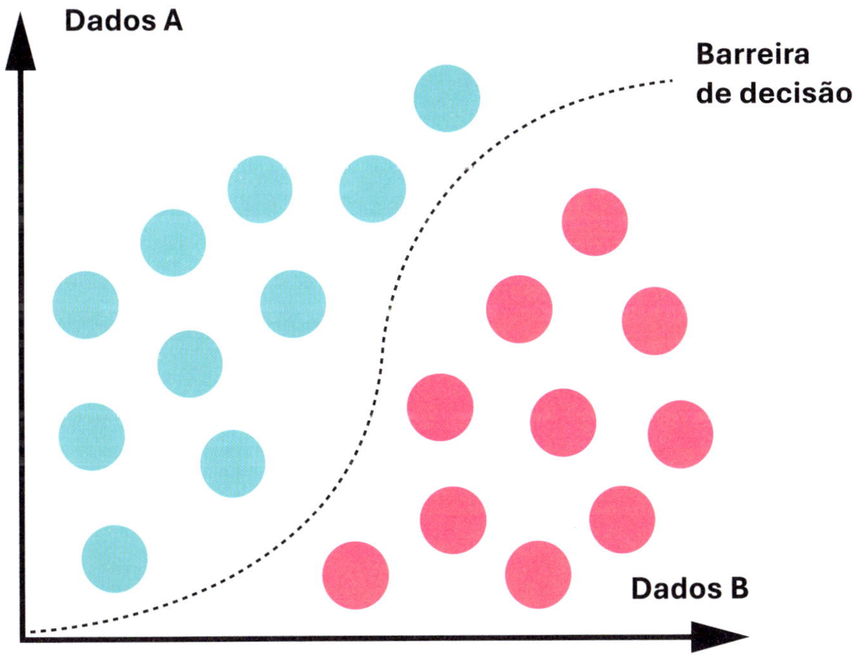

DESVENDANDO LINHAS CAUSAIS

A **análise de regressão** é um método essencial no aprendizado de máquina supervisionado, usado para prever o comportamento de variáveis dependentes com base em outras variáveis. Esse método é particularmente útil para identificar relações causais entre variáveis em diversos campos.

Contudo, a eficácia da regressão depende da qualidade dos dados e da precisão do modelo na captura das relações entre variáveis.

A **regressão linear**, apesar de ser um método comum, pode não ser adequada para dados que apresentam relações mais complexas ou não lineares.

Assim, a escolha do modelo de regressão correto é crucial. A regressão linear é eficaz para relações diretas e simples, mas em situações com relações mais complexas, outros tipos de regressão podem ser necessários.

O uso adequado da análise de regressão possibilita previsões precisas e *insights* valiosos.

Na área da saúde, por exemplo, uma IA pode usar regressão linear para prever a altura de uma pessoa com base em seu peso, assumindo uma relação proporcional entre essas duas variáveis. Essa previsão, no entanto, deve considerar a variação natural e a complexidade das relações humanas para evitar simplificações excessivas e garantir resultados confiáveis.

Regressão linear
Se uma Inteligência Artificial conhece o peso de uma pessoa, ela pode prever o crescimento dessa pessoa com base na altura de todas as pessoas conhecidas com o mesmo peso.

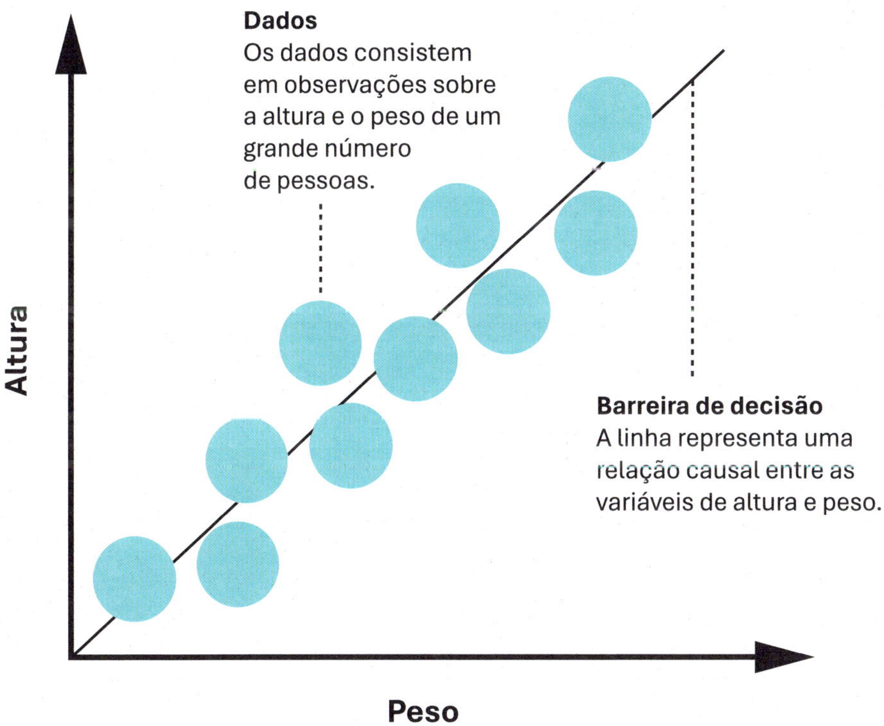

DESCOBRINDO GRUPOS

Agrupamento de dados, ou *clustering*, é uma técnica **de aprendizado de máquina não supervisionado.** Essa técnica agrupa dados com base em características comuns sem intervenção humana direta. É como organizar uma biblioteca de livros sem títulos: a IA detecta padrões e categorias similares, como livros de ficção científica ou romances, baseada apenas no conteúdo.

O algoritmo **K-means** é um método de *clustering* que particiona dados em K grupos distintos, minimizando a variação dentro de cada *cluster* e agrupando pontos de dados com características semelhantes.

Apesar de sua eficácia, o *clustering* pode enfrentar desafios. Um deles é a identificação correta de grupos: às vezes, um livro pode se encaixar em mais de uma categoria. Outro desafio é o tratamento de *outliers*, ou pontos fora da curva, que não se enquadram facilmente em nenhum grupo. Esses pontos podem representar tanto novas oportunidades quanto ruídos a serem ignorados.

Integrando essas visões, o *clustering* é uma ferramenta poderosa que pode revelar padrões ocultos e criar segmentações úteis. Por exemplo, em marketing, permite que empresas agrupem clientes com interesses semelhantes para campanhas direcionadas. Contudo, é essencial compreender limites e desafios para usá-lo eficazmente.

Aprimorando a pesquisa
O agrupamento permite que os pesquisadores direcionem grupos específicos de itens para análise.

***Outlier* ou ponto fora da curva**
Itens não agrupados podem ser tratados fora do padrão.

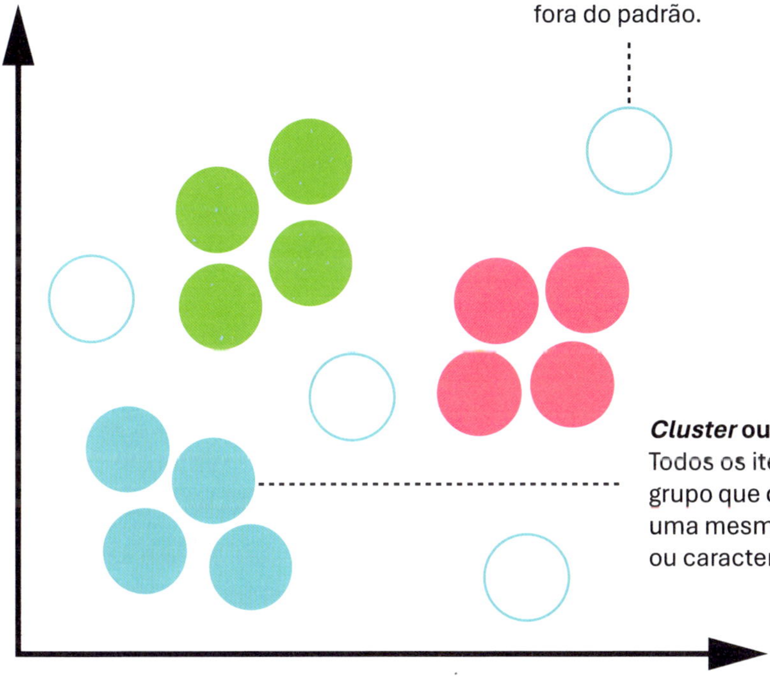

***Cluster* ou conjuntos**
Todos os itens de um grupo que compartilham uma mesma definição ou característica.

ALÉM DO COMUM

A **detecção de anomalias** é um processo em que a Inteligência Artificial identifica dados que fogem do padrão normal em um conjunto de dados. Essa tarefa é crucial, pois permite identificar erros ou inconsistências que podem afetar a qualidade dos dados e, por consequência, as análises feitas a partir deles.

No entanto, nem todas as anomalias indicam simplesmente erros nos dados. Algumas podem sinalizar problemas reais e graves, como falhas de software ou até mesmo ataques de cibercriminosos. Isso torna a detecção de anomalias não apenas uma ferramenta para garantir a integridade dos dados, mas também um meio de identificar ameaças e problemas em sistemas e processos.

Assim, a detecção de anomalias é uma ferramenta duplamente valiosa: **ela ajuda a manter a qualidade dos dados ao identificar e corrigir erros**; ao mesmo tempo, serve como um sistema de alerta para problemas maiores, como falhas técnicas ou de segurança. A habilidade de distinguir entre esses dois tipos de anomalias é fundamental para o uso eficiente dessa técnica.

Imagine um banco que usa Inteligência Artificial para monitorar transações. A detecção de anomalias pode identificar transações incomuns que poderiam ser simples erros de digitação ou tentativas de fraude. Identificando essas anomalias, o banco pode não apenas corrigir erros, mas também proteger-se contra atividades fraudulentas.

Análise de *cluster*
IAs podem identificar anomalias em um conjunto de dados usando *clustering* ou agrupamentos.

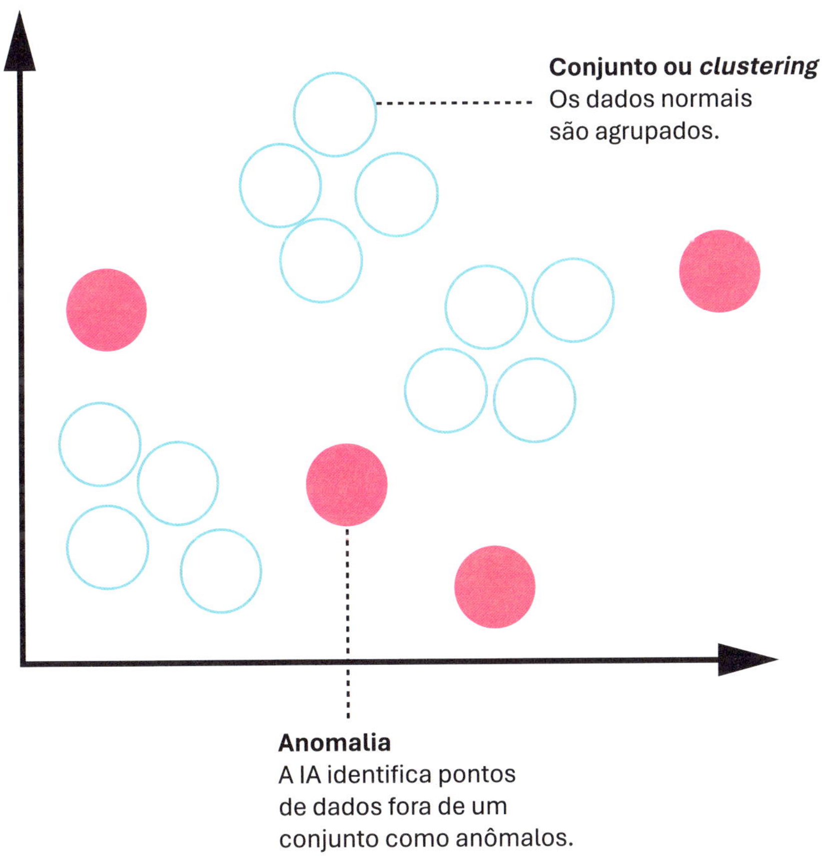

MERGULHANDO NAS PROFUNDEZAS

O aprendizado profundo, ou *deep learning*, um subcampo avançado da aprendizagem de máquina, redes com múltiplas camadas ocultas entre a entrada e a saída, emprega redes neurais artificiais para extrair e interpretar características complexas dos dados de entrada. Essas redes, conhecidas como redes neurais profundas, permitem o processamento detalhado e a análise aprofundada dos dados.

Essas redes são compostas de unidades chamadas neurônios, organizados em camadas sequenciais, nas quais cada camada transforma as entradas recebidas de formas progressivamente mais complexas, aprendendo representações de alto nível nos dados.

É particularmente útil para tarefas como reconhecimento de voz, visão computacional e processamento de linguagem natural.

Apesar do poder e da versatilidade do aprendizado profundo, essas redes exigem grandes quantidades de dados e recursos computacionais significativos para treinamento. Além disso, a complexidade dessas redes pode tornar difícil interpretar como as decisões são feitas, um fenômeno conhecido como "caixa-preta".

Em uma aplicação prática como tradução automática, o aprendizado profundo permite que um sistema processe grandes volumes de texto, aprendendo nuances linguísticas e contextuais para traduzir idiomas de maneira precisa e coerente, capturando os matizes e significados muitas vezes perdidos em métodos mais simples.

PRINCÍPIOS FUNDAMENTAIS DO APRENDIZADO PROFUNDO

» **Modelagem hierárquica de características:** redes neurais profundas capturam informações de forma hierárquica, desde características simples até conceitos complexos.

» **Retropropagação e ajuste de parâmetros:** a retropropagação ajusta iterativamente os pesos da rede neural para minimizar a diferença entre as previsões e as saídas reais.

» **Capacidade de generalização:** redes neurais profundas, quando bem reguladas, conseguem generalizar eficazmente para novos dados não vistos durante o treinamento.

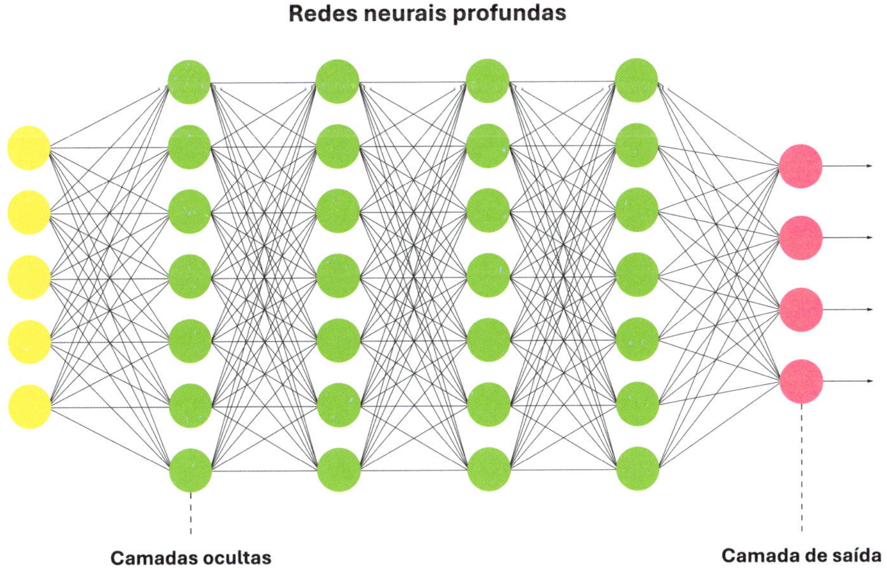

ESPELHANDO O CÉREBRO

Redes neurais artificiais são uma pedra angular do aprendizado de máquina, com uma estrutura inspirada no cérebro humano. Constituídas por nós, ou neurônios artificiais, organizados em camadas, elas processam e transmitem dados de uma camada para a outra, culminando na produção de um resultado ou saída.

Apesar de seu design avançado e capacidade de aprendizagem, redes neurais artificiais podem ser desafiadoras para configurar e treinar. Elas requerem grandes volumes de dados de treinamento e podem ser opacas, tornando difícil entender como exatamente elas chegam às conclusões.

Assim, enquanto redes neurais artificiais são ferramentas extremamente poderosas, capazes de aprender e adaptar-se de maneira sofisticada, é crucial uma gestão cuidadosa e um entendimento profundo de seu funcionamento. Isso garante que elas sejam usadas de forma efetiva e responsável, maximizando seu potencial e minimizando riscos de erros ou viés.

Em aplicações práticas, como no reconhecimento de voz, as redes neurais artificiais podem ser treinadas para entender e responder a comandos de voz. Com base em grandes conjuntos de dados de fala, aprendem a identificar padrões na linguagem e a responder de maneira apropriada, tornando a interação homem-máquina mais natural e intuitiva.

Camada de entrada
Por onde entram as informações, os dados.

Camada de saída
É a camada final onde os resultados úteis são obtidos.

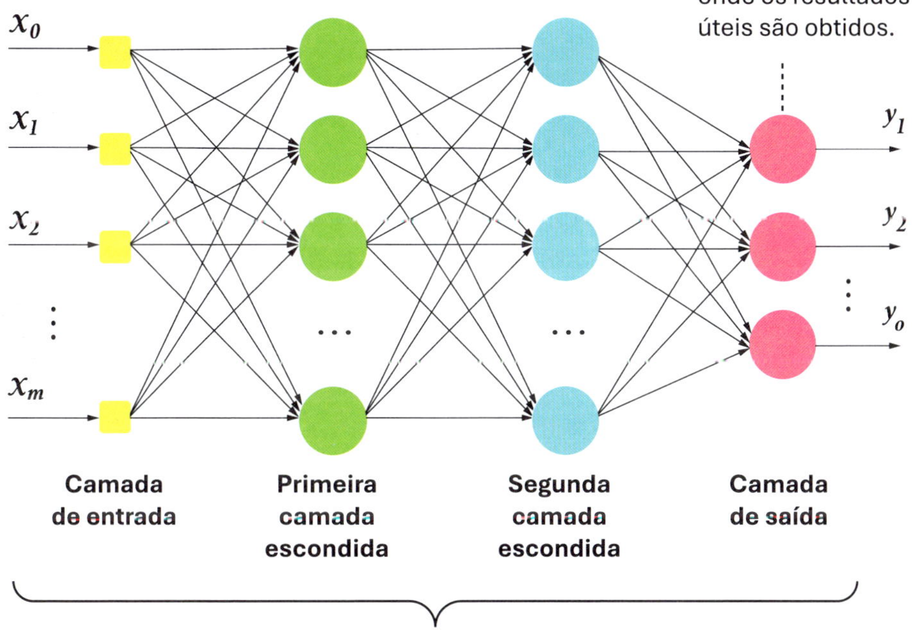

Camadas de processamento
Conhecidas como "camadas ocultas", é onde os dados são processados dentro de uma rede neural.

ARQUITETURA DE REDES NEURAIS

As redes neurais artificiais são **formadas por camadas de nós interconectados**, cada um com sua função no processamento de dados. Essa estrutura começa com uma camada de entrada, passa por várias camadas ocultas, nas quais ocorre o processamento principal, e termina em uma camada de saída, que fornece o resultado.

Embora essa estrutura básica seja comum a todas as redes neurais artificiais, há variações que adicionam complexidade e capacidades diferentes. Por exemplo, redes neurais recorrentes possuem conexões que criam ciclos dentro da rede, permitindo o processamento de sequências de dados, enquanto redes neurais profundas têm múltiplas camadas ocultas, aumentando a capacidade de aprendizado.

Portanto, entender a estrutura de uma rede neural artificial é crucial para compreender como ela opera e para qual finalidade é mais adequada. A escolha da estrutura correta depende da complexidade da tarefa e do tipo de dados processados, sendo um elemento fundamental no sucesso da aplicação de IA.

Em um sistema de reconhecimento de imagens, uma rede neural profunda, com suas muitas camadas ocultas, é ideal para analisar e interpretar as complexidades visuais das imagens. Essas camadas adicionais permitem que a rede aprenda uma variedade mais ampla de características visuais, desde bordas simples até objetos complexos.

Redes neurais simples

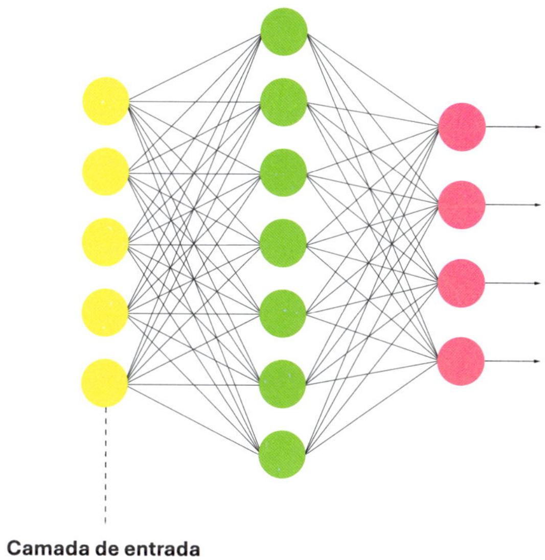

Redes neurais profundas

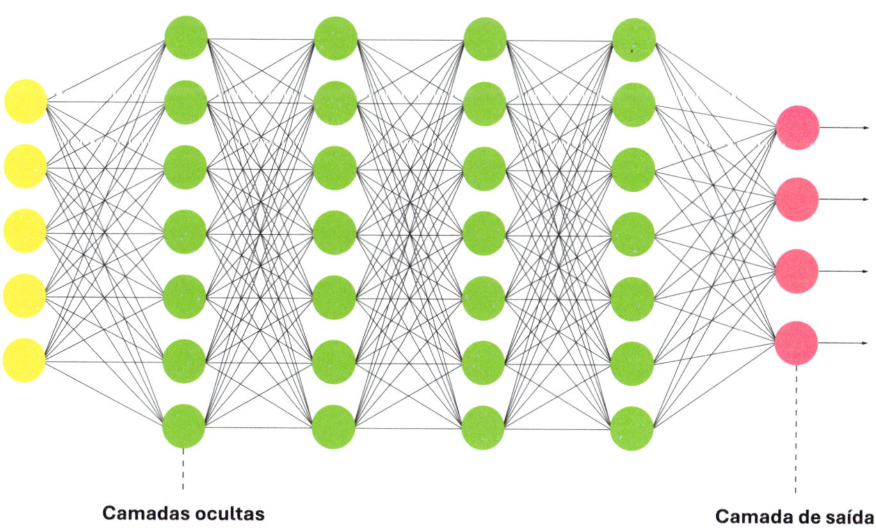

CALIBRANDO O PESO

Na construção e no treinamento de redes neurais artificiais, **atribuir pesos e ajustar vieses** às variáveis são passos cruciais. Os pesos determinam a influência de cada entrada na saída da rede, enquanto o viés ajusta o limiar no qual uma informação se torna significativa dentro do modelo.

Embora a ajustagem de pesos e vieses seja essencial para refinar a precisão de uma rede neural, esse processo pode ser complexo e delicado. Um ajuste inadequado pode levar a resultados imprecisos, e a rede pode não aprender os padrões corretos ou pode se ajustar demais aos dados de treinamento, resultando em sobreajuste.

Minha pergunta: devo comer chocolate?

Entrada		Peso
É um alimento saudável? Não = 0	**X**	**5**
		+
Emagrece? Não = 0	**X**	**7**
		+
Dá prazer? Sim = 1	**X**	**7**

Fatores para serem considerados
Cada pergunta tem resposta 0 para NÃO e 1 para SIM.

Importância
Cada entrada é avaliada em um peso de 1 até 10.

Portanto, a precisão de uma rede neural artificial depende de um equilíbrio cuidadoso no ajuste de pesos e vieses. O sucesso desse ajuste é medido pela capacidade da rede de fazer previsões precisas e generalizar bem para novos dados, não apenas para os dados de treinamento.

Por exemplo, em um sistema de reconhecimento facial, os pesos podem determinar quão importante é a forma de um nariz ou a cor dos olhos para a identificação de uma pessoa. Ajustar esses pesos corretamente é fundamental para garantir que o sistema reconheça pessoas de maneira precisa e consistente, sem ser excessivamente sensível a variações menores, que são irrelevantes para a identificação.

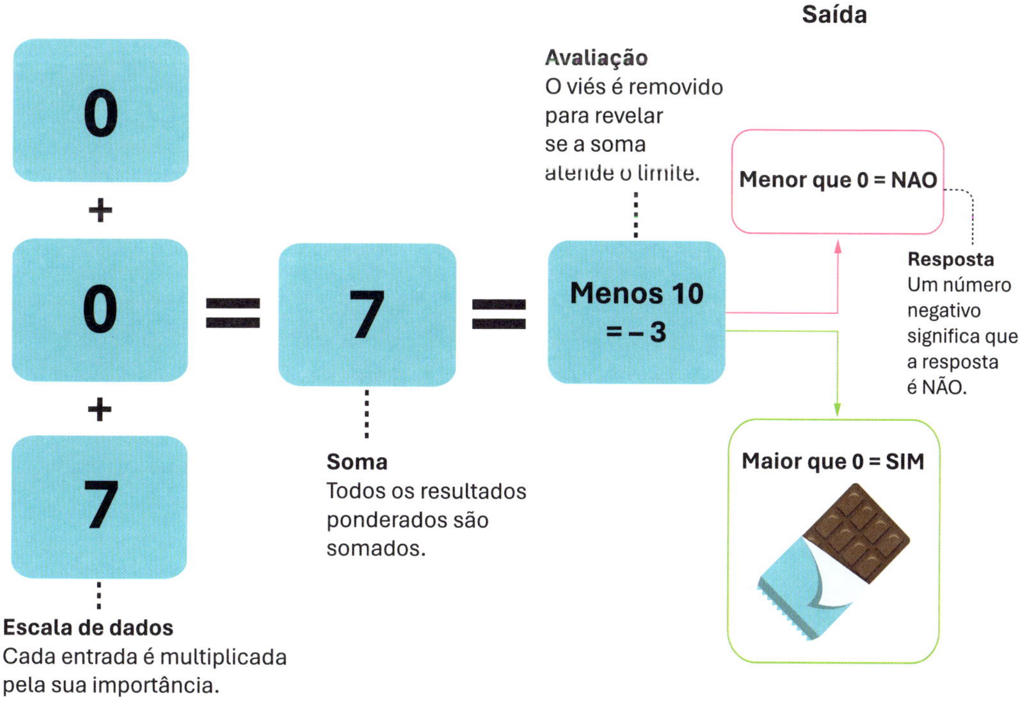

OBJETIVOS ADICIONADOS

O **papel do viés em redes neurais artificiais** é determinar o limiar que um nó precisa atingir para ativar e transmitir dados à próxima camada. Essa pontuação numérica, estabelecida pelo designer, é essencial para regular o fluxo de informações dentro da rede.

Embora o **viés seja crucial para o funcionamento eficaz da rede neural, seu ajuste incorreto pode levar a problemas.** Um viés muito alto pode impedir que a rede ative suficientemente, limitando a passagem de informações. Por outro lado, um viés muito baixo pode resultar em uma ativação excessiva, causando ruído e imprecisão nos resultados.

Portanto, o ajuste correto do viés é fundamental para o equilíbrio e eficiência da rede neural. O desafio é configurar esses vieses de maneira que permitam que a rede responda adequadamente a padrões relevantes nos dados, ao mesmo tempo que ignora variações insignificantes.

Em um sistema de reconhecimento de voz, por exemplo, o viés em cada nó pode ser ajustado para assegurar que a rede identifique corretamente palavras ou fonemas importantes, enquanto ignora ruídos de fundo ou variações menores na fala. Um ajuste correto do viés garante que o sistema responda apenas quando informações relevantes forem recebidas, melhorando a precisão e a utilidade da tecnologia.

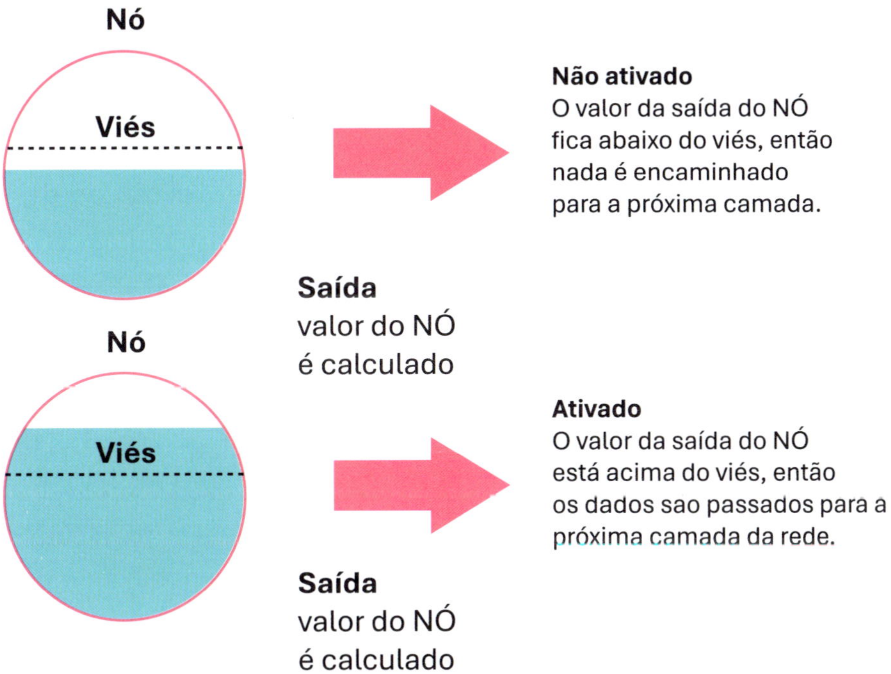
Nó
Viés
Não ativado
O valor da saída do NÓ
fica abaixo do viés, então
nada é encaminhado
para a próxima camada.
Saída
valor do NÓ
é calculado
Nó
Viés
Ativado
O valor da saída do NÓ
está acima do viés, então
os dados sao passados para a
próxima camada da rede.
Saída
valor do NÓ
é calculado

MEDIÇÃO DO DESEMPENHO

A **função de custo** é um componente crítico na avaliação e no aprimoramento de modelos de aprendizado de máquina, como redes neurais artificiais. Ela quantifica a diferença entre os resultados produzidos pelo modelo e os resultados esperados, fornecendo uma medida numérica do "custo" desse desvio.

Enquanto a **função de custo** é um indicador valioso do desempenho de um modelo, focar exclusivamente em reduzir o custo pode levar a problemas como o sobreajuste. Nesse cenário, o modelo se ajusta tão bem aos dados de treinamento que perde a capacidade de generalizar para novos dados.

Portanto, a otimização de um modelo de aprendizado de máquina não é apenas uma questão de minimizar a função de custo, mas também de equilibrar a precisão do modelo com sua capacidade de generalização. O treinamento ideal reduz o custo ao mesmo tempo em que mantém ou melhora a habilidade do modelo de se adaptar a novas situações.

Em um modelo de previsão de demanda para um varejista, uma função de custo pode ser usada para medir o quão distante as previsões do modelo estão das vendas reais. O objetivo é ajustar o modelo para que minimize essa diferença, mas sem se tornar tão específico a ponto de não conseguir adaptar-se a mudanças de padrões ou condições de mercado.

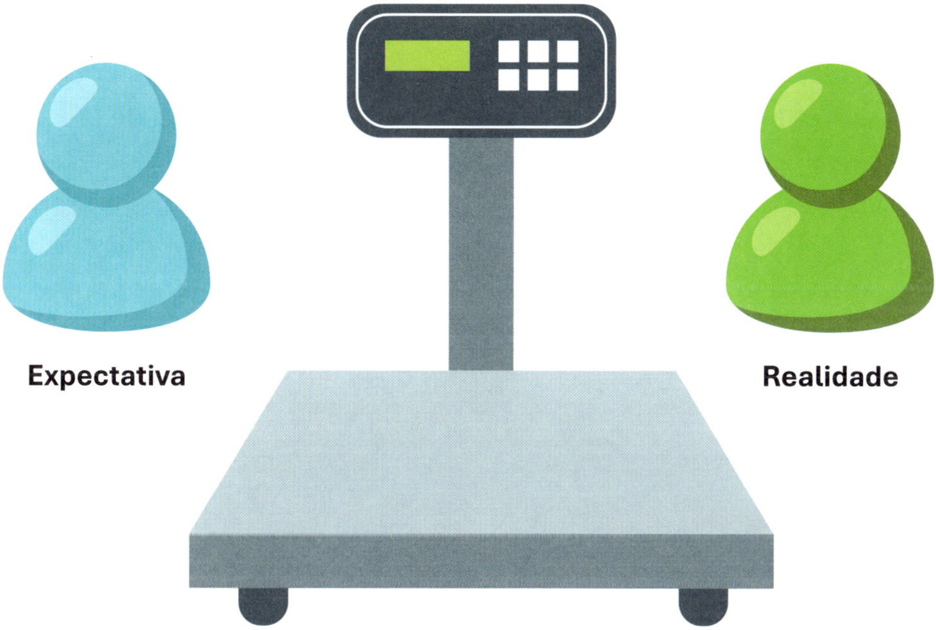

Função de custo
A diferença entre os resultados esperados e a realidade demonstra o desempenho do modelo. O objetivo é que eles sejam iguais.

MELHORIA DE DESEMPENHO

O **gradiente descendente** é um algoritmo fundamental no treinamento de modelos de aprendizado de máquina, permitindo a melhoria do desempenho por meio de ajustes interativos nas configurações do modelo. Em vez de processar uma vasta quantidade de dados de uma vez, ele começa com um ponto aleatório e avança progressivamente em direção a uma solução mais eficaz.

Embora o gradiente descendente seja uma ferramenta poderosa para otimizar modelos, ele pode enfrentar desafios, como convergir para mínimos locais em vez de um mínimo global, especialmente em funções complexas de custo. Isso significa que o modelo pode se "prender" em um ponto subótimo e não alcançar o melhor desempenho possível.

Portanto, a eficácia do gradiente descendente depende de uma boa configuração inicial e de uma cuidadosa calibração do algoritmo para navegar pelo espaço de soluções. Uma compreensão profunda do modelo e da função de custo ajuda a garantir que o gradiente descendente leve para a melhor performance possível.

Em um modelo de previsão de vendas, o gradiente descendente pode ser usado para ajustar os pesos das variáveis influentes. Ao seguir a direção da inclinação mais acentuada na função de custo, o modelo pode refinar suas previsões. Quando a inclinação se estabiliza, isso indica que o modelo atingiu o ponto de máxima eficiência nas previsões com os dados atuais.

Ponto de partida
A partir de um ponto aleatório, o modelo percorre o declive descendente.

Tentativa e erro
Usando o feedback de um algoritmo de descida gradiente, o modelo ajusta suas configurações até atingir seu melhor desempenho.

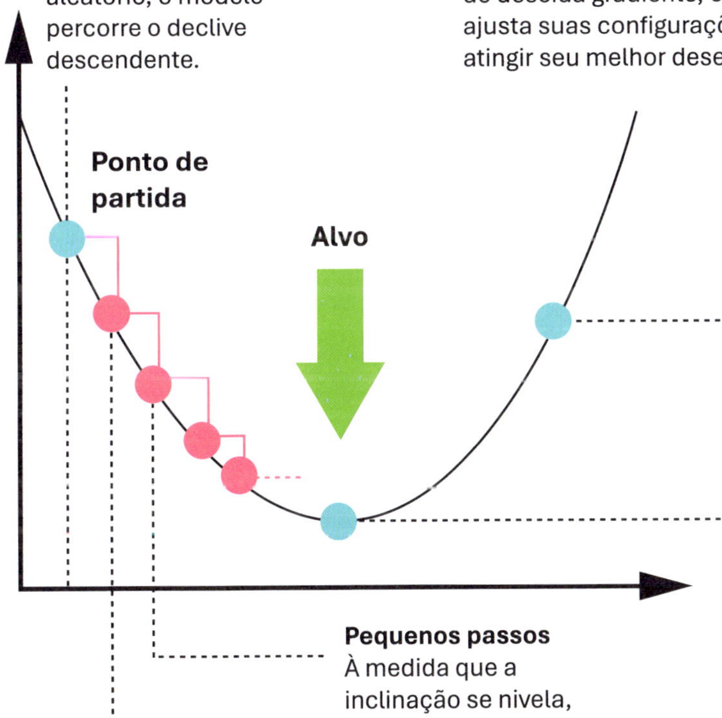

Excesso
Se a função de custo aumentar, o modelo dá um pequeno passo para trás.

Destino
Onde a função de custo é o mais baixo possível.

Pequenos passos
À medida que a inclinação se nivela, os degraus tornam-se menores para evitar ultrapassagem da meta de destino.

Efetuando *check in*
Cada ponto da descida gradiente descendente informa o quão bem está o modelo.

AJUSTANDO O MODELO

A **regra Delta**, também conhecida como regra de aprendizagem Delta, é uma técnica importante para refinar as configurações de redes neurais artificiais de camada única, melhorando seu desempenho. Ela usa o gradiente descendente para fazer ajustes incrementais nas configurações do modelo, alinhando os resultados da rede mais estreitamente aos resultados desejados.

Embora a regra Delta seja eficaz para redes de camada única, ela tem limitações quando aplicada a redes mais complexas com múltiplas camadas. Nessas redes, a dinâmica de aprendizado é mais complicada devido à interação entre as camadas.

Para superar essas limitações, surge a propagação, uma versão generalizada da regra Delta, que é aplicável a redes neurais artificiais com múltiplas camadas. A propagação permite ajustes finos em toda a rede, garantindo que cada camada contribua de forma eficaz para o desempenho geral do modelo.

Em uma rede neural usada para reconhecimento de voz, a regra Delta poderia ser utilizada para afinar um modelo simples, enquanto a propagação seria mais apropriada para uma rede mais complexa e profunda. A propagação ajusta os pesos e vieses em todas as camadas da rede, assegurando que a rede como um todo se torne mais eficiente em reconhecer e interpretar diferentes padrões de voz.

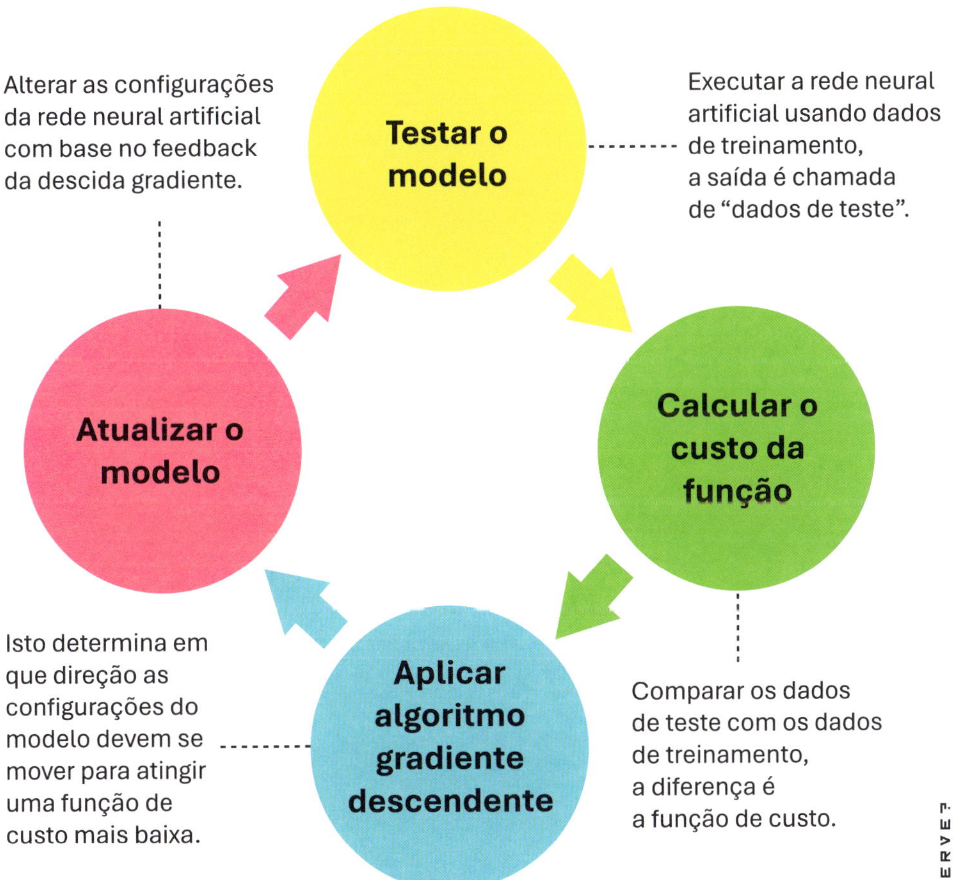
Testar o modelo
Executar a rede neural artificial usando dados de treinamento, a saída é chamada de "dados de teste".
Calcular o custo da função
Comparar os dados de teste com os dados de treinamento, a diferença é a função de custo.
Aplicar algoritmo gradiente descendente
Isto determina em que direção as configurações do modelo devem se mover para atingir uma função de custo mais baixa.
Atualizar o modelo
Alterar as configurações da rede neural artificial com base no feedback da descida gradiente.

FLUXO UNIDIRECIONAL

Redes neurais feedforward representam a forma mais básica de redes neurais artificiais, caracterizadas pelo fluxo unidirecional de informação. Nesse modelo, os dados movem-se sempre para a frente, da camada de entrada, passando pelas camadas ocultas, até a camada de saída, sem criar ciclos ou loops de feedback.

Embora as redes feedforward sejam mais simples e diretas do que outros tipos de redes neurais, como as recorrentes, essa simplicidade também limita sua capacidade de lidar com tarefas que exigem memória ou o processamento de sequências de informações, em que loops de feedback são benéficos.

Assim, as redes feedforward são ideais para problemas que podem ser resolvidos com um fluxo de processamento direto e não dependem de informações anteriores ou sequenciais. Elas são eficientes, mais fáceis de entender e implementar, e podem ser treinadas usando técnicas como o gradiente descendente para otimizar seu desempenho.

Uma aplicação típica de uma rede neural feedforward seria em um sistema de classificação de imagens, em que cada imagem é processada de maneira independente, sem necessidade de lembrar informações de imagens anteriores. Aqui, a rede analisa e classifica cada imagem com base nos padrões aprendidos durante o treinamento, sem a necessidade de feedback ou memória das imagens processadas anteriormente.

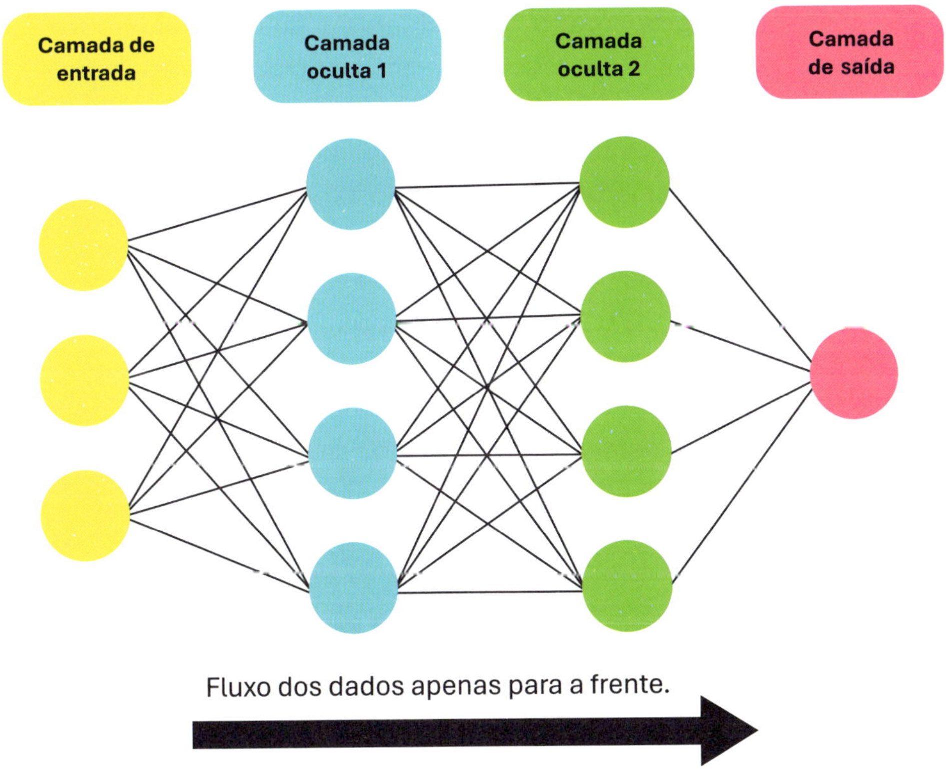
Camada de entrada
Camada oculta 1
Camada oculta 2
Camada de saída
Fluxo dos dados apenas para a frente.

SINTONIZANDO OS DADOS

A **retropropagação** é um algoritmo fundamental no treinamento de redes neurais artificiais, especialmente aquelas com loops de feedback. Esse método trabalha de trás para frente, iniciando na camada de saída e movendo-se em direção à camada de entrada, ajustando os pesos e vieses dos nós para otimizar o desempenho da rede.

Apesar de sua eficácia, a retropropagação pode ser desafiadora em redes muito profundas, nas quais o ajuste dos pesos pode se tornar complicado devido ao problema do "desaparecimento do gradiente". Esse fenômeno ocorre quando as contribuições de nós distantes da camada de saída tornam-se insignificantes durante o treinamento.

Portanto, enquanto a retropropagação é uma técnica poderosa para afinar redes neurais, é crucial estar ciente de suas limitações e desafios. Estratégias como a inicialização cuidadosa dos pesos, o uso de funções de ativação adequadas e técnicas de normalização podem ajudar a mitigar problemas como o desaparecimento do gradiente.

Em uma rede neural usada para reconhecimento de voz, a retropropagação ajuda a ajustar precisamente os pesos e vieses para que a rede possa diferenciar com precisão entre diferentes fonemas e entonações. Ao refinar esses ajustes, a rede torna-se mais eficaz em compreender e processar comandos de voz.

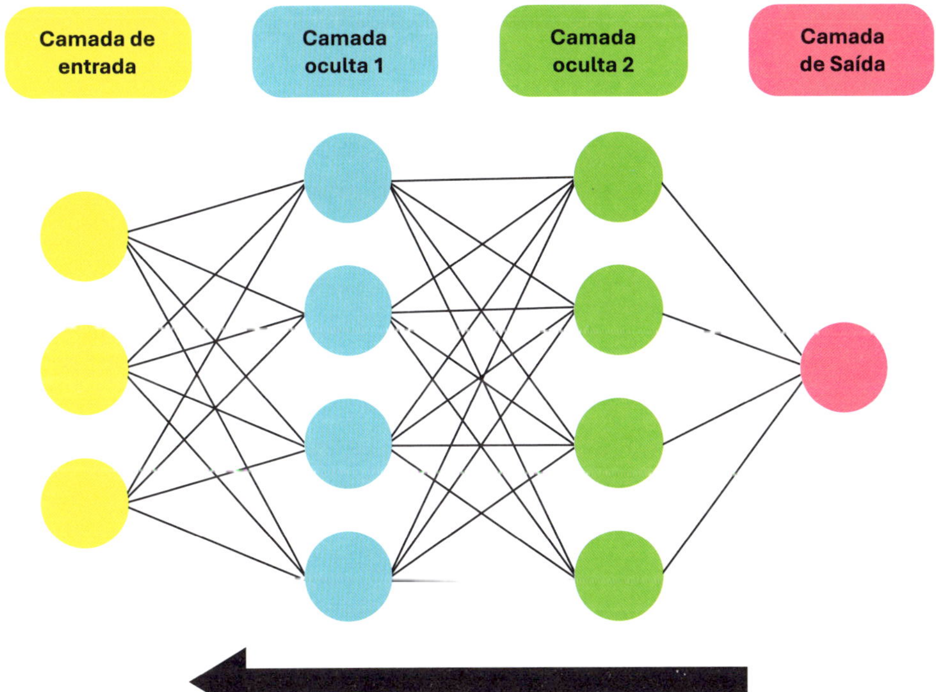

Retroprocessamento
O algoritmo retrocede pela rede neural artificial, camada por camada, com o objetivo de ajustar o resultado.

DADOS ESTRUTURADOS

As **redes neurais recorrentes (RNRs)** são uma classe especial de redes neurais artificiais projetadas para processar dados sequenciais, nos quais a ordem e a continuidade da informação são cruciais. Elas se diferenciam das redes tradicionais pela sua capacidade de formar loops de feedback, permitindo que a informação de saída de um nó possa ser usada como entrada para o mesmo nó em um passo subsequente.

Apesar de sua eficiência em processar sequências, as RNRs podem enfrentar desafios, como a dificuldade de lidar com sequências muito longas devido ao problema de desvanecimento do gradiente, no qual informações de etapas anteriores se tornam progressivamente menos influentes.

Portanto, enquanto as RNRs são extremamente úteis em contextos em que os dados devem ser mantidos em uma ordem específica, como na linguagem, é necessário utilizar técnicas e variantes avançadas, como as células de memória de longo prazo (LSTM), para lidar eficazmente com sequências mais extensas e complexas.

Na prática, RNRs são frequentemente usadas em tarefas de processamento de linguagem natural, como no treinamento de assistentes virtuais para conversas faladas. Elas permitem que o assistente virtual compreenda a estrutura e o contexto da conversa, prevendo o fluxo da conversa e respondendo de maneira mais natural e contextualizada.

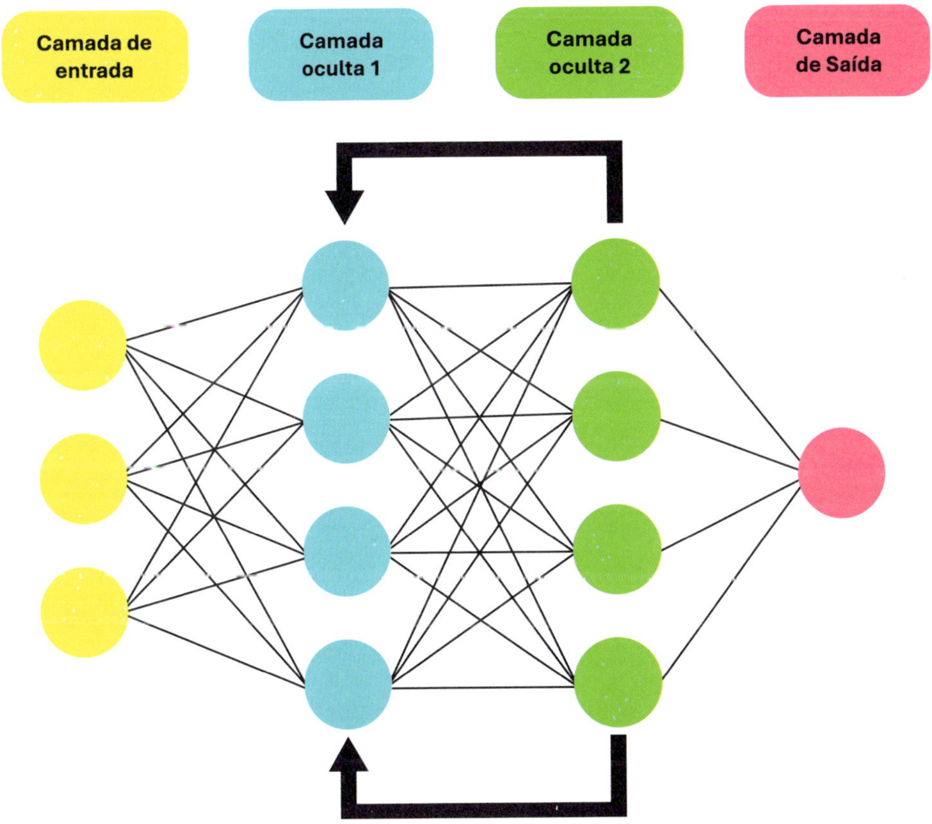

Conexões intactas
Dados sequenciais podem fluir para trás, através da rede neural artificial em ciclo de feedback.

INTELIGÊNCIA ARTIFICIAL VERSUS INTELIGÊNCIA ARTIFICIAL

Redes adversárias generativas (GANs) representam um avanço fascinante na aprendizagem de máquina, em que duas redes neurais artificiais, uma geradora e outra discriminadora, operam em oposição. A rede geradora cria dados falsos a partir de dados de treinamento não rotulados, enquanto a discriminadora tenta distinguir esses dados falsos dos reais.

Embora as GANs sejam extremamente eficazes na geração de dados realistas e no aprimoramento de modelos, elas podem ser desafiadoras para treinar. O equilíbrio entre a rede geradora e discriminadora é delicado; se uma supera significativamente a outra, o processo de aprendizado pode ser prejudicado.

Portanto, o sucesso das GANs depende de um treinamento cuidadoso e equilibrado, no qual tanto a rede geradora quanto a discriminadora aprimoram suas capacidades de forma sincronizada. Quando bem implementadas, as GANs têm o potencial de revolucionar campos que dependem da geração de dados realistas, como design realísticas gráfico e simulações.

Nas indústrias de entretenimento e jogos, por exemplo, GANs podem ser usadas para criar texturas e ambientes virtuais. Elas permitem a criação de cenários detalhados e personagens convincentes, melhorando significativamente a imersão e a experiência visual dos usuários.

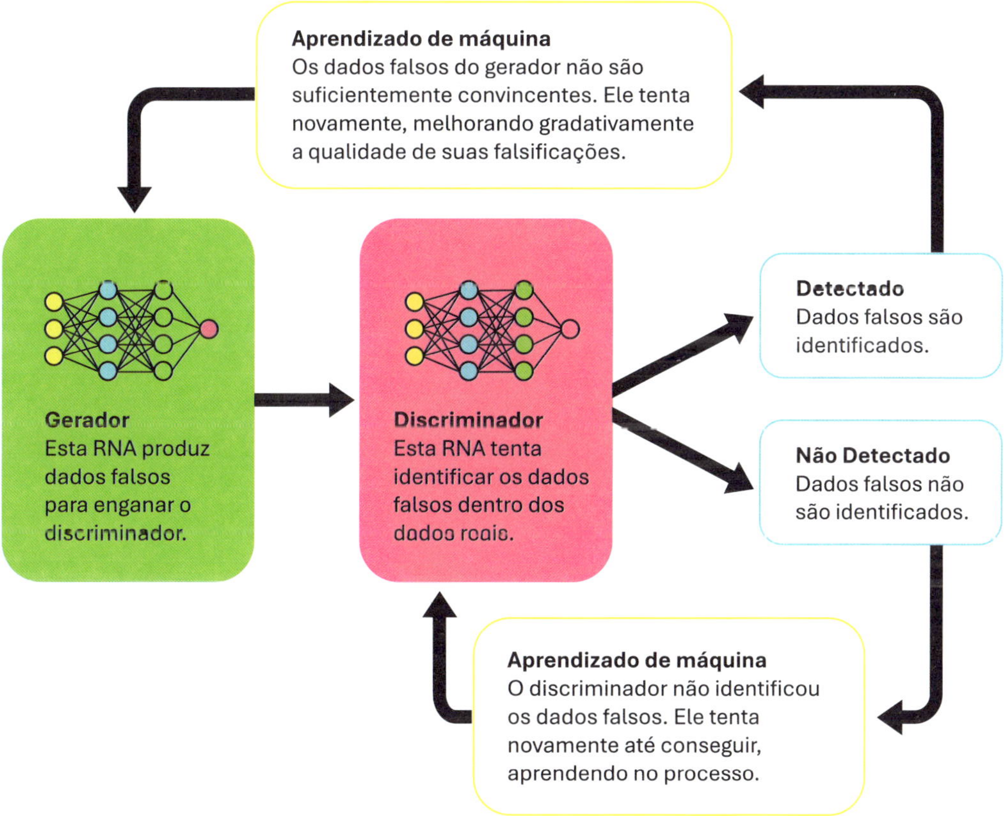
Aprendizado de máquina
Os dados falsos do gerador não são suficientemente convincentes. Ele tenta novamente, melhorando gradativamente a qualidade de suas falsificações.
Gerador
Esta RNA produz dados falsos para enganar o discriminador.
Discriminador
Esta RNA tenta identificar os dados falsos dentro dos dados reais.
Detectado
Dados falsos são identificados.
Não Detectado
Dados falsos não são identificados.
Aprendizado de máquina
O discriminador não identificou os dados falsos. Ele tenta novamente até conseguir, aprendendo no processo.

VISÃO DIGITAL

Redes neurais convolucionais (CNNs) são um tipo de rede neural profunda inspiradas na estrutura do córtex visual humano, tornando-as particularmente adequadas para tarefas de visão computacional. Elas são especializadas em identificar e processar características visuais em imagens, como formas e padrões.

Apesar de sua eficácia na análise visual, as CNNs requerem um grande volume de dados de treinamento rotulados e recursos computacionais significativos. Além disso, a interpretação dos processos internos de uma CNN pode ser complexa, pois elas operam por meio de múltiplas camadas e transformações.

Portanto, as CNNs são ferramentas poderosas na visão computacional, mas seu sucesso depende da qualidade e da

Entrada
A entrada na rede neural convolucional é normalmente uma imagem, como aqui uma maçã.

Convolução
Um filtro é aplicado na imagem para produzir mapas de características. Isso permite que essas características sejam detectadas em padrões de pixels.

Agrupamento
A "bagunça" é eliminada para poupar o uso da capacidade de máquina e os detalhes são abstraídos.

quantidade de dados de treinamento, bem como da capacidade computacional disponível. Uma vez treinadas adequadamente, podem realizar tarefas complexas de identificação e classificação de imagens com alta precisão.

Em uma aplicação prática, uma CNN pode ser usada para identificar animais em fotografias. Por exemplo, ela pode aprender a reconhecer gatos analisando características específicas, como orelhas pontudas, pelas camadas de convolução e *pooling*, antes de classificar a imagem na camada final. Esse processo permite que a CNN distinga eficientemente um gato de outros animais em imagens diversas.

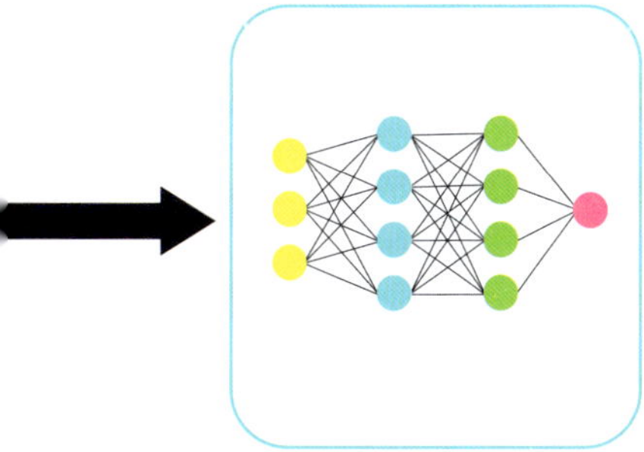

Classificação
Através de um processo de classificação, a Inteligência Artificial associa os dados das camadas anteriores a uma imagem.

Saída
A IA identifica a imagem como sendo uma maçã.

SENTIMENTOS ANALISADOS

À medida que nos afastamos da visão computacional, adentramos em outra esfera tecnológica que está igualmente em ascensão: o **Processamento de Linguagem Natural (PLN)**. Semelhante ao que observamos com a visão computacional, a Inteligência Artificial no domínio da linguagem natural oferece uma variedade expansiva de aplicações potenciais, influenciando diversos setores e processos.

A aplicabilidade do PLN é vasta e variada, abrangendo desde a tradução de documentos técnicos e legais até a anotação de notícias para públicos específicos, como executivos ou pesquisadores acadêmicos. Além disso, a tecnologia é capaz de resumir documentos extensos, preencher formulários com base em solicitações específicas dos clientes e até mesmo manter diálogos complexos,

embora a interação fluente e contínua ainda represente um desafio significativo.

Muitas das funções fundamentais do PLN, como o reconhecimento de entidades nomeadas (NER) e a marcação posicional, já foram aprimoradas a ponto de superar a performance humana. Outras tarefas mais complexas, como análise de sentimentos e resolução de correferência, também viram progressos notáveis.

A evolução do PLN sinaliza uma era em que máquinas não só entenderão e responderão à linguagem humana, mas também participarão ativamente na criação de conteúdo, no aprimoramento da comunicação interpessoal e na execução de tarefas que requerem compreensão contextual profunda.

CONEXÃO DA MÁQUINA COM O HUMANO

Dentro do vasto universo da IA, um dos avanços mais significativos dos últimos anos é o desenvolvimento dos ***Large Language Models* (LLMs).** Esses modelos de linguagem em larga escala, são treinados em imensas quantidades de dados textuais para compreender e gerar linguagem humana com uma precisão e coerência impressionantes.

Os LLMs utilizam uma arquitetura de redes neurais chamada *Transformers*, que lhes permite processar e gerar texto de forma altamente eficiente. Esses modelos podem completar frases, responder perguntas complexas, traduzir idiomas, e até mesmo escrever artigos. Sua capacidade de compreender contexto e nuances da linguagem os torna ferramentas poderosas em diversas aplicações, desde assistentes virtuais até análise de dados e criação de conteúdo.

Os LLMs são a base tecnológica que permite a existência das IAs generativas no domínio do texto. Juntos, eles expandem as fronteiras da criatividade e automação, transformando a maneira como interagimos com a informação e o conteúdo digital.

As IAs generativas representam um subcampo específico da IA focado na criação de novos conteúdos. Utilizando técnicas avançadas de aprendizado de máquina, essas IAs podem gerar textos, imagens, músicas, vídeos e outros tipos de conteúdo criativo.

O advento dos LLMs e das IAs generativas oferece enormes benefícios, como automação de tarefas repetitivas, aumento da produtividade e criação de novos produtos e serviços e está moldando um novo paradigma na Inteligência Artificial, onde máquinas não apenas realizam tarefas com eficiência, mas também criam e inovam de maneiras antes inimagináveis.

Large Language Model

ATENÇÃO É TUDO QUE VOCÊ PRECISA

O movimento "Transformers" no campo da Inteligência Artificial, especificamente em Processamento de Linguagem Natural (PLN), não se refere a um movimento no sentido tradicional, mas a uma inovação técnica significativa. Os "Transformers" são um tipo de modelo de IA apresentado em um artigo de pesquisa intitulado *"Attention Is All You Need"*, publicado, em 2017, por pesquisadores do Google Brain. Os principais autores do artigo são Ashish Vaswani, Noam Shazeer, Niki Parmar, Jakob Uszkoreit, Llion Jones, Aidan N. Gomez, Lukasz Kaiser e Illia Polosukhin.

Os *Transformers* representam o estado da arte em termos de modelos de linguagem generativos. São notáveis pela sua capacidade de processar palavras em paralelo, diferentemente das abordagens anteriores que processavam

TRANSFORMERS

sequencialmente. Isso melhora significativamente a eficiência e a eficácia na compreensão do contexto e na geração de respostas coerentes e relevantes.

Os *Transformers* generativos, como o GPT (*Generative pre-trained Transformer*), levaram essa tecnologia a um novo patamar. Eles são pré-treinados em grandes quantidades de texto, depois ajustados (*fine-tuned*) para tarefas específicas, possibilitando ampla gama de aplicações, desde responder perguntas até criar conteúdo original e coerente.

Esse modelo introduziu uma nova arquitetura baseada exclusivamente em mecanismos de atenção, dispensando a necessidade de recorrência (usada em RNNs) e convoluções (usadas em CNNs), que eram comuns em modelos anteriores.

Os *Transformers* tornaram-se a base para desenvolvimentos subsequentes em PLN, incluindo modelos famosos como o BERT (*Bidirectional Encoder Representations from Transformers*), GPT (*Generative pre-trained Transformer*) e outros.

CAPÍTULO 04

USANDO INTELIGÊNCIA ARTIFICIAL

USO, PRECISÃO E OTIMIZAÇÃO

A Inteligência Artificial (IA) transformou-se numa tecnologia fundamental, presente em vasta gama de campos, desde as belas artes até o design de armas de alta tecnologia.

Considerada mais como uma ferramenta de assistência do que de substituição de especialistas humanos.

Presente em aplicações como a Internet das Coisas, a IA demonstra extraordinária eficiência ao gerir grandes volumes de dados com velocidade e precisão sobre-humanas.

As aplicações são as mais complexas, tais como veículos autônomos que utilizam múltiplas técnicas de IA incluindo visão computacional, sonar, radar e GPS.

O objetivo é integrar o maior número de técnicas de IA para imitar processos humanos complexos.

Seja por meio de celulares ou assistentes virtuais, interagimos com aplicações de Inteligência Artificial muitas vezes sem perceber.

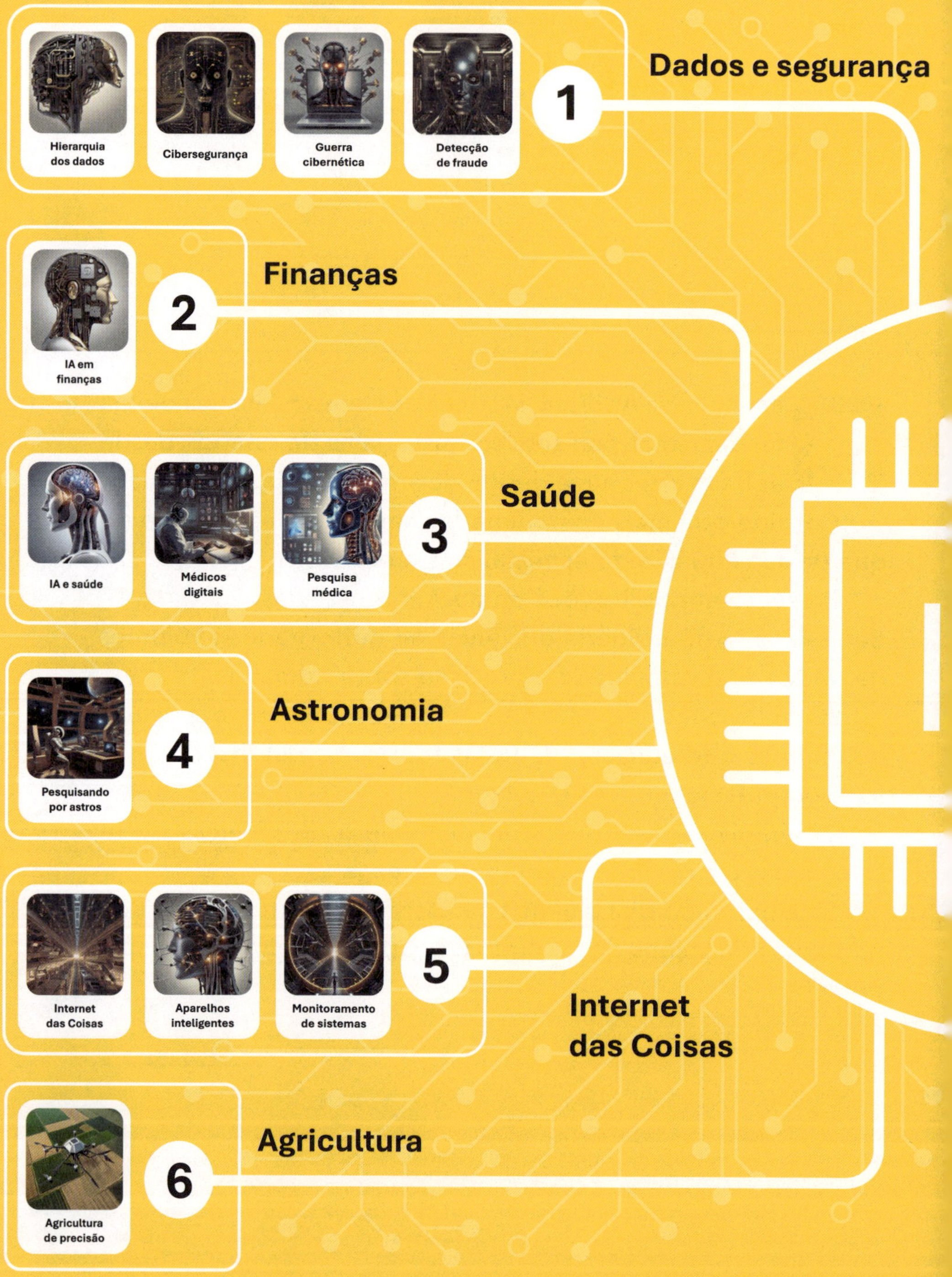

Hierarquia dos dados
Cibersegurança
Guerra cibernética
Detecção de fraude
1
Dados e segurança
IA em finanças
2
Finanças
IA e saúde
Médicos digitais
Pesquisa médica
3
Saúde
Pesquisando por astros
4
Astronomia
Internet das Coisas
Aparelhos inteligentes
Monitoramento de sistemas
5
Internet das Coisas
Agricultura de precisão
6
Agricultura

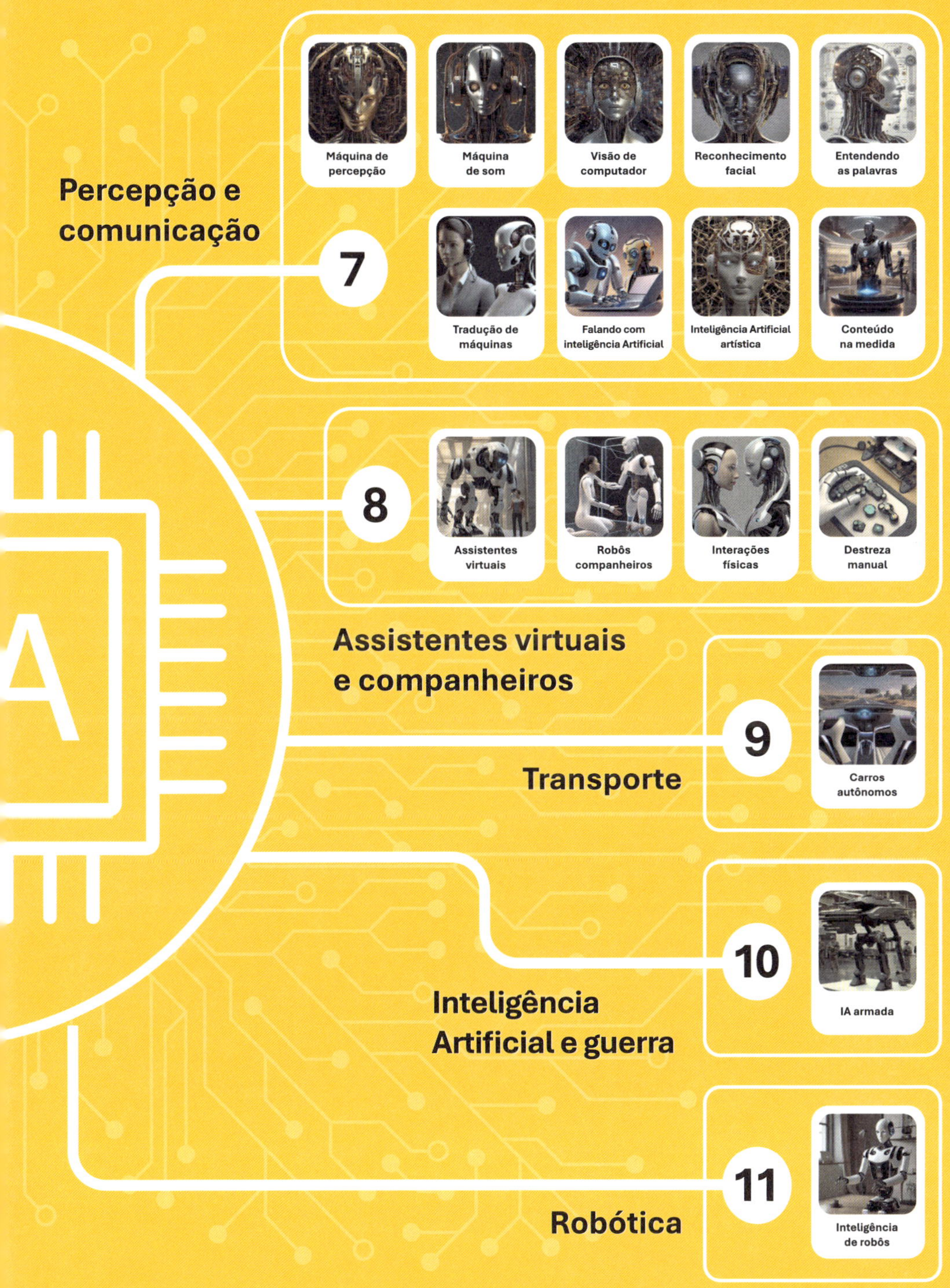

Percepção e comunicação
7
Máquina de percepção
Máquina de som
Visão de computador
Reconhecimento facial
Entendendo as palavras
Tradução de máquinas
Falando com inteligência Artificial
Inteligência Artificial artística
Conteúdo na medida
8
Assistentes virtuais
Robôs companheiros
Interações físicas
Destreza manual
Assistentes virtuais e companheiros
9
Transporte
Carros autônomos
10
Inteligência Artificial e guerra
IA armada
11
Robótica
Inteligência de robôs

HIERARQUIA DOS DADOS

Quando um mecanismo de busca na internet é usado, as classificações geradas por Inteligência Artificial determinam quais sites aparecem com maior destaque nos resultados.

Alguns algoritmos de classificação localizam e classificam os sites que contêm os mesmos termos ou

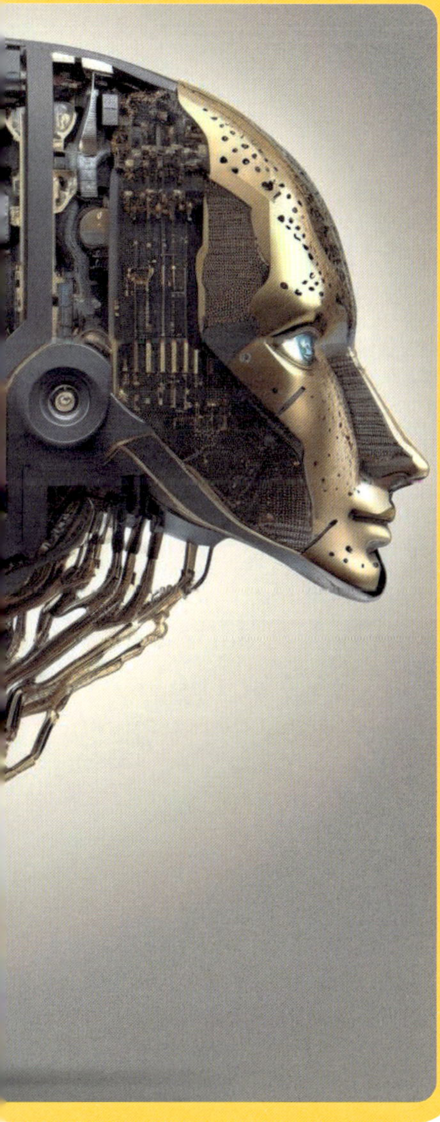

"palavras-chave" inseridos no mecanismo de pesquisa por um usuário; aqueles com a correspondência mais próxima têm a classificação mais alta.

Outros algoritmos classificam os sites com base no acesso proveniente de outros sites ou em sua popularidade especialmente elevada.

CIBERSEGURANÇA

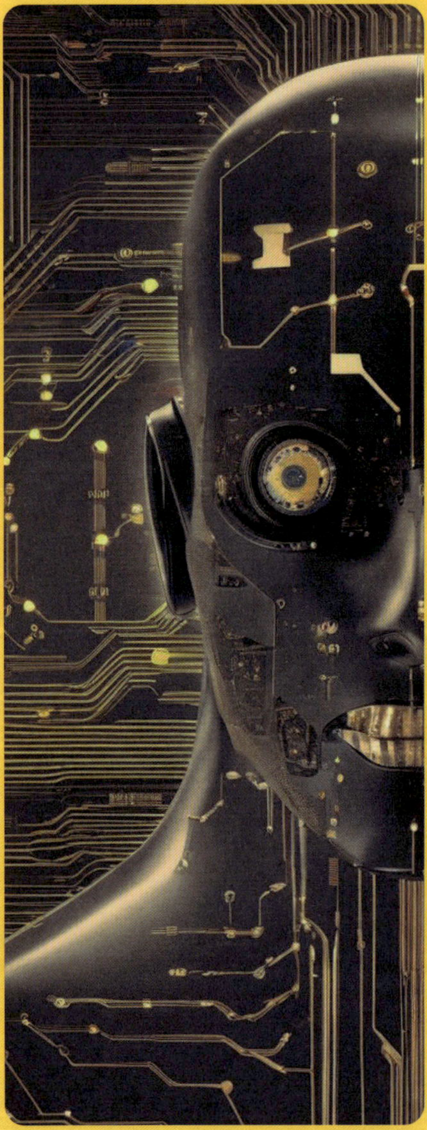

Softwares tradicionais de detecção de ameaças, usados por especialistas em segurança cibernética, procuram "assinaturas" de *malwares* conhecidos, bloqueiam os arquivos detectados e emitem alerta.

A incorporação de Inteligência Artificial no sistema permite que as defesas cibernéticas identifiquem e classifiquem ameaças novas e mutantes que, de outra forma, seriam indetectáveis, uma vez que não correspondem a nenhuma assinatura conhecida.

Esse é um desenvolvimento vital na segurança cibernética, dada a velocidade com que surgem novas ameaças.

Essas ferramentas são usadas para prever como e onde um sistema pode ser violado e para ajudar a responder às violações.

CONTEÚDO NA MEDIDA

Com base no histórico de navegação de um usuário da internet e de outras pessoas, os algoritmos de recomendação de Inteligência Artificial podem sugerir sites, bem como produtos, que possam interessar ao usuário.

Isso pode envolver a sugestão de conteúdo semelhante ao que o usuário visualizou anteriormente, com a oferta

de sites que usuários semelhantes visitaram. Para fazer isso, os algoritmos fazem previsões.

Por exemplo, se um usuário da internet procurar conselhos sobre cuidados com cães, o algoritmo de Inteligência Artificial prevê que ele possui ou deseja um cão. Em seguida, ele pesquisa na internet para encontrar sites e produtos populares associados a cães.

GUERRA CIBERNÉTICA

Ataques on-line contra um estado ou nação são conhecidos como guerra cibernética e é possível infligir danos graves a um país, perturbando serviços essenciais e infraestruturas críticas, como desativando redes elétricas ou inserindo falsas informações no sistema de informação.

As táticas de guerra cibernética incluem ataques de negação de serviço, *malwares* com vírus e *ransomware*, campanhas de desinformação e hackers

patrocinados pelo estado. A Inteligência Artificial utilizada na guerra cibernética para aprimorar esses ataques os torna mais rápidos e sofisticados.

Por exemplo, um *malware* dirigido por Inteligência Artificial é muito difícil de detectar e é capaz de usar aprendizado de máquina para encontrar pontos fracos no sistema de segurança de um dispositivo e atacar, fingindo ser um erro acidental; em seguida, causar danos ao dispositivo.

DETECÇÃO DE FRAUDE

As instituições financeiras estão adotando sistemas de Inteligência Artificial para detectar e prevenir fraudes.

Esses sistemas podem processar grandes quantidades de dados sobre transações passadas, aprendendo os padrões normais de comportamento dos clientes de um banco.

Quando são realizadas transações que não se enquadram nesse padrão, uma Inteligência Artificial pode sinalizar a necessidade de investigação ou a tomada de outra ação, como congelar a conta do cliente.

A Inteligência Artificial pode pontuar cada transação com base na probabilidade de ser fraudulenta e, em seguida, emitir alerta quando essa pontuação exceder um determinado limite.

IA EM FINANÇAS

A negociação de alta frequência é um algoritmo especializado na tomada de decisão de investimentos e transações em velocidade muito maior do que a humana, realizando milhões de negociações todos os dias.

As instituições financeiras gerenciam carteiras de investimentos inteiras usando negociação de alta frequência e avaliam grandes quantidades de dados de mercado em tempo real.

Elas podem identificar as melhores opções em ações para comprar e vender, além de reconhecer o momento ideal para fazer essas negociações e realizar as transações com extrema rapidez.

Para ajudar a informar as decisões, a IA de negociação de alta frequência pode utilizar o processamento de linguagem natural para analisar notícias e meios de comunicação sociais.

PESQUISA MÉDICA

Além de acelerar o trabalho tedioso, a Inteligência Artificial também ajuda a abrir novos campos de pesquisa científica.

Por exemplo, utilizando o aprendizado profundo de máquina e os dados experimentais cuidadosamente coletados pelos cientistas, as Inteligências Artificiais foram ensinadas a prever a estrutura tridimensional das proteínas dobradas, os blocos de construção da vida, com precisão atômica.

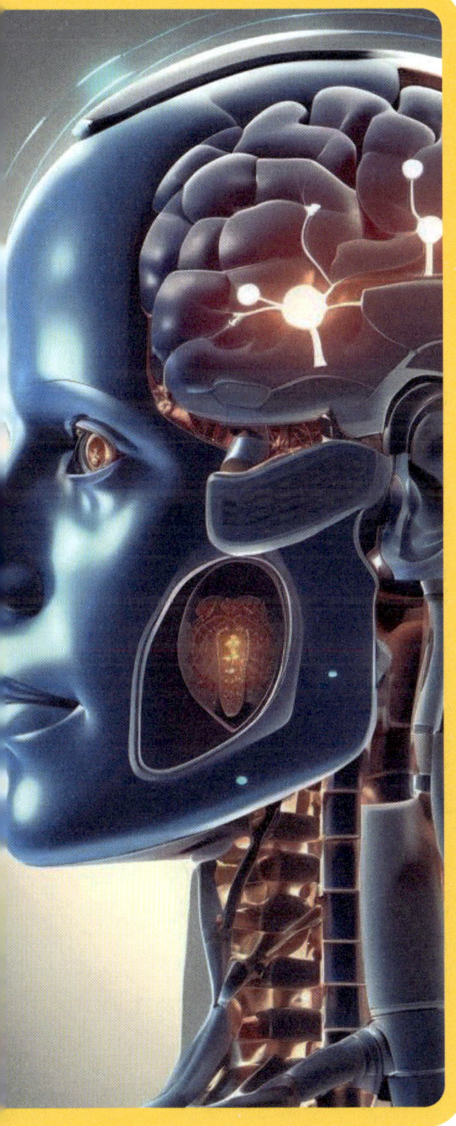

Anteriormente, os cientistas não sabiam como a química de uma proteína determinava sua estrutura dobrada. Esse problema de dobramento de proteínas era tão complexo que permaneceu sem solução por décadas.

Hoje, a compreensão de como essas proteínas funcionam transformou a pesquisa médica e acelerou o processo de desenvolvimento de novos medicamentos.

PESQUISANDO POR ASTROS

A Inteligência Artificial é uma ferramenta poderosa na investigação científica, permitindo aos cientistas procurarem fenômenos interessantes em enormes quantidades de dados.

Por exemplo, na astronomia, as Inteligências Artificiais são usadas para classificar galáxias, procurar ondas gravitacionais e identificar exoplanetas com alta precisão – sendo exoplaneta qualquer planeta fora do nosso Sistema Solar.

Ao medir a quantidade de luz de uma estrela bloqueada ao longo do tempo, uma rede neural artificial pode reconhecer se esse padrão é causado por um exoplaneta em órbita. Centenas de exoplanetas foram descobertos utilizando Inteligência Artificial dessa forma.

MÉDICOS DIGITAIS

A Inteligência Artificial está rapidamente se tornando uma ferramenta poderosa para auxiliar os médicos.

A aprendizagem automática, especialmente apresentada pela aprendizagem profunda, tem se mostrado eficaz na identificação de doenças em imagens médicas, incluindo a detecção de sinais de câncer de pulmão

em tomografias computadorizadas e na detecção de problemas na retina causados pelo diabetes, analisadas pelas fotografias dos olhos dos pacientes.

A Inteligência Artificial também é usada para identificar pessoas com alto risco de certas doenças e priorizar casos urgentes, ajudando os médicos a selecionar tratamentos.

IA E SAÚDE

O monitoramento da saúde utilizando Inteligência Artificial tem desempenhado papel importante em um novo campo da medicina, conhecido como telessaúde. Ao usar sensores que monitoram funções corporais vitais, como oxigenação e pressão arterial, uma pessoa pode controlar e receber relatórios do sensor atrelado ao seu corpo para detectar um problema.

O sensor envia um sinal ao seu assistente digital, um aplicativo no telefone ou computador pessoal, que, por sua vez,

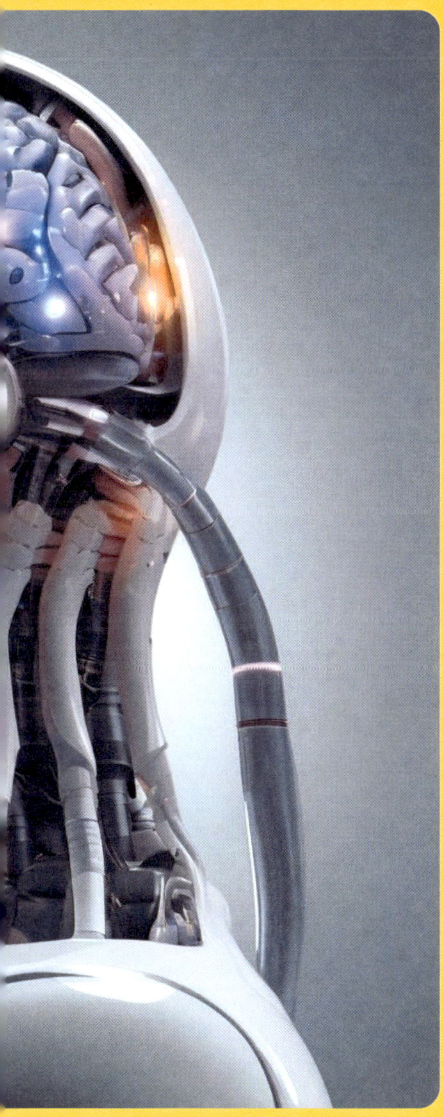

via internet, alertará uma Inteligência Artificial em um centro de saúde.

Essa Inteligência Artificial comparará o relatório do assistente digital com dados anteriores sobre a pessoa e alertará um médico, se necessário. Em último caso, essa tecnologia pode detectar problemas dos quais uma pessoa pode nem estar ciente.

As tecnologias de Inteligência Artificial também podem ser utilizadas para monitorar a condição física e o bem-estar geral das pessoas.

INTERNET DAS COISAS

A Internet das Coisas (IoT) é uma rede de dispositivos interconectados que coletam e trocam dados pela internet, incluindo não apenas telefones e computadores, mas também refrigeradores inteligentes, carros sem motorista, monitores de fitness, câmeras de segurança e dezenas de bilhões de outros dispositivos eletrônicos conectados.

As grandes quantidades de dados que esses

dispositivos recolhem e a exigência de que respondam adequadamente a seus utilizadores e ao ambiente necessitam de Inteligências Artificiais, que se tornaram parte integrante do universo das IoT.

Um medidor inteligente de energia, por exemplo, pode usar Inteligência Artificial para identificar padrões no consumo de energia de um usuário e sugerir ajustes para reduzir suas contas.

APARELHOS INTELIGENTES

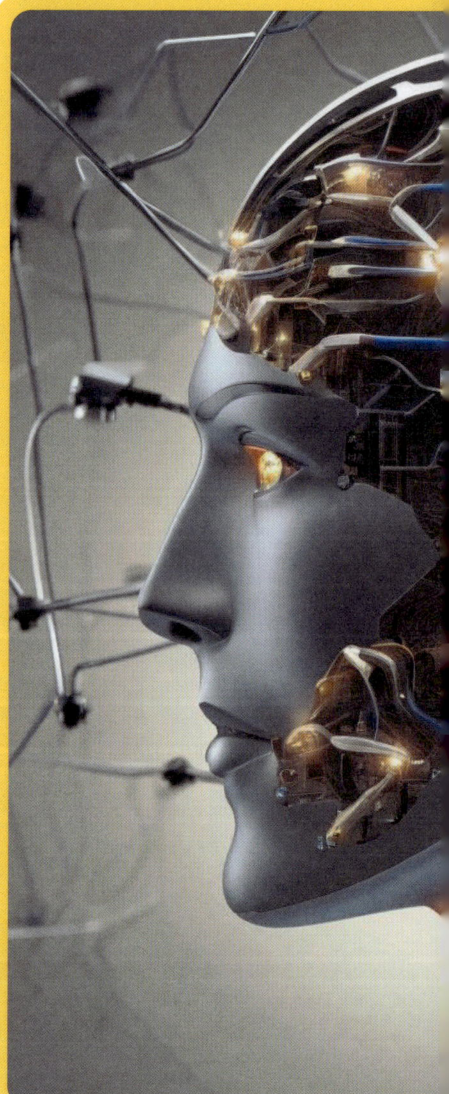

A inteligência da Internet das Coisas está contida principalmente em sistemas de computação remotos na nuvem, geralmente de propriedade de empresas de tecnologia.

No entanto, software de Inteligência Artificial capaz de aprendizagem automática e profunda está sendo incorporado em dispositivos como telefones celulares e relógios inteligentes.

O uso de Inteligência Artificial incorporada

elimina a necessidade de enviar dados de um ponto a outro da nuvem continuamente, reduzindo o uso de energia e o tempo de processamento de dados, o que, por sua vez, reduz o risco de violações de dados e a dependência de provedores de nuvem

Com a IA em dispositivos de monitoramento, é possível detectar e responder quase instantaneamente a possíveis anomalias.

MONITORAMENTO DE SISTEMAS

A Internet das Coisas permite que Inteligências Artificiais monitorem automaticamente todos os tipos de equipamentos, incluindo os principais sistemas de infraestrutura, como gasodutos, redes de transporte e redes elétricas.

Isso é possível graças aos sensores distribuídos por esses sistemas, que coletam e transmitem seus dados para as Inteligências Artificiais. Essas IAs verificam os dados em busca de anomalias e aler-

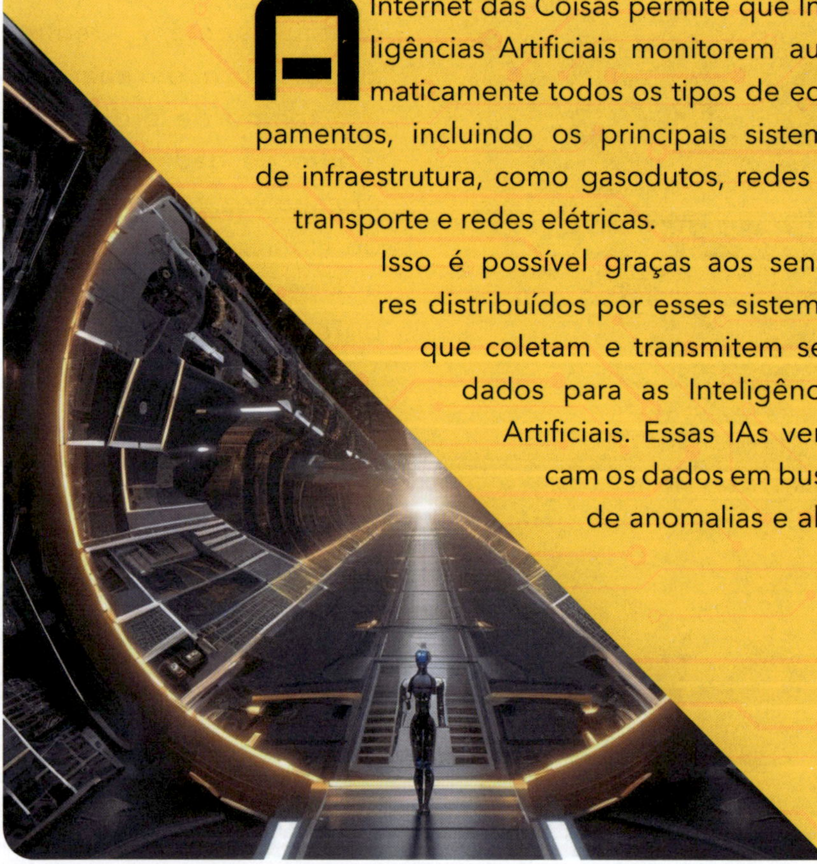

tam os técnicos humanos para investigá-los, caso seja necessário.

Além disso, as Inteligências Artificiais são usadas para prever onde podem ocorrer falhas no futuro, permitindo que os técnicos tomem medidas preventivas para evitar falhas no equipamento. Esse tipo de alerta é particularmente útil em equipamentos complexos que necessitam de manutenção regular.

AGRICULTURA DE PRECISÃO

A agricultura inteligente é a aplicação da Inteligência Artificial na agricultura de precisão, uma abordagem que visa otimizar a utilização de água e outros recursos para aumentar a produtividade e minimizar o desperdício.

Por meio do uso de drones no ar e robôs no solo, é possível coletar dados e analisá-los com Inteligência Artificial para informar os agriculto-

res em tempo real sobre suas culturas, permitindo ajustar necessidades como água, agroquímicos e fertilizantes a qualquer momento.

Esse método preciso de agricultura tem o potencial de se tornar indispensável nas próximas décadas, especialmente diante da previsão de aumento populacional do planeta, que exigirá maior produção de alimentos.

MÁQUINA DE PERCEPÇÃO

A Inteligência Artificial sensorial é um aspecto fundamental da inteligência humana, que se refere à capacidade de perceber o mundo por meio de visão, audição, tato, olfato e paladar.

A percepção da máquina envolve a capacidade dos computadores de sentir o que está ao seu redor por meio de hardwares dedicados, como câmeras e microfones, e de interpretar ou analisar os dados coletados para reagir de forma adequada.

Isso permite que os computadores recebam informações de outras fontes além do teclado e do mouse, representando um passo importante para alinhar a Inteligência Artificial com a inteligência humana.

A percepção da máquina, vital para a Inteligência Artificial, inclui áreas como visão computacional, audição de máquina, tato da máquina, olfato da máquina e paladar da máquina.

MÁQUINA DE SOM

Processando o som, a audição mecânica é a capacidade de um computador detectar e processar dados de áudio, como música ou fala humana. Esse campo interdisciplinar emprega abordagens clássicas e estatísticas para a Inteligência Artificial.

Os engenheiros que desenvolvem tecnologias de audição mecânica tentam replicar

as habilidades do cérebro que as pessoas normalmente consideram certas, como focar em um som específico em meio ao ruído de fundo.

O reconhecimento de fala é um subcampo complexo da audição mecânica, que tem como objetivo compreender o significado da linguagem falada, muitas vezes utilizando aprendizado profundo para treinar modelos.

VISÃO DE COMPUTADOR

A imitação da visão, conhecida como visão computacional, é a capacidade de um computador reconhecer imagens e vídeos. Por exemplo, entender que um determinado arranjo de pixels está associado à imagem de um gato.

Os engenheiros que trabalham com visão computacional têm como objetivo automatizar as tarefas executadas pelos sistemas visuais biológicos, como o olho humano e partes do sistema nervoso.

O surgimento da aprendizagem profunda, usando redes neurais artificiais multicamadas, e a disponibilidade de grandes conjuntos de dados de treinamento on-line avançaram muito no campo. A visão computacional é usada em muitas áreas, incluindo o reconhecimento facial.

RECONHECIMENTO FACIAL

O reconhecimento facial é uma forma de tecnologia de visão computacional que combina fotografias ou vídeos de rostos humanos com aqueles armazenados em um banco de dados.

A imagem de um rosto é capturada e suas características distintas, como a distância entre os olhos, são mapeadas para criar uma impressão facial única, que é comparada com impressões faciais conhecidas.

O reconhecimento facial é usado principalmente para a segurança, como um processo de autenticação em telefones, e para a aplicação da lei, como para identificar alguém em um banco de dados de infratores conhecidos.

ENTENDENDO AS PALAVRAS

A Programação de Linguagem Natural (PLN) é a capacidade dos computadores compreenderem e gerarem linguagem natural, ou seja, a linguagem tal como é tipicamente falada e escrita por humanos.

Esse é um elemento-chave para imitar a inteligência humana e está no cerne do teste de Turing. O processamento de linguagem natural reúne Inteligência Artificial, linguística e outras disciplinas.

Na década de 1950, os pesquisadores tentaram emular a inteligência linguística fornecendo aos computadores coleções de regras linguísticas manuscritas. No entanto, recentemente, a explosão do poder computacional e do *Big Data* permitiu que a aprendizagem automática, particularmente a aprendizagem profunda, fosse integrada à PLN, gerando resultados impressionantes.

Elementos da programação de linguagem natural PLN:

1. **Análise lexical:** envolve a estrutura de um exemplo de linguagem natural em palavras, frases e parágrafos;
2. **Análise sintática:** aplica regras formais da gramática na linguagem natural;
3. **Análise do discurso:** integra no discurso os significados de sentenças consecutivas considerados em conjuntos para dar contexto às palavras-chave;
4. **Análise semântica:** determina o significado literal das palavras em um exemplo de linguagem natural;
5. **Análise pragmática:** dá o significado literal e interpreta o sentido desejado.

TRADUÇÃO DE MÁQUINAS

A Máquina Tradutora (MT) é o uso da Inteligência Artificial na tradução automatizada de um texto ou fala de um idioma para outro.

A tradução é uma questão muito mais complexa e sutil do que simplesmente substituir cada palavra pelo seu equivalente em outro idioma.

Consequentemente, a tradução automática é atualmente utilizada mais como uma ferramenta do que como um substituto de tradutores humanos.

Existem três abordagens amplas na tradução automática: a baseada em "regras linguísticas", que utiliza gramática e sintaxe; a com "regras estatísticas", que emprega relações conhecidas entre palavras para estabelecer sentenças e frases inteiras; e a com "regras de rede neural", que utiliza redes neurais artificiais treinadas para compreender línguas quase tão bem quanto pessoas.

FALANDO COM INTELIGÊNCIA ARTIFICIAL

A Inteligência Artificial que conversa com o usuário, também conhecida como assistentes virtuais e *chatbots*, são programas que podem realizar conversas via texto ou conversas em voz.

O processamento de linguagem natural ajuda os *chatbots* a imitar a forma como os humanos falam durante as conversas. Baseados em Inteligências Artificiais

clássicas e na Inteligência Artificial estatística, ou em uma combinação das duas, os *chatbots* podem evoluir em sofisticação.

As empresas costumam usar *chatbots* clássicos para responder às dúvidas simples dos clientes, em vez de fornecer contato imediato com funcionários humanos. Alguns *chatbots* mais sofisticados podem dar a impressão de inteligência.

ASSISTENTES VIRTUAIS

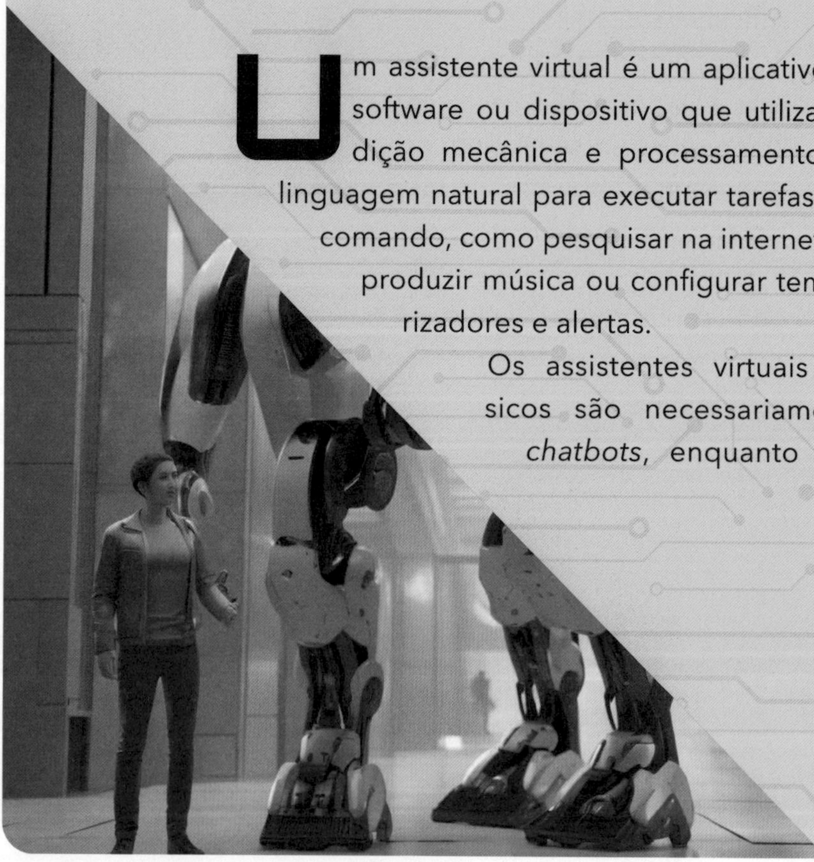

Um assistente virtual é um aplicativo de software ou dispositivo que utiliza audição mecânica e processamento de linguagem natural para executar tarefas sob comando, como pesquisar na internet, reproduzir música ou configurar temporizadores e alertas.

Os assistentes virtuais básicos são necessariamente *chatbots*, enquanto mo-

delos mais complexos podem interagir com outros dispositivos inteligentes pela Internet das Coisas para ativar sistemas como iluminação e aquecimento doméstico.

Muitos assistentes virtuais são baseados em nuvem, o que significa que usam continuamente dados de voz para treinamento, permitindo-lhes melhorar a previsão das necessidades e preferências do usuário.

INTELIGÊNCIA ARTIFICIAL ARTÍSTICA

Artistas de Inteligência Artificial, ou IA generativa, é um campo dedicado à síntese de novos conteúdos, como imagem, áudio, texto ou vídeo, desenvolvidos a partir de uma entrada em qualquer um desses formatos.

Por exemplo, um modelo generativo de Inteligência Artificial poderia ser treinado

para produzir a imagem de uma girafa de desenho animado, quando solicitado, com a entrada de texto "girafa de desenho animado".

Recentemente, as redes adversárias generativas provaram ser artistas tão eficazes que suscitaram o debate sobre se a arte pode ser considerada exclusivamente humana.

INTELIGÊNCIA DE ROBÔS

As Inteligências Artificiais projetadas para interagir fisicamente com seus ambientes são conhecidas como Inteligências Artificiais incorporadas.

Esses robôs imitam não apenas a inteligência cognitiva humana, mas também o comportamento físico humano, e fazem isso com a ajuda de sensores, motores e outros hardwares que lhes permitem perceber, mover-se e interagir em ambientes tridimensionais.

A construção de tais máquinas é um importante passo na Inteligência Artificial, uma vez que grande parte do que consideramos inteligência para os seres humanos envolve nossa capacidade de interagir com o ambiente que nos rodeia.

A Inteligência Artificial incorporada já inclui aspiradores robóticos e cortadores de grama.

ROBÔS COMPANHEIROS

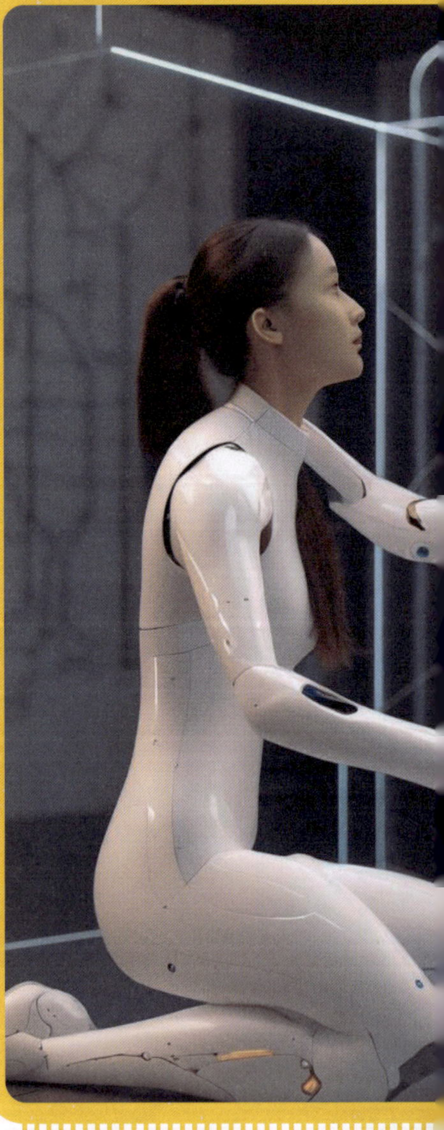

Os companheiros de Inteligência Artificial são robôs sociais com Inteligência Artificial incorporada, capazes de interagir socialmente com humanos usando fala, movimento, expressões faciais e outros comportamentos semelhantes aos humanos.

No entanto, os robôs sociais têm limitações como companheiros, uma vez que é difícil replicar muitas habilidades básicas humanas,

como a manipulação de objetos ou a compreensão do tom de voz.

Apesar de serem em grande parte tratados como uma novidade, os robôs sociais são às vezes usados na saúde e na assistência social para avaliar a solidão, depressão e ansiedade. Embora possam ter qualquer formato e tamanho, a maioria dos robôs sociais são humanoides.

INTERAÇÕES FÍSICAS

Movimento e mobilidade são características essenciais em muitos tipos de robôs. Enquanto alguns robôs são mantidos em posição estacionária, como nas linhas de produção, outros, como os Rovers, podem se movimentar e explorar ambientes.

Os robôs móveis possuem diversos graus de autonomia. Alguns são controlados remotamente por seres humanos, enquanto outros podem navegar sem intervenção humana. Um robô totalmente autônomo possui uma Inteligência

Artificial capaz de processar dados coletados por sensores, como câmeras ópticas, e planejar o caminho a seguir.

Os sensores, incluindo câmeras, captam informações sobre o ambiente ao redor do robô. A Inteligência Artificial organiza essas informações em um modelo que identifica a própria localização do robô e planeja o melhor caminho para alcançar objetivo ou destino. Esse processo permite que os robôs móveis operem de forma independente em uma variedade de ambientes e situações.

DESTREZA MANUAL

Um dos maiores desafios da robótica é construir máquinas que possam interagir fisicamente com ambientes para realizar até mesmo ações humanas simples, como colher uma maçã.

Um robô deve ter um excelente sentido de tato que lhe permita aplicar a quantidade certa de pressão para manipular objetos corretamente. Atualmente, muitos desses robôs são usados em ambientes controlados,

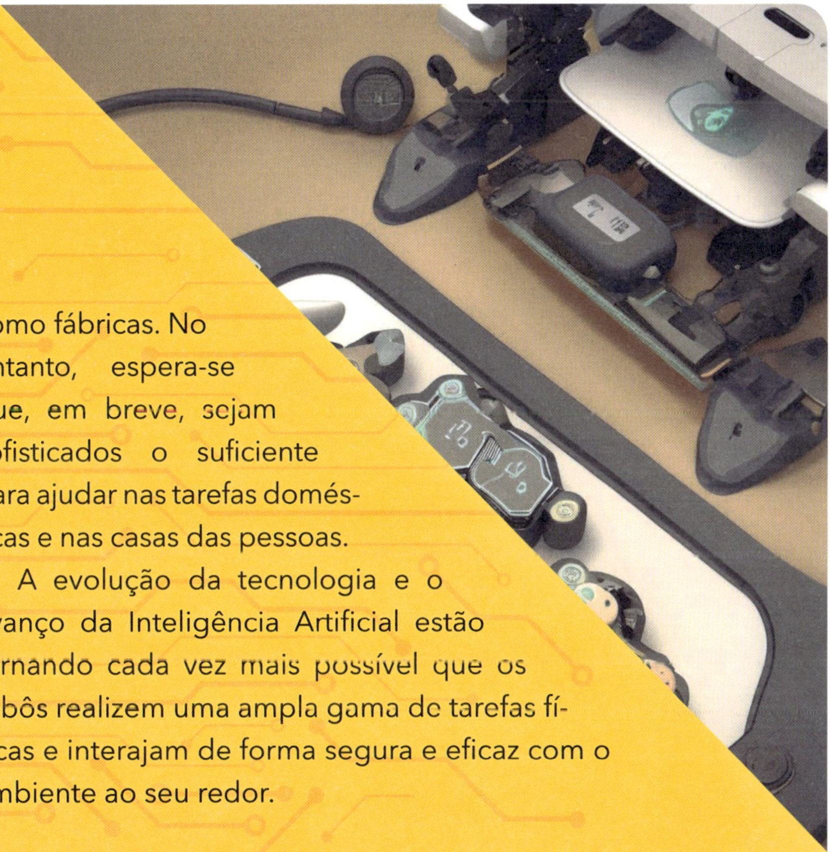

como fábricas. No entanto, espera-se que, em breve, sejam sofisticados o suficiente para ajudar nas tarefas domésticas e nas casas das pessoas.

A evolução da tecnologia e o avanço da Inteligência Artificial estão tornando cada vez mais possível que os robôs realizem uma ampla gama de tarefas físicas e interajam de forma segura e eficaz com o ambiente ao seu redor.

CARROS AUTÔNOMOS

Os carros sem condutor, ou veículos autônomos, são exemplos de robôs móveis que utilizam sistemas e sensores conectados com a Inteligência Artificial para auxiliar ou substituir totalmente o operador humano de um veículo. Seja em terra, mar ou ar, os veículos autônomos são uma categoria em desenvolvimento.

Os carros que incorporam tecnologia semiautônoma já estão disponíveis para consumo. No entanto, a chegada às ruas levanta algumas questões jurídicas e éticas bastante complexas.

Por exemplo, quem seria responsável pelos acidentes causados por carros controlados por Inteligência Artificial?

Essas questões exigem cuidadosa análise legal e ética para determinar a responsabilidade em casos de acidentes envolvendo veículos autônomos. Além disso, é necessário desenvolver regulamentações adequadas para garantir a segurança e a responsabilidade adequada nesse contexto emergente da tecnologia automotiva.

IA ARMADA

A necessidade militar impulsionou grande parte da inovação em Inteligência Artificial, o que levou à criação de sistemas autônomos sofisticados capazes de executar tarefas militares com pouca ou nenhuma intervenção humana.

Alguns desses sistemas incluem drones de reconhecimento não letais, enquanto outros, como armas sentinelas, são mortais e podem identificar, fixar e disparar contra alvos por si só.

Há muitos debates sobre a possibilidade de proibir a utilização de armas letais que sejam totalmente autônomas,

permitindo uma resposta rápida de ataque sem a necessidade de um ser humano dar a ordem final.

Nessas armas, os sensores coletam dados sobre o ambiente externo do drone e, com base na análise desses dados, o drone decide um curso de ação, aplicando força ou poder letal ou não letal no alvo.

Um drone militar totalmente autônomo patrulha o céu e é capaz de agir de acordo com seus sensores, o que levanta questões éticas e legais significativas sobre o uso da Inteligência Artificial em contextos militares.

Essas questões exigem uma consideração cuidadosa para garantir que os sistemas autônomos sejam usados de maneira ética e responsável.

CAPÍTULO 05

ELABORAÇÃO DE PROJETOS NA INTELIGÊNCIA ARTIFICIAL

INTELIGÊNCIA, DESIGN E OPERACIONALIZAÇÃO

Neste capítulo, apresentaremos pontos relevantes na elaboração de projetos em Inteligência Artificial; a rápida evolução das IAs exige uma abordagem singular, rejeitando a ideia de soluções genéricas de "copiar e colar".

A eficácia de um produto de IA depende da personalização específica para cada negócio, um processo que requer uma compreensão detalhada dos processos de negócios e uma integração harmoniosa entre tecnologia e operações.

O papel dos humanos é fundamental no desenvolvimento da IA, especialmente em relação ao treinamento de dados. Esse cuidado meticuloso garante que a IA processe os dados não apenas de forma eficiente, mas também de maneira alinhada aos objetivos do negócio.

Ademais, a adaptabilidade é crucial em um mundo de negócios que está sempre mudando. As soluções de IA precisam ser capazes de se adaptar e evoluir com o negócio, uma característica que depende do design inteligente e da visão de longo prazo.

ESTÁGIOS DE CRIAÇÃO

No campo emergente da Inteligência Artificial, o processo de design assume uma relevância crítica devido à rápida evolução das tecnologias de IA.

Diferentemente de setores mais tradicionais, em que a replicação de produtos é comum, em IA cada aplicação requer uma abordagem inovadora e única. Copiar diretamente soluções existentes raramente é viável, e tentativas de fazê-lo geralmente resultam em desempenhos aquém do ideal.

CADA PROJETO DE IA É DISTINTO

Essa singularidade é marcada pela constante inovação necessária para adaptar as soluções às necessidades específicas.

Em IA, não é possível simplesmente adotar a abordagem de um concorrente ou vizinho esperando alcançar resultados semelhantes, pois as aplicações frequentemente exigem adaptações e inovações particulares para serem eficazes.

O valor real da IA muitas vezes não vem apenas da tecnologia em si, mas da interação entre a IA e os processos de negócios ajustados para maximizar seu potencial. Designar produtos de IA eficazes não se trata apenas de tecnologia, mas também de moldar os processos empresariais para que se alinhem e evoluam com as capacidades da IA.

É essencial projetar não apenas a solução de IA, como também o processo de implementação. Isso inclui preparar a organização para melhorar continuamente a tecnologia, alimentando os algoritmos com dados de treinamento adequados e adaptando os processos de negócios para aproveitar as melhorias incrementais.

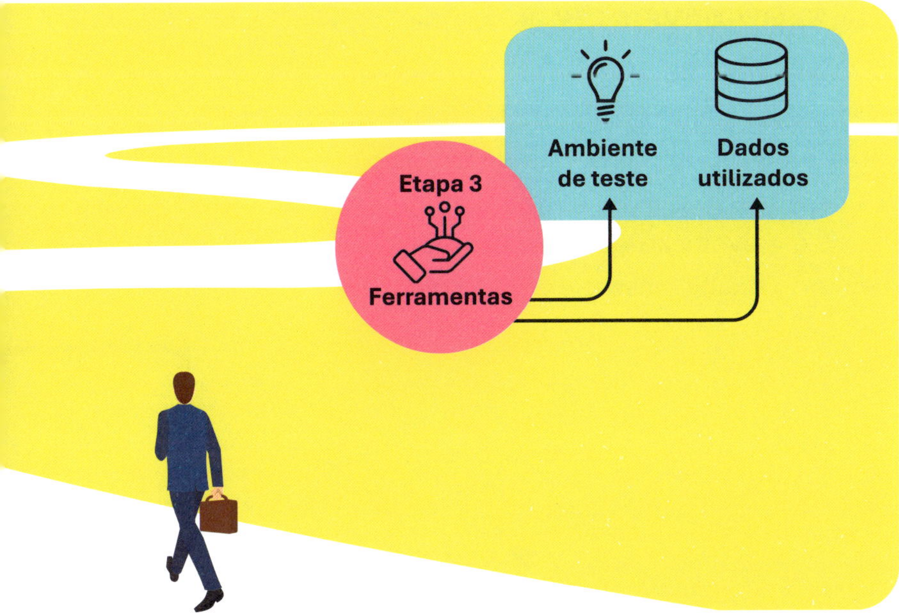

INTELIGÊNCIA APLICADA: OBJETIVO E INDICADORES

O processo de design em Inteligência Artificial não é linear. Embora as etapas possam ser apresentadas sequencialmente para facilitar a compreensão, elas podem ocorrer simultaneamente ou em qualquer ordem, dependendo das necessidades específicas do projeto.

IDENTIFICAÇÃO DA INTELIGÊNCIA DESEJADA

A primeira etapa envolve definir claramente a inteligência que desejamos que a IA simule. Aqui, a distinção entre inteligência natural e artificial se desvanece, pois focamos puramente na capacidade "inteligente" que pretendemos alcançar artificialmente.

DEFINIÇÃO DAS MÉTRICAS DE DESEMPENHO

O principal desafio nessa etapa é estabelecer métricas precisas para o desempenho da IA. Isso é complicado pela evolução rápida das capacidades de IA, que frequentemente altera as fronteiras do que é tecnicamente possível. Um exemplo ilustrativo é a evolução da visão computacional cujo desempenho melhorou drasticamente em curto período.

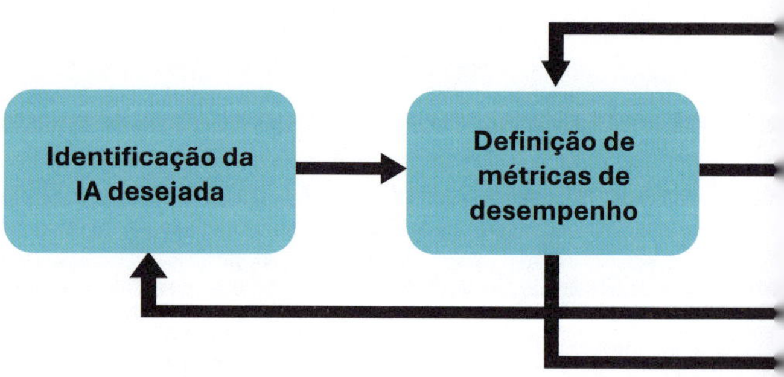

ESPECIFICAÇÃO DO ESCOPO

A segunda decisão crítica nessa fase é definir o escopo do comportamento que a IA deve exibir. Isso é exemplificado pela necessidade de carros autônomos não apenas reconhecerem sinais de trânsito, mas também processarem informações de vídeo em tempo real, o que inclui desafios adicionais como a detecção de sinais ocultos ou a identificação de pedestres e bicicletas.

AJUSTES E ITERAÇÕES

Dado o dinamismo inerente ao campo da IA, é vital permitir flexibilidade no processo de design para ajustar as métricas e o escopo com base nos avanços tecnológicos e nas descobertas feitas ao longo do projeto. Inicialmente, pode ser aceitável estabelecer definições mais genéricas, refinando-as à medida que o projeto progride por meio das etapas subsequentes de design.

Esta primeira etapa é fundamental para estabelecer uma fundação sólida para o design de produtos de IA. As decisões tomadas aqui impactarão todas as outras etapas do processo, enfatizando a necessidade de uma abordagem cuidadosa e considerada desde o início.

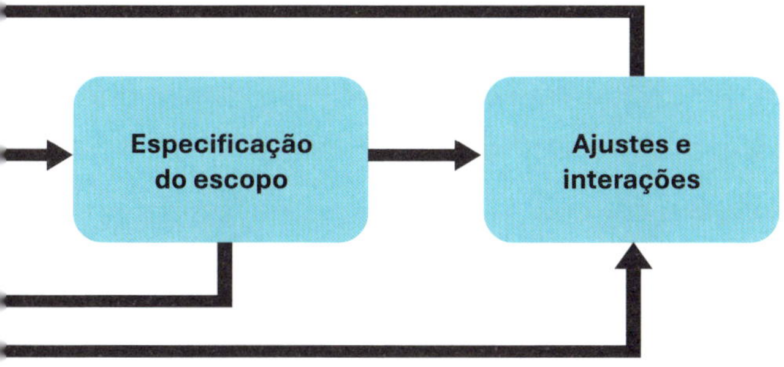

IDEIA PROCESSADA EM NEGÓCIO: ESTRATÉGIA E OPERAÇÃO

Na jornada de integrar Inteligência Artificial nos negócios, a segunda etapa crucial é a identificação dos processos empresariais que podem ser beneficiados pela IA. Aqui, abordo duas questões fundamentais: a estratégica e a operacional.

ESTRATÉGIAS DE IMPLEMENTAÇÃO DE IA

A estratégia para integrar IA envolve uma decisão crucial sobre como a tecnologia pode contribuir para uma vantagem sustentável a longo prazo. Inspirada no modelo Delta do **Arnoldo Hax (1936-2023)**, um *framework* estratégico de negócios desenvolvido pelo professor Arnoldo Hax do MIT que ajuda as empresas a pensarem de forma mais ampla sobre estratégias competitivas. O modelo é centrado em três pontos principais que ajudam a empresa a se diferenciar no mercado.

» **Melhor produto:** essa estratégia enfatiza ter a tecnologia mais avançada, como o software superior de reconhecimento de impressões digitais.

» **Solução completa para o cliente:** o foco é oferecer um produto que integra IA com funcionalidades adicionais que atendam às necessidades específicas dos clientes.

» **Externalidades de rede:** concentra-se em construir uma base de usuários ampla, na qual o valor aumenta à medida que mais entidades participam.

Operacionalmente, a integração de IA nos processos de negócios deve ser meticulosamente planejada para alcançar metas específicas de desempenho. Isso inclui não apenas a melhoria da eficácia da IA, mas também a adaptação de todo o sistema empresarial para maximizar os benefícios proporcionados pela tecnologia.

É evidente que o sucesso na implementação de IA não depende apenas da tecnologia em si, mas também de como essa tecnologia é incorporada e utilizada dentro da estrutura organizacional existente. A próxima etapa focará em selecionar as tecnologias específicas e ajustar os planos de implementação.

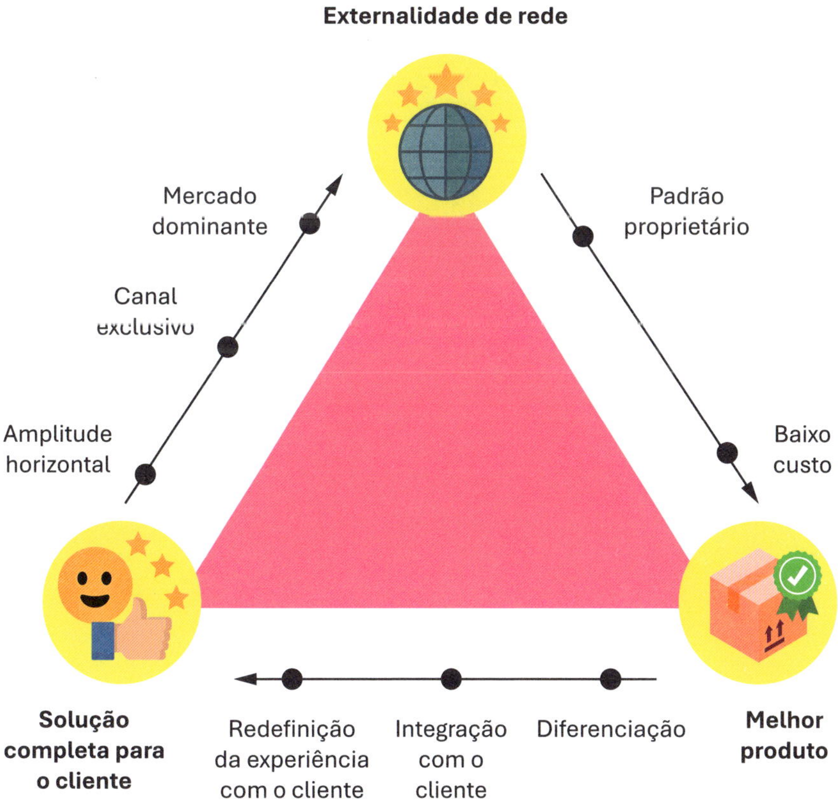

PROPRIEDADE INTELECTUAL E DADOS ESTRATÉGICOS

A terceira etapa, dedicada às escolhas tecnológicas de IA, também envolve duas decisões principais a serem tomadas: **definir a abordagem de propriedade intelectual adequada e estabelecer uma estratégia eficaz de gestão de dados.** Essas escolhas são fundamentais para alinhar a tecnologia de IA com a estratégia de negócios previamente definida.

Escolher a tecnologia específica de IA a ser adotada é complexo devido à vasta gama de opções disponíveis e ao rápido avanço tecnológico. Até 2012, o crescimento no número de patentes de IA era modesto, mas, desde então, houve aumento exponencial, refletindo a constante inovação na área.

Esse dinamismo traz tanto oportunidades quanto desafios. Por um lado, abre-se a possibilidade de patentear inovações significativas; por outro, a rápida obsolescência tecnológica pode tornar algumas escolhas arriscadas.

Monitorar de perto os resultados dos novos processos

Implementar a cultura voltada para dados

BRICOLAGEM TECNOLÓGICA: NOVO DESENVOLVIMENTO DE SOFTWARE

Este estágio é dominado pelo que chamamos de "iceberg da bricolagem", momento de transformar os pedaços de nossa colcha de retalhos de decisão em ação concreta, colocando nossos engenheiros para desenvolver os algoritmos de IA e sincronizar todo o restante da organização com os ativos complementares necessários.

Dentro desse contexto, enfrentamos duas escolhas cruciais.

A primeira relaciona-se com **a estratégia de desenvolvimento de software e, a segunda, com a mitigação de problemas persistentes.**

A estratégia de desenvolvimento de software é fundamental para permitir ajustes baseados em feedback contínuo e mudanças nas condições de mercado ou tecnológicas.

Para gerenciar efetivamente essa etapa, quatro componentes fundamentais devem ser estabelecidos:

» **Metodologia de repositório de código e dados:** utilizar ferramentas como GitHub para gerenciar versões de código e facilitar a transição entre desenvolvimento, teste e produção;

» **Plano de teste e experimentação:** desenvolver métodos para testar tanto o software quanto seus impactos mais amplos, como aceitação pelo usuário e contribuição para a rentabilidade do negócio;

» **Configuração experimental de GPU:** otimizar o uso de recursos computacionais para maximizar a eficiência no processamento de dados e aprendizado de máquina;

» **Orçamento e justificativa do investimento:** preparar para custos significativos e potencialmente maiores do que o antecipado, assegurando que o orçamento reflita a realidade dos desafios do projeto.

Essa fase final não é apenas sobre a implementação técnica, mas também sobre garantir que o software desenvolvido funcione harmoniosamente dentro do ecossistema mais amplo da empresa, apoiando e sendo apoiado por estratégias de negócios bem definidas.

MITIGANDO O LADO OBSCURO DA IA

São questões que exigem atenção cuidadosa e planejamento antecipado para garantir o sucesso e a segurança dos sistemas de IA.

PROBLEMA 1: ATAQUES ADVERSARIAIS

Os ataques adversariais representam uma ameaça significativa à segurança e privacidade dos sistemas de IA. Esses ataques podem enganar algoritmos de aprendizado profundo com modificações mínimas nos dados de entrada, levando a resultados imprecisos e potencialmente perigosos.

PROBLEMA 2: FALTA DE GENERALIZAÇÃO

A falta de generalização é um desafio comum enfrentado pelos sistemas de IA, especialmente em tarefas de processamento de linguagem natural e reconhecimento de padrões. Discutimos como os algoritmos de IA podem falhar em generalizar corretamente, levando a resultados imprecisos e ineficientes.

PROBLEMA 3: VIÉS NOS DADOS E FALTA DE EXPLICABILIDADE

O viés nos dados é uma preocupação fundamental na construção de sistemas de IA, pois os algoritmos podem herdar e amplificar os preconceitos presentes nos dados de treinamento.

PROBLEMA 4: COMPORTAMENTO NÃO INTENCIONAL

O comportamento não intencional é uma preocupação crescente na implementação de IA em sistemas autônomos, como robôs e veículos autônomos.

Ao enfrentar os desafios e limitações da IA, é essencial adotar uma abordagem proativa e holística para garantir eficácia, segurança e ética dos sistemas de IA.

CAPÍTULO

06

MULHERES NA VANGUARDA DA INTELIGÊNCIA ARTIFICIAL

DIVERSIDADE, SOLUÇÃO E COLABORAÇÃO

Neste capítulo você encontrará participações especiais com casos práticos de usabilidade e dicas que exploram os elementos cruciais no desenvolvimento de projetos em Inteligência Artificial, com foco particular na contribuição inestimável de mulheres líderes no campo tecnológico. Este capítulo não apenas destaca a importância da diversidade e inclusão no avanço da tecnologia, mas também examina como a Inteligência Artificial está sendo aplicada de maneira transformadora nos negócios pelas perspectivas dessas pioneiras.

As líderes que participam desta seção trazem uma riqueza de conhecimento e experiência que ilustra a aplicabilidade prática e os desafios da IA em variados setores. Com suas visões únicas, elas demonstram como a Inteligência Artificial pode solucionar problemas complexos, otimizar processos e criar oportunidades em ambientes corporativos.

A perspicácia das mulheres na gestão de projetos de IA adiciona uma camada extra de profundidade na adaptação dessas soluções aos desafios dinâmicos dos negócios. Essa combinação de inventividade humana, especialmente feminina, e capacidade computacional da IA resulta em soluções transformadoras, sublinhando a importância da diversidade e colaboração no desenvolvimento de produtos de IA.

Este capítulo reforça a necessidade de ambientes de trabalho mais inclusivos, que valorizem as contribuições de mulheres em tecnologia.

CÍNTIA SCOVINE BARCELOS DE SOUZA

Executiva de tecnologia com mais de 30 anos de experiência liderando times em busca de soluções inovadoras e criativas.
Possui profundos conhecimentos em cloud híbrida, dados e Inteligência Artificial, assim como arquitetura de soluções resilientes e tecnologias de infraestrutura. É diretora executiva de tecnologia no Bradesco, responsável pelas áreas de arquitetura, infraestrutura, operações, governança e cibersegurança.
Foi CTO na IBM para mercados financeiros e a primeira mulher a ser nomeada Distinguished Engineer na América Latina.
Graduada em Engenharia Elétrica com ênfase Eletrônica pela Universidade Federal do Rio de Janeiro – UFRJ, com MBA em Administração pelo IBMEC, MBA em Cloud pela FIAP e Advanced Management Program em Harvard.

A JORNADA DE INTELIGÊNCIA ARTIFICIAL NO BRADESCO. "BIA, POR QUE NÃO POSSO COMER A SOBREMESA PRIMEIRO?"

"A BIA ainda não tem resposta para tudo, mas está aprendendo rápido com você. Experimente o futuro hoje". Assim terminava a primeira veiculação em rede nacional, em 2018, sobre o uso de Inteligência Artificial no Bradesco, uma das primeiras organizações a utilizar a tecnologia em escala global.

Desde a fundação do Bradesco em 1943, a inovação sempre esteve no nosso DNA. Fomos pioneiros na América Latina ao implementar o primeiro computador, revolucionando o atendimento ao cliente com extratos diários – um feito notável para a época. Na década de 1990, mais uma vez lideramos ao introduzir o *Internet Banking* no Brasil, consolidando-nos como um dos precursores globais nessa área.

Em 2016, demos um salto tecnológico significativo com a criação da BIA (Bradesco Inteligência Artificial). Inicialmente voltada para o suporte interno, o sucesso foi tão grande que rapidamente a adaptamos para interagir diretamente com nossos clientes. Utilizando técnicas avançadas de processamento de linguagem natural (PLN) (ver mais na pág. 156), a BIA não apenas esclarecia dúvidas dos gerentes sobre produtos e serviços bancários, mas também aliviava significativamente a demanda sobre nosso *call center*, elevando a satisfação dos clientes a cada interação. A expectativa é que, até o final de 2024, a BIA ultrapasse a impressionante marca de 2,4 bilhões de interações, com uma habilidade cada vez maior de resolver questões complexas. Nosso atendimento tornou-se seis vezes mais eficiente com o uso das tecnologias de linguagem natural.

Em 2021, enfrentamos um desafio importante ao mudar as respostas da BIA em relação ao assédio, com respostas contundentes e sem submissão. O objetivo era combater o preconceito de gênero e o assédio contra assistentes virtuais, que, na maioria das vezes, possuem vozes e nomes femininos. A IA é uma ferramenta poderosa que, quando utilizada de forma ética e responsável, pode transformar negócios e a sociedade.

Atualmente, a BIA não apenas tira dúvidas sobre produtos e serviços, mas também realiza transações bancárias, consulta saldo e extratos, realiza pix, busca agências próximas por meio de geolocalização, envia notificações de investimentos e suspeita de fraude, entre muitos outros serviços. Além do app Bradesco e do WhatsApp, a BIA está no portal Ágora Investimentos, auxiliando nossos clientes em operações na bolsa, e realizando o primeiro atendimento pelo Fone Fácil, como uma triagem.

À medida que a BIA amadureceu, utilizamos a IA para transformar outros aspectos do negócio, além do atendimento. Modelos avançados de aprendizado de máquina foram empregados para otimizar a rede de ATMs e a análise de crédito, aprimorar a detecção de fraudes e personalizar ofertas de produtos. A captação na jornada de investimentos aumentou três vezes com o uso de algoritmos que customizam a oferta com base no perfil e nas características de cada investidor. Utilizamos IA para analisar grandes volumes de dados e identificar tendências e *insights*, auxiliando na tomada de decisões estratégicas.

A área de Tecnologia da Informação (TI) do Bradesco também utiliza IA com o AIOps (Inteligência Artificial para Operações), analisando padrões, correlacionando eventos e realizando análises preditivas para evitar incidentes que prejudiquem a vida financeira dos nossos clientes. Através da redução de ruídos, correlação de eventos, agrupamentos e detecção de anomalias somados à inteligência dos dados com fluxos de autorremediação, nossa operação de tecnologia da informação ganha agilidade, garantindo disponibilidade e resiliência dos serviços.

Usamos intensivamente a IA para identificar e conter incidentes de segurança em tempo real, modelando padrões de ataque e processando um volume massivo de informações. Avaliamos rapidamente o que está sendo publicado por fontes especializadas, fornecedores e governos em todo o mundo, identificando e priorizando a resolução dos riscos de segurança mais críticos de forma tempestiva.

A ADOÇÃO DA IA GENERATIVA

A IA, como conceito, tem suas raízes na década de 1950, quando cientistas começaram a explorar a possibilidade de máquinas simularem a inteligência humana. Nas décadas de 1960 e 1970, a IA simbólica (ver mais na pág. 70), que envolvia a programação de regras explícitas, dominava o cenário. Nos anos 1980, o aprendizado de máquina começou a ganhar destaque, com algoritmos que podiam aprender a partir de dados. Nos últimos anos, com a explosão do volume de dados e o aumento do poder computacional, técnicas como redes neurais profundas (ver mais na pág. 130) transformaram a IA em uma ferramenta poderosa para uma variedade de aplicações. A cada avanço, a IA se torna mais capaz de executar tarefas complexas, que antes eram exclusivas dos humanos. A IA generativa (ver mais na pág. 210) é o próximo capítulo dessa evolução.

O ano de 2023 foi, sem dúvida, o ano de arranque da IA generativa. Embora a tecnologia já existisse há vários anos, a popularidade de ferramentas como o ChatGPT e o Copilot levaram líderes e engenheiros de software a explorar seus casos de uso no contexto empresarial, resultando em uma variedade de pilotos, provas de conceito e novas experiências.

No Bradesco, o primeiro caso de uso da IA generativa foi a análise das atas e comunicados do COPOM (Comitê de Política Monetária). O modelo de linguagem é capaz de interpretar novos textos e indicar um possível comportamento futuro com base no treinamento que recebeu com documentos existentes sobre o tema. Através da leitura não subjetiva dos documentos, a IA generativa apoia os economistas nas suas análises.

Nas demandas judiciais, testamos centenas de ofícios para a extração de informações padronizadas, acelerando a abertura de demandas e a interpretação dos pedidos. Na atuação da causa raiz dos processos judiciais, houve redução de tempo das análises para atendimento e retorno, melhora significativa na classificação das categorias dos documentos, e a capacidade de sumarização da IA ajudou a otimizar o trabalho dos analistas.

A IA generativa tem o poder de criar conteúdo original e inovador, desde relatórios financeiros até campanhas de marketing personalizadas, passando pela geração de respostas dinâmicas e contextualizadas para a BIA. Novamente, o primeiro caso foi com a rede de agências, e a acurácia está acima de 90%. Não somente para interações de natureza canônica (próximas à maneira em que o conteúdo figura nas bases de treinamento), mas também para aquelas com coloquialismos e outras formas não triviais de interações. Com grande potencial de melhoria de NPS, a Net Promoter Score – uma metodologia de satisfação desenvolvida para avaliar o grau de fidelidade dos clientes – utiliza a tecnologia na sumarização de manifestações na ouvidoria, com redução de 30% no tempo de atendimento.

Aplicamos IA generativa na esteira de desenvolvimento de softwares. Disponível através da plataforma BIA Tech, a IA auxilia os times técnicos na definição de requisitos, escrita de histórias, métricas e cenários de testes, resultando em uma melhoria de qualidade das histórias de até 30%. Além disso, em todo o ciclo de codificação, os desenvolvedores utilizam a IA generativa como copiloto, em uso por mais de 50% dos desenvolvedores Bradesco, gerando códigos-fonte, realizando testes automatizados, corrigindo falhas e vulnerabilidades, além de documentar aplicações. Na geração de código, os desenvolvedores aceitam 20% das sugestões da IA, o que resulta na geração de mais de mil linhas de código diariamente. Também nas etapas de pós-desenvolvimento, a IA avalia o processo de gestão de mudança dessas aplicações e apoia os times técnicos no pós-implantação.

A transformação digital está aumentando a procura de programadores de software no setor bancário para desenvolver e manter aplicações. Segundo dados da Forrester, em 2023, os bancos gastaram, em média, metade do seu orçamento de Tecnologia da Informação (TI) no desenvolvimento e manutenção de aplicações. Assistentes de desenvolvimento de software podem ajudar a gerar código e documentação, além de auxiliar no planejamento, no teste e na implementação das aplicações.

DESAFIOS E FUTURO

A trajetória do Bradesco com a Inteligência Artificial é um testemunho do compromisso da organização com a inovação e a excelência no atendimento ao cliente. A BIA foi apenas o começo. Ao longo dos anos, as capacidades de IA foram aprimoradas, incorporando novas tecnologias e expandindo suas aplicações. A IA agora permeia diversas áreas do Bradesco, desde modelos de crédito e prevenção de fraudes até a personalização de serviços e o atendimento ao cliente. Através do processamento de uma quantidade massiva de dados, permite o conhecimento profundo de cada cliente e a criação de novas jornadas fluidas e contextualizadas.

Apesar de todas as vantagens, a jornada com IA não é isenta de desafios. A implementação exige, não apenas investimentos significativos na tecnologia, mas também uma mudança cultural e organizacional. Através de programas de capacitação, as equipes foram treinadas para trabalhar em sinergia com essas novas ferramentas, garantindo que a IA complemente e potencialize as habilidades humanas.

A BIA e o Bradesco aprendem diariamente com seus clientes. O Bradesco explora e implementa tecnologias que permitem oferecer um serviço bancário cada vez mais ágil, seguro e personalizado. E, com tanta inovação, por que não começar pela sobremesa?

CLARISSA VIEIRA

Para mim, os dados são como alimento para formatar ideias e pensamentos, e a tecnologia deve ser um facilitador para construir coisas que importam.

Dentro de um contexto de profundas mudanças em como nos relacionamos, questões geracionais e Inteligência Artificial criando novos padrões de comportamento, gosto de falar sobre assumir riscos, traçar planos e criar oportunidades.

Minha formação profissional é uma combinação de experiências em grandes empresas do setor financeiro, de saúde e consultoria. Sempre gostei de construir coisas do zero, sejam novas áreas de negócios ou o desafio de formar equipes multidisciplinares.

Há alguns anos tomei coragem para embarcar em uma jornada empreendedora depois de perceber que negócios digitais, adaptados a tempos voláteis, são o novo normal. Foi assim que descobri e me encantei com o setor imobiliário.

Atualmente estou montando a minha segunda empresa, na qual Inteligência Artificial é um pilar estruturante para destravar a burocracia presente nas transações imobiliárias.

Valorizo demais esta iniciativa, que dá voz para mulheres competentes, potentes e com muitas histórias interessantes para contar. #eaiparaqueserve

CURIOSIDADOS: AQUI, ALI E EM TODO LUGAR

"A vida é uma jornada, não um destino."
Ralph Waldo Emerson

#CASOS & DADOS

Que tal começarmos com um case real em que um grande banco nacional enfrentava uma demanda crescente de processos judiciais de seus clientes. Algumas perguntas estavam na mesa. Como prever esse comportamento? Quais ações preventivas precisariam ocorrer? O que deveria ser aprimorado? Naquele momento, a instituição já dedicava recursos expressivos ao tema, porém, será que havia alguma oportunidade para evoluir na abordagem sobre como esse evento, isto é, um cliente processar o banco, era modelado?

Outro exemplo? A venda de um apartamento localizado na cidade de São Paulo. O cliente tinha urgência, mas, ao mesmo tempo, queria praticar um preço justo. Afinal, quanto vale um imóvel? Os valores que aparecem nos portais imobiliários são, de fato, os preços transacionados? Considerando dados da cidade de São Paulo, as diferenças entre esses valores podem chegar até 40%! Será possível obter estimativas mais críveis para esses preços?

Em ambos os casos, atuei profissionalmente na busca de soluções. E, não coincidentemente, os caminhos apontavam para utilização de dados não tradicionais e técnicas mais avançadas de aprendizagem de máquina, ou seja, IA. Mas como assim dados não tradicionais?

Primeiramente, vamos fazer uns combinados: dado (ver mais na pág. 110), neste contexto, é todo elemento utilizado tanto na construção quanto na evolução de modelos, ou algoritmos, se você achar que fica melhor.

Esses modelos são, invariavelmente, uma simplificação da realidade. Não se trata de crítica ou limitação, mas sim de chamar a atenção ao fato de que, para serem consumidos por algoritmos, esses dados, de alguma forma, precisam ser transformados em variáveis quantificáveis. E, ao longo desse processo, entre outras coisas, ocorrem perdas de informações qualitativas ou mesmo distorções com relação à riqueza da experiência humana.

#SEPARA OS INGREDIENTES

Você até pode nunca ter ouvido falar sobre os termos *dados estruturados* ou *dados não estruturados*, mas certamente interage com eles a todo o momento. E, só para esclarecer, enquanto o primeiro segue uma organização mais rígida, o segundo, em contraposição, assume formatos mais livres.

Voltando ao exemplo do banco. A quantidade dos processos abertos mensalmente, o valor associado a cada um, o tempo de relacionamento que um cliente tem com a instituição financeira e a cidade onde ele reside são considerados dados estruturados. Por outro lado, eventuais mensagens trocadas via aplicativos, postagens em redes sociais, documentos produzidos ao longo do processo judicial, tais como atas e sentenças, dizem respeito a dados não estruturados.

No caso da precificação de um imóvel, informações como endereço, tipo de zoneamento urbano, o ano de construção e a data de compra são dados estruturados; já as fotos do imóvel, uma reportagem escrita que fale sobre as qualidades do bairro em que ele está localizado, um vídeo que mostre alagamentos na região, a matrícula de registro em cartório, ou seja, um documento, são dados não estruturados. Sacou?

Não posso deixar de mencionar mais dois tipos de dados, menos próximos da realidade de qualquer um, mas muito presentes quando se entra na cozinha da IA. Começando pelos dados semiestruturados: sabe quando você coloca seu usuário e senha para entrar em qualquer sistema? No momento em que você clica na tecla Enter, por trás desta ação, ocorrem uma série de operações que você não enxerga. Dentre elas, a criação de um tal de registro de log, um conjunto de informações que ficam gravadas no sistema e que permitem saber que você entrou no sistema. Pronto, acabou de surgir um novo dado semiestruturado. E o nome tem tudo a ver, pois esses dados estão no meio do caminho; isto é, não estão presos a um formato rígido e predefinido, mas possuem mais organização e padrões do que dados totalmente não estruturados.

Já os dados sintéticos são aqueles gerados artificialmente. Até porque existem situações nas quais não é possível, ou desejado, usar dados reais, seja por questões de privacidade, segurança, custo ou disponibilidade[1]. Trata-se de uma alternativa extremamente útil, que abre caminho para muitos e muitos casos de aplicação[2]. Quer ver? Construção de algoritmos de diagnósticos de doenças sem expor informações sensíveis de pacientes reais, treinamento dos sistemas de carros autônomos através da criação de

1 https://royalsociety.org/-/media/policy/projects/privacy-enhancing-technologies/synthetic_data_survey-24.pdf.

2 https://mittechreview.com.br/dados-sinteticos-a-nova-fronteira-da-inteligencia-artificial

infinitos cenários distintos de tráfego e até mesmo simulação de desastres naturais e possíveis impactos, ajudando na formulação de políticas públicas de proteção ambiental.

Agora que você já sabe reconhecer as características dos diferentes tipos de dados, que tal pensá-los como ingredientes para fazer uma receita que se chama *algoritmo* (ver mais na pág. 28)? Imagine ainda que, na preparação desse prato, quem pilota a cozinha sabe o que está fazendo, usa bons ingredientes e entende quais combinações fazem sentido. Concorda que a chance de sair um prato super gostoso será enorme, mas, ainda assim, pode dar errado? Tipo aquele ovo frito lindo, mas que grudou na frigideira? Quem nunca?

#NA COZINHA DA IA

A essas alturas, você já deve ter ouvido falar de um ditado muito comum no mundo da modelagem e construção de algoritmos: *garbage in, garbage out*, ou, entra lixo, sai lixo (ver mais na pág. 398). E em se tratando de dados no contexto de Inteligência Artificial, especialmente no que diz respeito à alimentação dos sistemas de IAs generativas (ver mais na pág. 158) – ou gerativas, se quisermos evitar anglicismos desnecessários – as consequências do "lixo entra" podem ser bem complicadas, na medida em que a pessoa comum (leia-se quase todos nós) não necessariamente perceberá possíveis vieses na resposta e, muito provavelmente, não terá o discernimento técnico para perceber que pode ter algo estranho naquele resultado.

Mas calma lá. Assim como no preparo de uma refeição, existem etapas claramente definidas na organização dos ingredientes ou, neste caso, dos dados.

Tudo começa na escolha de quais fontes serão utilizadas e como será feita a coleta desses dados. Uma vez superada essa fase, parte-se para a curadoria, na qual os mesmos são limpos. E o que isso significa na prática? Para simplificar, vamos voltar ao nosso exemplo de precificação de um imóvel e imaginar uma base de dados contendo a quantidade de vendas diárias realizadas ao longo do tempo. Observando os valores, você percebe que, em um determinado dia, tem um número 20 vezes mais alto do que o normal. Não é estranho? Então, no processo de limpeza, esse número será classificado como *outlier* (ver mais na pág. 126) e, muito provavelmente, excluído da análise. Agora, se os dados forem textos, também dá para "limpar"? Claro, e, nesse caso, uma das tarefas realizadas é a eliminação de "ruídos", por exemplo, através da remoção de pontuação e espaços em brancos desnecessários. Ah! Ainda na fase de preparação, um outro tipo de procedimento que ocorre com frequência, e merece ser citado, diz respeito à transformação dos dados[3].

Para facilitar o entendimento, imagine que você está cozinhando um arroz e, como tempero, usará cebola. Picada ou inteira? Muito provavelmente picada, e, ao fazer isso, se a cebola fosse o seu dado, você teria acabado de transformá-lo. Esse exemplo é muito simples, mas efetivo para perceber que tudo que é feito na preparação tem a ver com a intenção de obter o melhor resultado possível, de acordo com os dados disponíveis.

Tudo pronto para ser servido. Você dá a primeira garfada e percebe que o arroz está com um gostinho meio esquisito. Será que está estragado? Mas a aparência está perfeita! Como pode? Voltando para a nossa cozinha da IA, será que o modelo errou? Ou, como dizem por aí, alucinou?

3 Sobre preparação dos dados, existem muitas atividades e técnicas específicas, que respeitam a tipologia dos mesmos e necessidades do modelo a ser construído. Com relação a textos, por exemplo, além da remoção de ruídos, pode haver a conversão para caixa baixa (*lowercasing*), tratamento de *stop words*, tokenização, *stemming* e lematização, correção ortográfica, tratamento de contrações e gírias, remoção de caracteres especiais etc. Aqui a abordagem não foi exaustiva e, para mais detalhes, sugere-se a consulta de literatura pertinente.

#DÁ TRABALHO

O que seria um bom conjunto de dados para alimentar um algoritmo (ver mais na pág. 28)? Falamos bastante sobre preparação e suas etapas, porém existe um conceito superimportante nessa história toda que se chama variabilidade. Trata-se de um tema central em qualquer tipo de modelagem de dados, incluindo aquelas associadas às IAs generativas, e crucial para a compreensão dos desafios e das oportunidades dessa área. Para tentar explicar o significado desse conceito de um jeito fácil, e talvez intuitivo, vamos voltar ao exemplo dos preços dos imóveis.

Imagine que você pesquisou os preços de vários imóveis parecidos com o seu, localizados na mesma região, e todos eles variavam muito pouco entre si, ou seja, todos os valores estavam muito próximos. Agora suponha uma situação diferente, em que a sua pesquisa revelou preços muito diferentes entre si, mesmo que as características dos imóveis e localização tenham sido mantidas. Ou seja, os valores estavam muito distantes uns dos outros. Você vai colocar o seu imóvel para vender e precisa estipular um preço. Pergunta: qual dos cenários descritos você utilizaria como base? Pode até ser que alguém pense diferente, mas escolher o primeiro parece fazer mais sentido, concorda?

Como se sabe, existem muitos tipos de dados, e a variabilidade está sempre presente, seja na diversidade de palavras que compõem um texto, nas formas que aparecem em uma imagem ou nos padrões acústicos de um som. Agora, multiplique esses aspectos por milhares e milhares de dados (ou *data points*) considerados em modelos de grande escala... Percebe o tamanho do desafio!?

Por falar em escala, outra dimensão de que não podemos esquecer é justamente a questão do treinamento dos dados (ver mais na pág. 110). Lembrando que qualquer modelo olha sempre para o passado, e com Inteligência Artificial não é diferente, seja para realizar previsões (IA preditiva) ou criar coisas novas (IA generativa). A quantidade de dados importa e, mais ainda, o processo de preparação e a execução de repetições (ou iterações, se usarmos uma linguagem mais técnica) contínuas até se alcançar um resultado considerado adequado. Para não ficar nenhuma dúvida, ainda no exemplo de precificação dos imóveis, imagine que você precisa que o algoritmo reconheça fachadas de casas residenciais em cidades. No começo, ele vai confundir e dizer que é apartamento, portão e até mesmo janela. Depois de repetir esse ciclo milhões de vezes (literalmente), mostrando mais e mais fotos e realizando ajustes no processo a cada iteração, ele começa a acertar, ou seja, a precisão do modelo melhora e ele começa a performar. Chega até a ser intuitivo, não é verdade?

Esses ciclos podem ser muito custosos, tanto em relação aos esforços técnicos para descobrir quais ajustes precisam ser feitos quanto em termos de processamento computacional (ver mais na pág. 34). Aliás, você sabia que não é difícil encontrar casos em que treinar um modelo pode levar meses em processamento? Isso porque estamos falando em GPU (*Graphics Processing Unit*), UPG (Unidade de Processamento Gráfico), TPUs (*Tensor Processing Units*), ASICs (*Application-Specific Integrated Circuits*) (ver mais na pág. 34) e por aí vai...

Construir bons modelos, de forma geral, e não só restringindo àqueles que se pautam pela aprendizagem de máquina, significa, principalmente, buscar incessantemente a minimização da variabilidade encontrada no conjunto de dados utilizados. Trata-se do pilar estruturante referente ao *modus operandi* observado (como as coisas são feitas). Pelo menos até agora! E, depois de tanto trabalho, ainda assim os modelos erram? Ou usando outra expressão que vem ganhando espaço: os modelos alucinam?

É fundamental sempre lembrar que modelos são simplificações da realidade, que o passado importa e, por último, que variabilidade é crucial na precisão dos resultados. Qualquer resposta que você obtenha mediante o uso de algoritmos será passível de erros, e isso é normal. De maneira simplificada, a explicação se baseia no fato de que toda construção, dentre diversos fatores, engloba inúmeras combinações de dados. Estas podem variar em frequência e, consequentemente, em probabilidade.

#PENSE DADOS

A expressão "Dados são o novo petróleo"[4] já teve mais eco no mercado. Ela sempre me causou um incômodo, pois a maior riqueza, ao meu ver, está no valor gerado pelo uso do dado, e não nele em si.

Acredito que a soma dos pequenos detalhes ao longo dos processos que o dado percorre (*data flow*) é o que faz diferença. O *Small Data* em contraposição ao *Big Data* (ver mais na pág. 66).

Por fim, assumir uma postura cada vez mais crítica, cautelosa, responsável e ética na dinâmica de interação com modelos de IA, principalmente generativa, e no uso dos resultados obtidos é mais do que necessário, sempre buscando a complementação com o conhecimento humano e a verificação do conteúdo fornecido.

4 Frase atribuída a Clive Humby, matemático inglês, em 2006.

CLÁUDIA MARQUESANI

CIO, palestrante e professora universitária, possui mais de 29 anos de experiência liderando a área de Tecnologia em empresas como AmBev, IBM, Sodexo, Santander, Petz e Copa Energia.
Formada, pós-graduada e mestre pela FGV, cursa doutorado no Mackenzie. É vencedora de prêmios como líder em TI (2016-2024), palestrante em eventos renomados, como Brasil Day em Harvard, E-commerce Brasil, Big Data Brasil e TEDx Women Campinas.
Suas linhas de pesquisa e palestras são: transformação digital, Inteligência Artificial e igualdade de gênero na TI.

IA E O IMPACTO NO ATENDIMENTO

Como falar de Inteligência Artificial e associar a um atendimento humanizado e cada vez mais personalizado? Como pode estar a IA associada a um atendimento humanizado e deixá-lo ser ainda mais personalizado?

A realidade é que a Inteligência Artificial se transformou radicalmente em um dos principais fatores que estão influenciando a maneira como as empresas se relacionam com os seus clientes. Vivemos em um mundo em que a rapidez e a eficiência são fundamentais, e a IA tornou-se uma das ferramentas-base para a revolução no atendimento. Mas o que é, afinal, a IA, e qual é a sua relação com o atendimento?

Em termos simples, a IA é um campo da ciência da computação que se dedica ao estudo dos processos que saem de sistemas e que fazem a diferenciação entre tarefas que normalmente exigem inteligência humana, como percepção visual, identificação de voz, tomada de decisão e tradução de linguagem, além de tantas outras. No contexto do atendimento, a IA pode ser de grande ajuda para melhorar a experiência do cliente de uma forma que parecia impensável há alguns anos. Um dos exemplos mais comuns é o uso de *chatbots*. Esses assistentes virtuais podem conversar com os clientes, responder perguntas frequentes, resolver problemas simples e até mesmo concluir uma transação.

A Amazon e a Netflix são exemplos de empresas que já recorrem ao *chatbot* como meio de facilitar um atendimento mais especializado. A Amazon, por exemplo, tem na Alexa seu exemplo mais conhecido. Através do comando de voz, podemos ajudar os clientes a encontrar itens, verificar o estado de uma compra e até adquirir produtos. Lembro-me de um colega que disse que a filha perguntou o que era "7Belo" para a Amazon e que, imediatamente, lhe foi oferecido um saco enorme de balas 7Belo. Ela disse que sim, claro, e qual não foi a surpresa de meu colega quando, no dia seguinte, recebeu um saco com centenas de balas dessa marca! O poder do cliente e a customização de seu atendimento, independentemente da idade, passa também pela sua voz.

Um outro exemplo prático da IA em termos de atendimento ao consumidor é a capacidade de oferecer suporte técnico automatizado. Pode ser usada para diagnosticar problemas técnicos e fornecer soluções imediatas. A IBM, por exemplo, desenvolveu o Watson, um sistema de IA que pode analisar grandes volumes de dados e fornecer respostas precisas às questões técnicas mais complicadas. Usar a IA como solução de apoio ao cliente não apenas ajuda a melhorar a eficiência do apoio ao cliente, como também liberta os funcionários humanos para perguntas e questões mais complicadas e valiosas.

Uma das maiores vantagens da IA para o serviço de atendimento ao consumidor é a personalização. Por meio da análise de dados e de aprendizado de máquina, a IA pode fornecer sugestões de produtos e serviços e oferecer exatamente o que é mais relevante para cada cliente. Como é o caso da Sephora, uma marca cosmética que usa IA para personalizar o serviço de compra da sua loja on-line. Com base no histórico de compras anteriores e nas preferências pessoais de um certo cliente, a IA da Sephora sugere produtos desta forma, a marca consegue aumentar o volume das vendas, assim como a satisfação do cliente. A IA também é usada nos bancos em termos de segurança, proteção e eficácia do atendimento ao cliente. Eles utilizam IA para detectar fraudes em tempo real, analisando padrões de transações e identificando qualquer atividade suspeita. Outra utilização seria o auxílio aos clientes em termos de gestão de finanças e aconselhamento, assim, o cliente poderia receber alertas sobre a sua conta e conselhos personalizados.

O cliente nem precisa ser um ser humano para se beneficiar da Inteligência Artificial. Veterinários estão cada vez mais considerando o histórico dos pacientes e suas particularidades com o uso da Inteligência Artificial, para que os melhores tratamentos e produtos sejam recomendados para seu pet, seja ele canino, felino ou qualquer outra espécie que caiba em seu coração.

Falando em recomendação, uma grande rede varejista brasileira conquistou um Leão de Ouro em Cannes com seu pet-commerce, na categoria de uso criativo de dados. Tratou-se de um site que utiliza IA e reconhecimento facial para cães, identificando as preferências do pet através de suas reações a produtos vistos em vídeos. A inovação conquistou as redes sociais e teve milhões de visualizações e menções globais. Quem não se sente bem atendido por uma capacidade de Inteligência (mesmo que artificial) que entende até mesmo seu melhor amigo de quatro patas?

A automação de processos é outra área em que a IA está fazendo uma grande diferença. Algumas literaturas consideram essa automação como uma capacidade de Inteligência Artificial, outras não. De qualquer forma, as empresas podem reduzir o tempo e o esforço necessários para concluir tarefas repetitivas e demoradas que impactam a satisfação dos clientes. Por exemplo, a Toyota usa IA para automatizar o agendamento de serviços de manutenção de veículos. Isso torna mais fácil para os clientes agendarem serviços por meio de um sistema on-line.

A IA não apenas melhora a eficiência do atendimento ao cliente, como também melhora a qualidade do serviço. Quando combinada com o processamento de linguagem natural (ver mais na pág. 156), a IA pode entender melhor e responder perguntas mais precisas e mais rapidamente. Isso é vital para a prestação de serviços. A Ada Health, por exemplo, usa IA para oferecer conselhos personalizados de saúde (agora a humana). A IA atua com base no entendimento dos sintomas do paciente para fornecer aconselhamento adicional a ele.

A integração IA com outras tecnologias, como realidade aumentada (AR) e realidade virtual (VR), está criando possibilidades para o atendimento ao cliente. A Ikea, por exemplo, lançou um aplicativo que permite aos clientes experimentarem a IA para ver como os móveis se encaixam em seus ambientes. Isso melhora a experiência do cliente e leva a uma redução nas devoluções. Além de continuar melhorando a experiência do cliente, a IA também ajuda as empresas a economizarem dinheiro, reduzindo custos de devoluções e logística reversa, por exemplo.

Concluindo, a IA está fazendo mudanças significativas na forma com que o consumidor é atendido. Com *chatbots* (ver mais na pág. 206), análises de dados elaboradas, suporte técnico automatizado e a simplicidade do ajuste fino constante, a IA tem trazido a eficácia da qualidade e da facilidade que tanto são desejadas pelos consumidores. A *persona* (consumidor personalizado) nunca foi tão *persona*! E com isso, a Inteligência Artificial vem sendo utilizada de maneira crescente, fornecendo uma proposta de valor real e que está transformando a maneira como nós nos relacionamos com as máquinas.

Com o tempo, as empresas que incorporam a IA não só oferecem aos seus consumidores uma experiência diferenciada, mas também estão indo ao encontro do futuro. E o que ele nos reserva?

Foco cada vez maior na personalização, no cliente no centro, na eficácia e na qualidade do atendimento, enquanto a receita se torna consequência dessa estratégia para a geração de valor. Com a integração de IA, estamos oficialmente ingressando em uma nova era de consumo, na qual a natureza dessa tecnologia não apenas é uma vantagem competitiva, mas a base da continuidade das organizações.

DARLENE FASOLO

Bank of America - LATAM Global Corporate and Investment Bank Technology Executive. CIO Brasil. Executiva CIO Responsável por tecnologia para banco comercial na América Latina. Esse âmbito engloba os serviços de Gestão de caixa de empresas, pagamentos, câmbio, trade e empréstimos para clientes de atacado. Adicionalmente agrega a função de CIO do banco no Brasil, integrando as áreas de tecnologia que respondem para outros produtos do banco e respondendo ao Comitê de gestão local do banco no Brasil. Também responde pelas estratégias, arquiteturas e tecnologias para assegurar aderência às leis e disposições regulatórias locais e globais de governança e observância. Entrou no Bank of America Merrill Lynch em fevereiro de 2014 com as responsabilidades descritas acima. Previamente, desenvolveu sua carreira em diversas instituições financeiras, incluindo o Banco Francês e Brasileiro, o Barclays Bank, Merrill Lynch, Santander e outros nacionais, como Itaú, Votorantim, entre outros de menor porte, somando 24 anos como Diretora de Tecnologia para bancos de atacado. É formada em Engenharia Mecânica de Produção pela Escola Politécnica da Universidade de São Paulo (POLI- USP) e tem MBA em gestão empresarial pela Fundação Getulio Vargas. Também participa como embaixadora no Comitê de Diversidade e Inclusão do Brasil, LATAM D&I Council e HLAC (Hispanic Latino Advisory Council) pela área de Global Technology. Auxiliar mulheres a investir na carreira de Tecnologia da Informação tem sido sempre uma importante atuação e paixão pessoal.

E AÍ, PARA QUE SERVE (DE VERDADE) A IA NA INDÚSTRIA FINANCEIRA?

Até 2023 estávamos vivendo um misto de *hype*, superexcitação com a nova e relativamente desconhecida – mas toda poderosa – IA, e visões apocalípticas acerca desta novidade destruir a humanidade. O tema era assunto onipresente em conversas entre amigos e profissionais dos mais diversos setores: grupos de WhatsApp, artigos, livros, vídeos, podcasts, palestras, gurus, almoços de domingo em família etc.

Já em 2024, tenho a impressão de que, ainda que em estágios iniciais, estejamos caminhando para uma maior maturidade e consciência acerca do que significa a IA e quais são seus estágios de evolução. IA pode ser usada desde aplicações mais básicas – como o aumento de produtividade em quase todas as áreas, execução de processos de forma mais inteligente e rápida e análise de grandes informações não estruturadas em segundos – até as mais estratégicas e complexas, como uma inteligência mais geral. Uma inteligência que pode ser mais autônoma, adaptativa, que tome decisões no nível estratégico das empresas e de novos modelos de negócio também em tempo real. O uso produtivo de IA em seus mais diversos campos de aplicação é tema do momento em todos os eventos de tecnologia e inovação no mundo inteiro. Já não é mais *hype*, e sim esperado alavancador de negócios e com casos de uso práticos.

Não é de hoje que as empresas do setor financeiro trabalham com inteligências das mais variadas em suas automações. São chamadas internamente de "modelos" e se utilizam de diversas formas de programação e aprendizagem em relação a dados públicos, privados ou projetados. Não há dúvidas de que seja um setor acostumado à ideia de aumentar a inteligência nas decisões e em processos diagnósticos, descritivos, preditivos, analíticos e estratégicos através da tecnologia.

Modelos são algoritmos que, por meio de análise de dados e através de regras baseadas em técnicas de lógica, são capazes de aprender, tomar decisões e solucionar diversos problemas com maior ou menor intervenção humana. São formas de inteligência dentro da ciência da computação e a IA é um conjunto de modelos mais ou menos sofisticados que se diferenciam em relação ao seu tipo de aprendizagem (supervisionado, não supervisionado, reforço por feedback, entre outros) (ver mais na pág. 100). Técnicas que já são possíveis, mas com enormes custos computacionais pela grande quantidade de dados utilizados.

Existe uma extensa taxonomia relativa às várias técnicas englobadas em IA. Sem o intuito de estressar o tema, é importante elencar algumas (consulte a explicação detalhada de cada item citado no índice remissivo): perceptivas de ambiente, probabilísticas (*machine learning*, *deep learning*), baseada em lógica computacional, em otimização, em processamento de linguagem natural (*chatbots*), IA generativa (ChatGPT), LLM (*Large Language Models*) e agentes IA (orquestradores autônomos de várias técnicas de IA em conjunto) estão entre as principais.

Dessa forma, em bancos, por exemplo, análises de PLD (prevenção à lavagem de dinheiro), fraudes, cenários de estresse econômico, previsões de comportamento de mercado, de variações de preços de ativos, automação e otimização de processos, geração de gráficos e *dashboards* mais complexos, gestão e interpretação de documentos como contratos, regulamentações e robôs de atendimento mais inteligentes e naturais já são amplamente auxiliados por modelos. Estes podem aproximar-se mais do conceito de IA, conforme o nível de inteligência do modelo e técnica utilizada, autonomia de aprendizado, generalização e capacidade de decisão.

Muitos CEOs de bancos dizem que estas são empresas de tecnologia. A se contar pela natureza de seus negócios, eles têm tudo para ganhos exponenciais com o uso de IA, mas para perdas irreparáveis também. Bancos são (de forma muito simplificada) administradores de riscos financeiros através de tecnologia, dados e pessoas. Em todos os países com economia estruturada, controlada e regulada, as instituições financeiras estão entre as que recebem maior rigor de seus inúmeros reguladores locais e internacionais. Os riscos estão por todos os lados e o cumprimento das normas e das leis, a proteção da instituição contra riscos reputacionais, legais, trabalhistas, operacionais, propriedade intelectual, entre outros, são prioridades inegociáveis.

Isso posto, o número de horas e controles que envolvem as instituições financeiras é gigantesco, portanto, a ajuda da IA – desde aplicações muito simples de aumento de produtividade individual, departamental e/ou estratégica – parece sedutora.

Só que não é bem assim. Alheias ao foco midiático, mas já se posicionado, as instituições financeiras, sobretudo as maiores, ainda estão estudando muito profundamente as tecnologias envolvidas, os riscos e a governança necessária sobre esses modelos. A segurança da informação, o respeito à propriedade intelectual, a qualidade e classificação dos dados e a eliminação dos vieses éticos dos dados históricos precisam ser considerados nas práticas internas de modelagem. Sendo excessivamente reguladas, criar padrões que sejam capazes de rastrear e explicar todo o processo de decisão, sem caixas pretas, é um trabalho que reguladores e indústria terão de enfrentar.

Há uma certa propaganda sobre projetos e posicionamentos estratégicos mais ousados, mas ainda não são claros os resultados efetivos a partir de IA, que tenham alterado a competitividade significativamente nesse mercado. Em cinco anos, a história nos contará.

Cada empresa desse segmento tem sua visão e aspiração tática e/ou estratégica em relação à IA. Encontrar qual a sua ambição envolve mais do que conhecer e reagir a uma inovadora tecnologia disruptiva, mitigando o risco de seus usos, observando marcos legais e regulatórios. Envolve sua cultura sob um espectro mais amplo, uma autoconsciência de suas fortalezas e fraquezas em sua infraestrutura tecnológica, o nível de prontidão de sua arquitetura, estratégia de dados, aplicações e, mais importante, a maturidade do negócio para priorizar os casos de uso apropriados para a empresa e como escalar a partir dessas prioridades.

Uma forma de começar a usar IA de forma mais segura é com o foco interno em ganhos de produtividade. IA pode ser usada pelos funcionários para o aumento de produtividade individual, em tarefas não complexas, mas trabalhosas e onerosas. Isso, dentro da indústria financeira, até pelas características já abordadas, pode significar uma enorme alavancagem operacional e muitos mais recursos disponíveis para investimentos em diferenciação competitiva.

Outro enorme ganho de produtividade está na rápida pesquisa, análise, associação de leis, regulamentações acerca de um determinado tema (com suas várias interpretações, impactos na empresa e antecedentes correlacionados como resposta) advindos de uma pequena quantidade de cliques e perguntas em alguns minutos. Sonho de advogados, áreas de *compliance*, auditorias, *backoffices*, CFOs, analistas de crédito, analistas de *research* em um sem fim de ideias e usos. Não prescinde do humano, mas aumenta sua inteligência e velocidade de resposta para problemas menos complexos em níveis nunca antes esperados.

Outra forma é com foco externo para criar diferenciação, oferecendo IA incorporada a esses produtos e serviços de personalização, como assistentes financeiros pessoais baseados em IA, para muito além dos *chatbots* atuais.

Essas estratégias e ambições não são nem mutuamente excludentes nem sequenciais. Podem ser adotadas em paralelo, a depender do nível de prontidão interno e externo e das oportunidades que se apresentem. Não há evolução sem experimentação. Os estágios iniciais são os de experimentação, as chamadas PoC, com ou sem parceiros tecnológicos especializados em IA externos. Entender como cidadãos, clientes e governos reagem a essas experimentações ou ofertas de IA em seus produtos pode ser direcionador de outros casos de uso ou adaptações em sua estratégia. A dinâmica geopolítica em torno do desenvolvimento de IA, os avanços tecnológicos, o acompanhamento de novas ferramentas sendo lançadas a cada dia são variáveis que devem ser consideradas ao se escolher as oportunidades de ganhos com IA, evitando os riscos inerentes a essa velocidade.

Não é o objetivo deste capítulo elencar as tecnologias disponíveis para casos de uso, mas mostrar que, sim, há milhares de aplicações ao alcance de todas as empresas, em especial as de serviços. Ter a curiosidade intelectual, a iniciativa de treinar o maior número de funcionários possível e engajá-los em experimentações pode ser um fator diferencial nessa corrida. Para isso, recomendo aos profissionais em geral que sigam os AI indexes de fontes idôneas, como grandes universidades, consultorias independentes ou de consórcios de empresas trabalhando em conjunto.

Na área de tecnologia, um dos grandes ganhos está no uso de IA para desenvolvimento de software, com ganhos expressivos não apenas de produtividade, mas também de observância das melhores práticas, políticas e procedimentos internos na geração de código novo, enriquecido, seguro, melhorado por feedback em sucessivas interações em minutos que, em seguida, será aperfeiçoado ou consolidado por desenvolvedores humanos. Imagine o ganho em tempo e custo em empresas que possuam centenas ou milhares de desenvolvedores de software. Outro caso de uso, em que se gasta milhares de horas é na renovação de sistemas legados ou na migração de linguagens antigas para novas onde não há documentação. Já se pode desenvolver modelos de IA baseados em LLM (*Large Language Models*) (ver mais na pág. 158) que consumam milhares de linhas de código para extrair regras de negócio e requerimentos em um tempo incomparavelmente menor do que qualquer engenharia reversa de código feita unicamente por humanos e especialistas com uso de ferramentas mais tradicionais. O que isso significaria no custo e no tempo para a modernização de legados? Em torno de 60, 70% de aceleração? Isso pode facilmente tornar-se milhões de dólares de economia e muitos meses ou anos a menos de trabalho.

Nessa área, os agentes IA estão evoluindo muito rapidamente e auxiliando engenheiros de software a aumentar a produtividade como jamais se experimentou com a evolução das linguagens, metodologias e plataformas de desenvolvimento ao longo das últimas duas décadas.

Esses modelos de IA não são infalíveis, necessitam de enorme treinamento baseado em dados de qualidade e treinamento profundo dos modelos, mas têm ficado mais robustos a cada dia. Como toda tecnologia nova, os modelos de IA ainda falham muito, alucinam e apresentam resultados incorretos do ponto de vista de acurácia de dados e resultados esperados. Contudo, é uma transição que se vislumbra muito rápida. Algumas empresas da indústria financeira estão se posicionando como direcionadoras e investidoras aceleradas nessa jornada, outras ainda estão imersas em uma cultura e infraestrutura legadas com grande dívida tecnológica a ser vencida, tendendo a se tornarem seguidores mais lentos, tomando o risco de perda de competitividade.

Existe uma preocupação com o desemprego, advindo da adoção em larga escala de IA, nas várias posições de trabalho que hoje existem na indústria financeira. Outra visão apocalíptica, na minha opinião. Isso tem acontecido com todas as novas tecnologias e todas as ondas de automação desde sempre, com algumas inflexões mais fortes entremeadas por períodos de maturação das novas tecnologias, até que elas se tornem comuns e não mais novidades. Muitos cargos são extintos e outros novos aparecem. Exigem recapacitação contínua, o que também não é novidade para as empresas e profissionais. Contudo, pessoas não acompanham e empresas desaparecem, pois deixam de fazer sentido ou perdem mercado e relevância. Talvez a IA, quando largamente estabelecida e ordinária como é hoje o uso de aplicativos para smartphones, terá redesenhado completamente o futuro do trabalho, mais rapidamente do que algumas ondas anteriores.

Hoje, na indústria do conhecimento, cada dia mais temos pessoas que – apesar de ainda perderem tempo com essas buscas de informações em e-mails, diretórios, com manipulação de arquivos extensos, reformatações das mesmas informações para variadas audiências – estão ávidas por maior eficiência, maior disponibilidade de tempo para a solução de problemas, para a criação de novos produtos e novos negócios em quase todas as áreas.

Em que pese que hoje, na indústria financeira, muitos postos de trabalho sejam objeto de automação inteligente total ou parcial pela IA, muitos outros postos serão criados. O ser humano é adaptável e evoluiu até aqui por meio das diversas eras tecnológicas, algumas disruptivas e outras mais facilmente incorporadas à sociedade. Está ao alcance de todos estarem informados e preparados para o que vem. E AÍ, nos vemos em cinco anos?

FERNANDA JOLO

Possui mais de 20 anos de experiência em Dados e IA em diversos mercados da América Latina. Antes de ingressar no Google Cloud, ela trabalhou para empresas globais como McKinsey, Accenture e SAS. Além disso, Fernanda também atuou como executiva empresarial ao lado do cliente e liderou o CoE de Analytics da Falabella Holding, atendendo vários países da região.

Fernanda é Estatística, formada pela Unicamp, e possui MBA pela Universidad Adolfo Ibáñez, no Chile. Ao longo de sua carreira, ela se concentrou consistentemente em Inteligência Artificial e Análise Avançada, aplicando-as a diversos setores.

A sua motivação reside em conectar tecnologias e técnicas sofisticadas para enfrentar desafios reais de negócio, sempre com uma visão orientada para causar um impacto significativo.

DA IDEIA À REALIDADE: 10 PASSOS PARA IMPLEMENTAR IA EM ESCALA NA SUA EMPRESA

Nos últimos anos, a Inteligência Artificial ganhou destaque nas conversas dos conselheiros e executivos de empresas de diferentes portes, indústrias e modelos de negócio. E eu, como estatística e profissional de inteligência analítica com mais de 20 anos de experiência em diversas empresas e países, pude acompanhar de perto a evolução da IA, desde o *data mining* (ver mais na pág. 118) e o *machine learning* (ver mais na pág. 98) até a revolução generativa (ver mais na pág. 158) que estamos vivendo hoje.

Neste texto, compartilho *insights* e aprendizados práticos sobre como empresas podem ir além da prototipagem e implementar a IA em escala, gerando valor real para o negócio. Abordaremos os desafios, as melhores práticas e as considerações estratégicas para uma jornada de IA bem-sucedida.

1. A ERA DA EXPERIMENTAÇÃO: O PRIMEIRO PASSO PARA A INOVAÇÃO

O primeiro passo para qualquer empresa que deseja se beneficiar da IA é a experimentação. A curiosidade e a vontade de explorar novas possibilidades são essenciais para descobrir como a IA pode ser aplicada de forma relevante para o negócio.

Exemplo: Uma empresa de varejo pode começar experimentando com *chatbots* (robôs de bate-papo) para atendimento ao cliente, usando modelos pré-treinados para responder a perguntas frequentes e direcionar os clientes para as informações corretas.

2. A IMPORTÂNCIA DA LIDERANÇA: PROMOVENDO UMA CULTURA DE IA

Para que uma empresa possa sair da fase de experimentação e realmente consiga criar uma cultura que promova o uso de tecnologia e IA em todas as áreas da empresa, o papel da liderança é fundamental. Isso envolve desde o letramento dos times sobre os diferentes níveis de sua utilização, capacitando-os a usar a tecnologia de forma eficaz e ética, até a implementação de estratégias para garantir uma IA responsável.

Exemplos de ações de letramento e promoção da cultura:

» **Executivos** – Treinamento em como escrever *prompts* eficazes para extrair respostas mais relevantes de modelos de linguagem.

» **Desenvolvedores** – Workshops sobre como integrar APIs de IA em seus produtos.

» **Engenheiros de IA** – *Hackathons* para desenvolver soluções customizadas, com foco nos princípios éticos da empresa.

» **Prêmios de reconhecimento e visibilidade** para as pessoas que se destaquem na utilização de IA.

3. REVISITANDO SUA ORGANIZAÇÃO: ESTRUTURAS E PAPÉIS PARA O SUCESSO DA IA

A implementação da IA em escala pode exigir uma reestruturação da organização com a criação de times multidisciplinares e a definição de novos papéis. É importante criar mecanismos para compartilhar conhecimento, reutilizar soluções e padronizar implementações, acelerando o desenvolvimento e facilitando a manutenção dos produtos gerados.

Exemplos de ajustes organizacionais:

» **Criação de centros de excelência em IA:** times especializados que podem desenvolver e implementar soluções de IA para toda a empresa.

» **Novos cargos como o CAIO (Chief AI Officer):** responsável por liderar a estratégia de IA da empresa e garantir sua implementação eficaz.

4. O DESAFIO DA ESCALABILIDADE: DO PROTÓTIPO AO PRODUTO

Os primeiros três pontos têm o foco nas pessoas, na organização e na cultura, mas os aspectos técnicos também são muito importantes para que uma estratégia de IA seja sustentável a longo prazo. A transição da prototipagem para a implementação em escala exige planejamento cuidadoso, infraestrutura robusta e processos bem definidos. É fundamental garantir a segurança dos dados, monitorar o desempenho do modelo e identificar possíveis falhas.

Exemplo: Ao escalar o *chatbot*, ampliando a cobertura de clientes, regiões ou tipos de solicitação, a empresa precisará investir em segurança de dados e desenvolver mecanismos para monitorar os acessos, a utilização, assim como acompanhar o desempenho do modelo e identificar possíveis falhas.

5. O VALOR DA IA PARA O NEGÓCIO: ALÉM DA PRODUTIVIDADE

A complexidade técnica deve ser avaliada em conjunto com o valor agregado ao negócio. A IA pode gerar valor de diversas formas, desde o aumento da produtividade e a redução de custos até a criação de novos produtos e serviços. É importante equilibrar projetos de curto prazo, que geram resultados rápidos e motivam a equipe, com iniciativas de longo prazo, que podem ter um impacto mais significativo na organização, mas também requerem mais esforços de desenvolvimento.

Exemplo: um projeto de curto prazo pode ser a automação de tarefas repetitivas como a classificação de e-mails ou a geração de relatórios. Já um projeto de longo prazo pode ser o desenvolvimento de um sistema de recomendação personalizado para os clientes, que aumente as vendas e a fidelização.

6. A IMPORTÂNCIA DA ARQUITETURA: ESCOLHENDO A MELHOR ABORDAGEM

A escolha da arquitetura de IA ideal depende das necessidades e dos objetivos de cada empresa. Algumas empresas podem optar por usar soluções prontas, enquanto outras podem precisar desenvolver seus próprios modelos personalizados. É importante avaliar os prós e contras de cada abordagem e escolher a que melhor se adapta à realidade da empresa. Empresas que oferecem desde a plataforma de desenvolvimento até as soluções prontas podem ser excelentes parceiras na hora de decidir a melhor abordagem.

Exemplo: empresas globais que precisam traduzir milhões de conversas em tempo real podem optar por treinar e manter seus próprios modelos de tradução. Já uma empresa orientada a um mercado nacional que quer apenas habilitar a tradução em um chat pode usar uma API pronta.

7. A JORNADA DA TRANSFORMAÇÃO: DE DATA-DRIVEN PARA AI-DRIVEN

Empresas que já utilizam dados para tomar decisões e otimizar processos têm uma vantagem na jornada para se tornarem *AI-driven*. A experiência com dados e a cultura de análise são a base para a adoção da IA em escala. Modelos de IA podem ajudar a transformar dados não estruturados em dados estruturados, acelerando a criação de bases de dados mais tradicionais com informações relevantes para o negócio.

Exemplo: uma empresa de atendimento ao cliente pode usar IA para analisar automaticamente as transcrições de chamadas e chats, identificando os principais motivos de contato, o nível de satisfação dos clientes e as áreas que precisam de melhorias. Essas informações, antes dispersas em textos e áudios, são transformadas em dados estruturados e organizados, facilitando a análise e a tomada de decisões baseadas em dados.

8. O ÓTIMO É INIMIGO DO BOM: IMPLEMENTANDO E ITERANDO

Um erro comum é esperar pela solução perfeita antes de implementar a IA. É importante lembrar que o ótimo pode ser inimigo do bom. Implementar uma solução inicial, mesmo que imperfeita, permite capturar valor rapidamente e coletar feedback para aprimoramentos futuros.

Exemplo: uma empresa pode lançar um *chatbot* com funcionalidades básicas e, com base no feedback dos usuários, adicionar novas funcionalidades e aprimorar o modelo de linguagem ao longo do tempo.

9. A IMPORTÂNCIA DA COLABORAÇÃO: CONSTRUINDO UM ECOSSISTEMA DE IA

A colaboração é fundamental para o sucesso da IA em escala. Empresas podem se beneficiar ao colaborar com outras empresas, startups, universidades e centros de pesquisa para desenvolver soluções inovadoras, compartilhar conhecimento e acelerar o desenvolvimento da IA.

Exemplos:

» **Parcerias com startups:** empresas podem se associar a startups de IA para ter acesso a tecnologias de ponta e talentos especializados.

» **Participação em instituições de pesquisa:** empresas podem colaborar com outras empresas e universidades em projetos de pesquisa para desenvolver novas soluções de IA e compartilhar conhecimento.

» **Contratação de consultores externos:** empresas podem contratar especialistas em IA para ajudar a definir a estratégia, implementar soluções e treinar equipes.

10. O FUTURO DA IA: UMA JORNADA CONTÍNUA

A IA é um campo em constante evolução, e a jornada para se tornar uma empresa *AI-driven* é contínua. É fundamental acompanhar as novidades, investir em aprendizado e estar sempre aberto a novas possibilidades. A IA tem o potencial de transformar radicalmente o mundo dos negócios, e as empresas que abraçarem essa tecnologia estarão na vanguarda da inovação.

Exemplo: uma empresa que investe em pesquisa e desenvolvimento em IA pode estar preparada para aproveitar as próximas grandes inovações, como a criação de modelos ainda mais poderosos e eficientes, capazes de resolver problemas cada vez mais complexos.

CONCLUSÃO

Uma coisa eu sei: implementar a IA em escala é uma jornada desafiadora, mas extremamente recompensadora. Cada passo, desde a experimentação inicial até a criação de uma cultura de IA – reestruturação organizacional, superação de desafios técnicos e colaboração com o ecossistema – é crucial para transformar uma ideia em realidade.

Espero inspirar outras pessoas e empresas a se aventurarem nesse caminho transformador. A IA não é apenas uma ferramenta, é um catalisador para a inovação e uma força motriz para o crescimento sustentável. Adotar uma abordagem *AI-driven* é, mais do que uma tendência, uma necessidade estratégica para se manter competitivo e relevante no mercado atual.

Convido você, leitor, a explorar essas possibilidades e a aplicar esses *insights* no seu negócio, porque uma coisa tenho clara: a jornada no mundo de Inteligência Artificial é contínua, tal qual o seu aprendizado.

INARAY SALES

Mãe de dois meninos e dois gatos PCDs, é especialista em Estratégia de Tecnologia com certificação Expert em ITIL e um MBA em Arquitetura de Infraestrutura pela FIAP. Com uma paixão genuína por pessoas, fundou o UNIDOS, um grupo de estratégia de carreira dedicado a apoiar pessoas de baixa renda.

Como mentora de executivos e especialista em liderança inclusiva, ela liderou equipes críticas de grandes empresas, impulsionando a inovação e a excelência organizacional.

TOP Voice de Operações e Gestão de pessoas no LinkedIn, tem um blog onde escreve diariamente sobre tecnologia, diversidade e inovação.

INTELIGÊNCIA ARTIFICIAL SUBSTITUIRÁ AS TAREFAS HUMANAS?

A Inteligência Artificial (IA) está revolucionando inúmeras indústrias há muitos anos, substituindo tarefas tradicionalmente executadas por humanos pelas máquinas ou computadores. Trabalho no setor bancário desde os 17 anos e, ao longo desses anos, observei a evolução das atividades, especialmente no último ano, onde o impacto na vida de profissionais que não se atualizaram foi notável. As empresas procuram, na evolução da tecnologia da informação, implantar soluções de IA que substituam tarefas humanas por tarefas executadas por computadores automatizadas, focando em entregar mais por menos, reduzindo custos e melhorando a experiência do cliente.

Para explicar melhor, vamos a um exemplo prático: os times de negócios propõem um grande projeto inovador e potencialmente lucrativo para a empresa, com um prazo de entrega curtíssimo. A equipe de tecnologia trabalha intensamente e, ao finalizar, libera o pacote para o time de testes que irá validar a aplicação em ambiente de teste. Todo esse processo pretende assegurar segurança e melhor desempenho no recurso desenvolvido.

Vamos mostrar como a função de SDET (*Software Development Engineer in Test*), que surgiu em grandes empresas de tecnologia nos anos 1990, está sendo gradualmente substituída por novas abordagens que utilizam IA, gerando eficiência e agilidade nas esteiras de desenvolvimento. Nesse cenário, surgem novos modelos de times, que se apoiam fortemente na automação e na Inteligência Artificial, o que como consequência, diminui demandas do mercado para essa função.

Os SDETs têm como missão escrever testes automatizados, construir e manter todos os sistemas de testes. A diferença entre os SDETs e os SDEs (desenvolvedores) é que os SDETs não escrevem código para produção, mas trabalham dentro da equipe junto com os desenvolvedores; geralmente, nas organizações, a cada dois desenvolvedores temos um engenheiro de teste.

A transição do modelo e utilização de novas tecnologias pode gerar conflitos, como uma dinâmica de "nós e eles" e estabelecer nas equipes competição dos dois times com a mesma missão de entrega, mas que nem sempre trabalhavam na mesma direção. Pode parecer, a curto prazo, uma oportunidade de ganho, mas a longo prazo gera perda de tempo, dinheiro e muitos conflitos nos times.

Um desafio para os líderes de desenvolvimento e inovação: qual é o tempo real para corrigir um erro no código? Qual é o melhor fluxo de tratativa de erros entre os desenvolvedores e os SDETs? Mesmo com métricas claras e processos estabelecidos, os líderes podem encontrar dificuldades para tratar esse tema dentro das empresas.

Presenciei um case de uma grande empresa de tecnologia no desenvolvimento da mudança da abordagem, propondo que os desenvolvedores se unissem para ajudar a construir um sistema como equipe, sem a divisão entre desenvolvimento e teste. Em poucos dias, com a liderança de desenvolvedores experientes, um sistema estava instalado e funcionando. Isso nos levou a consideração sobre se a equipe não funcionaria melhor sem a divisão entre desenvolvimento e teste.

O gasto de energia e dinheiro no formato de desenvolvedores e SDETs pode prejudicar as entregas eficientes com alta qualidade e responsabilidade por parte dos desenvolvedores. A automação e a chegada da Inteligência Artificial generativa fazem com que esses dois profissionais tenham missões diferentes. Desenvolvedores assumem mais responsabilidades pelo teste e qualidade do código que produzem, e os testadores podem desenvolver códigos que vão para a produção. Tudo sendo analisado por IA, garantindo a qualidade do código. Essa transformação requer planejamento e cuidado, pois nada pode parar, e os times precisam se unir e estudar para minimizar o impacto na vida da empresa e das pessoas.

A transformação digital também apresenta desafios. Mesmo com as empresas de tecnologia implantando automações e IA para aumentar a produtividade e eficiência, ainda é comum nas instituições haver centenas de profissionais realizando atividades manuais, como testes funcionais e avaliação de dados.

O que pode ser um dado alarmante é o fato de as organizações não se prepararem para a recolocação de funcionários em posições substituídas por recursos digitais ou os próprios profissionais não terem um plano de carreira que acompanhe essa evolução. O que me faz pensar que, se a IA for implantada em massa nas instituições, teremos mais pessoas sem emprego. O que podemos fazer?

Ao longo da minha trajetória profissional, sempre me preocupei em como ajudar profissionais em vulnerabilidade a terem alta empregabilidade. Aqui estão algumas dicas importantes que todos podem usar para ajudar seus times:

1. Disponibilizar trilhas de treinamento com professores on-line para sessões de estudo e esclarecimento de dúvidas.
2. Reservar tempo semanal para atualizações.

3. Deixar claro quais esteiras serão automatizadas e o que os profissionais podem estudar para terem oportunidades dentro da própria empresa.
4. Permitir que esses profissionais utilizem o conhecimento adquirido no dia a dia para ensinar e aprender.
5. Incentivar a participação em eventos e treinamentos, impulsionando suas carreiras e a capacidade de pensar sobre novas oportunidades que possam surgir no mercado.
6. Aconselhar o estudo sem uma preocupação única com certificações e gastos altos em cursos. Estudar com uma pessoa próxima, atualizar-se através de vídeos ou eventos, tudo vale.

Para implantar mais ferramentas de aumento de produtividade e cuidar para que as pessoas tenham tempo para estudar e aprender como uma nova rotina profissional é necessário mudar o paradigma. Esse movimento está crescendo consideravelmente dentro das empresas e, em poucos anos, poderemos ter desenvolvedores que nunca viram um código, mas são especialistas em IA; profissionais de tecnologia que nunca estudaram tecnologia; e muitos profissionais sem emprego porque não estudaram e não se colocaram em ambientes que mostrassem inovação, especialmente em IA.

Para uma mulher executiva de tecnologia que trabalha no segmento financeiro há mais de 27 anos, a chegada da GenAI (ver mais na pág. 158) é um sonho realizado pela facilidade de implementação no dia a dia, fazendo com que atividades que antes levavam dias para serem concluídas agora aconteçam em um piscar de olhos. É um momento histórico que permite investir tempo e dinheiro em outras tecnologias importantes para grandes corporações.

Acredito que a sociedade, como um todo, deveria solicitar uma revisão nesse aspecto. Essa mudança pode gerar novos empregos, mas pode também reduzir o número de pessoas que executam certas tarefas e a recolocação pode não ser tão rápida quanto a substituição que poderá acontecer. Essa reflexão é importante e necessária, para não gerar impactos e desequilíbrios na economia.

MARIA ELIZA FLORES

Sócia-fundadora da VZLAB e da UMANTECH e sócia da VRGLASS, tem 20 anos de experiência em comunicação multiplataforma, destacando-se em tecnologia de ponta e experiência do usuário. Formada em Design de Produto e Design Gráfico pela Esdi/UERJ, com especialização em Marketing pela FGV-SP, e atualmente cursa o Advanced Boardroom Program for Women da Saint Paul/SP. Premiada com 18 Leões em Cannes, 5 Lias, 5 One Show NY, 5 Effie Awards e 3 D&Ad, em categorias como Digital/Mobile, Design, Brand Experience e Realidade Aumentada e Virtual. Fundadora do XRBR, e representante do Brasil em eventos internacionais de XR. Membro de diversas organizações de empreendedorismo feminino, com um histórico pioneiro no desenvolvimento de tecnologias imersivas no Brasil, incluindo experiências inovadoras para grandes marcas como General Electric, VW, Faber Castell e Hermes Pardini.

INTELIGÊNCIA ARTIFICIAL E A NOSSA HABILIDADE DE (CO)RESPONDER

Quando pensamos em Inteligência Artificial (IA), é comum sentirmos uma mistura de admiração e medo. Essa dualidade decorre de seu imenso potencial de transformar nossas vidas em um futuro imediato e da nossa falta de competência para compreendê-la, e, mais importante, dos receios sobre seu uso indevido.

Minha proposta neste texto é apresentar uma interessante medida de impacto da IA como ferramenta para calibrar nossa maneira de responder e reagir – a nossa capacidade de resposta.

Isso amplia nossa capacidade de pensar racionalmente e eticamente e escolher como agir de forma correspondente: a maravilhosa possibilidade de sermos menos reativos e reféns de ideias pré-concebidas.

SOBRE HOMENS E LOBOS

Quem nunca ouviu a expressão latina de Plauto (não o Platão) "*homo homini lupus est*," que significa "O homem é o lobo do homem"? Ela captura uma visão sombria da nossa natureza humana; sugere que humanos são inerentemente capazes de causar grandes danos uns aos outros. Esta frase, popularizada pelo filósofo **Thomas Hobbes (1588-1679)** destaca a necessidade de fortes estruturas sociais para conter nossos instintos básicos, e todos os nossos preconceitos e vieses.

Veja bem, a comparação mencionada usa um viés para passar uma ideia: os lobos são frequentemente e injustamente demonizados como predadores perigosos enquanto, na realidade, somos nós, os humanos, os principais predadores e perpetradores de violência nos últimos dez mil anos. Assim como utilizamos a figura do lobo, poderíamos dizer o mesmo de tubarões, insetos, vírus, e de pessoas de cores diversas, credos e inclinações políticas.

O bom uso da Inteligência Artificial nos permitiria ser mais como **Sêneca (4 a.C.-65)** e sua ideia do "*homo, sacra res homini*". Traduzindo, temos "o homem é sagrado para o homem", revelando nosso potencial de reverência e respeito incondicional entre humanos.

Essas visões contrastantes refletem a tensão ética inerente ao desenvolvimento dessa ferramenta. Será que a IA exacerbará nossas tendências predatórias ou nos ajudará a cultivar um senso de cuidado e responsabilidade uns pelos outros, como participante de um ecossistema? Mais do que uma resposta, precisamos fazer uma escolha.

A RAIZ DO MEDO: VISÃO DE MUNDO ANTROPOCÊNTRICA E MEDO COMO TRAÇO DA EVOLUÇÃO

Os humanos têm uma longa história de se verem como a principal e mais importante manifestação da natureza. Tudo o que é diferente e "não-humano" costuma ser classificado como ameaça ou de forma utilitária.

Evoluímos para ter medo do que não entendemos e do que não é previsível; o medo sempre foi uma ferramenta fantástica para nossa sobrevivência. A Inteligência Artificial, com seus algoritmos complexos e processos opacos, facilmente cai na categoria de ameaça.

E, claro, aprendemos também a temer outros seres humanos: quanto mais diferentes de nós, mais medo.

É fácil encontrar exemplos na cultura popular – filmes, séries, livros e, mais do que nunca, nas redes sociais – que retratam a

IA como o quinto cavaleiro do apocalipse, reforçando os receios de qualquer audiência. O medo nos mobiliza e engaja, e é quase irresistível para quem pensa e produz entretenimento retratar a IA como uma inevitável ameaça à humanidade, ofuscando suas aplicações benéficas.

PARA REDUZIR O MEDO: CONTROLE, TRANSPARÊNCIA E DIVERSIDADE

Devemos temer a IA em si ou a forma como é usada?

Um perigo real reside na falta de transparência e de diversidade entre aqueles que planejam, criam, controlam e monetizam essa ferramenta. A indústria de IA é formada por um grupo diminuto e extremamente homogêneo – predominantemente branco e masculino. É previsível que o resultado do trabalho desse grupo não represente as diversas necessidades e perspectivas da população global.

Alguns exemplos:

» **Representatividade:** a representatividade de programadores de IA em relação à população mundial é muito baixa. Estimativas sugerem que há cerca de 300 a 500 mil profissionais trabalhando diretamente em IA globalmente, representando menos de 0,01% da população mundial.

» **Diversidade de gênero e inclusão:** apenas cerca de 22% dos profissionais de IA são mulheres. Essa falta de diversidade pode levar a vieses nos sistemas de IA, já que equipes menos diversas são menos capazes de identificar ou corrigir preconceitos embutidos nos dados e algoritmos.

» **Acesso e desigualdade:** o acesso à educação e oportunidades na área de STEM (sigla do acrônimo em inglês das áreas de conhecimento Ciência, Tecnologia, Engenharia e Matemática) é extremamente desigual. Regiões como América Latina, África e partes da Ásia ainda enfrentam barreiras significativas para o desenvolvimento de talentos em IA devido a recursos limitados, infraestrutura inadequada e falta de programas educacionais especializados.

» **Formação acadêmica e caminhos alternativos:** a educação formal em ciência da computação e IA é cara e inacessível para muitos. Embora a educação on-line e *bootcamps* tenham facilitado o acesso ao conhecimento, a qualidade e o reconhecimento desses cursos podem variar, e a falta de experiência prática é uma barreira significativa para muitos aspirantes a programadores.

A concentração de poder em poucos gigantes tecnológicos agrava esse problema. Eles exercem imensa influência sobre o desenvolvimento, a implementação e funções das ferramentas de IA, na captura e tratamento de dados e nas respostas fornecidas. Suas prioridades muitas vezes se alinham primeiro com os seus resultados financeiros, muitas vezes de curto prazo, em lugar do bem social, cultural e ambiental.

Por serem entidades privadas, a transparência é outra questão crítica. Essa natureza de "caixa preta" da IA pode levar a consequências desastrosas e erodir a confiança pública. Para que a IA seja amplamente aceita e utilizada, suas operações devem ser transparentes e seus agentes devem ser responsabilizados.

Por fim, temos desafios de regulamentação da IA pelos governos.

O rápido avanço tecnológico, somado à falta de transparência inerente, supera muitas vezes a capacidade dos sistemas legais e regulatórios de acompanhar e controlar adequadamente seu desenvolvimento e uso.

Questões como privacidade, segurança e o impacto econômico da automação são apenas algumas das complexidades enfrentadas pelos legisladores.

Será que, como afirma **Yuval Noah Harari (1976-)**, devemos ensinar ética e filosofia aos programadores e gestores dessa ferramenta? Parece necessário e urgente.

DIVERSIDADE: REFLEXOS CULTURAIS E SOCIAIS

Os sistemas de IA são treinados a partir de vastas quantidades de dados disponíveis na internet. Estes refletem as ideias, os desejos e os preconceitos que definem nossa sociedade. Esses dados são nosso espelho.

Pense em tecnologia de reconhecimento facial. Pesquisas do Media Lab do MIT, especificamente o projeto Gender Shades (ver mais na pág. 403), mostraram que esses sistemas são menos precisos e eficazes no reconhecimento de pessoas pretas e/ou mulheres, destacando um viés significativo nos dados usados para treinar esses modelos.

Esse viés se estende além do reconhecimento facial. Aplicações de IA em recrutamento, empréstimos financeiros e aplicação da lei têm evidenciado o potencial de perpetuar desigualdades existentes: algoritmos de policiamento preditivo podem direcionar desproporcionalmente para comunidades minoritárias, enquanto sistemas automatizados de contratação podem favorecer candidatos de origens privilegiadas.

Esses vieses não são inerentes à IA, mas refletem os dados e as suposições inseridas nesses sistemas por seus criadores humanos, pouquíssimo diversos.

Se a IA tem dificuldade em reconhecer a diversidade humana, como podemos esperar que considere de forma justa todas as formas de vida além da nossa? Se os humanos falham em reconhecer que são parte de um sistema vasto e complexo, como podemos transformar a IA em uma ferramenta de sustentabilidade e igualdade?

O POTENCIAL TRANSFORMADOR DA IA: PARA ALÉM DAS RESPOSTAS EM TEXTO

Embora muita atenção seja dada às capacidades textuais da IA, seu potencial completo envolve tudo o que é visual. Tecnologias de visão computacional e sensores estão revolucionando a forma como as IA interpretam e aprendem sobre o mundo.

Isto porque uma das capacidades mais incríveis das IAs é reconhecer padrões. Por esse ângulo, a IA é um "superpoder": passa a reconhecer problemas que, de outra forma, poderiam passar despercebidos.

Ferramentas de IA podem detectar padrões e anomalias (ver mais na pág. 126) em grandes conjuntos de dados, muitos deles gerados por análise de imagens, ajudando-nos a identificar questões emergentes em áreas como saúde pública, mudanças climáticas e justiça social.

Reconhecimento é o primeiro passo para a resolução.

Esses avanços têm implicações profundas em vários campos (ver mais no capítulo 4 deste livro):

» **Saúde:** laudos de exames por imagem, apoiados por IA, podem melhorar em precisão, detectar doenças mais cedo e adaptar tratamentos a pacientes individuais.
O DeepMind, do Google, desenvolveu modelos de IA que podem diagnosticar doenças oculares com alta precisão, potencialmente prevenindo a cegueira em milhões de pessoas.

» **Monitoramento ambiental:** a IA é capaz de analisar imagens de satélite para rastrear desmatamento, monitorar populações de vida selvagem e avaliar a saúde dos ecossistemas. Projetos como o Global Forest Watch utilizam a IA para fornecer dados em tempo real sobre mudanças na cobertura florestal, auxiliando esforços de conservação.

» **Biodiversidade e permacultura:** na permacultura, a IA pode ajudar a projetar sistemas agrícolas que imitam os ecossistemas naturais, promovendo a biodiversidade e a saúde do solo.

» **Crise climática:** a IA pode otimizar e nos ajudar a entender e projetar cenários extremamente complexos de forma visual. Isso nos dá a oportunidade preciosa de alterar desfechos a partir de ações práticas e possíveis – tanto de indivíduos quanto de corporações e governos.

» **Agricultura de precisão:** drones e sensores de visão computacional alimentados por IA conseguem otimizar o manejo de culturas, monitorar a saúde do solo e aumentar a produção de maneira sustentável. Empresas, como a Blue River Technology, utilizam a visão computacional para identificar e eliminar ervas daninhas, reduzindo a necessidade de uso de pesticidas e promovendo práticas agrícolas mais ecológicas e sustentáveis.

É evidente que precisamos estar atentos para garantir a diversidade no desenvolvimento e treinamento desses sistemas baseados em sensores e imagens, e prevenir a replicação dos mesmos vieses presentes nos dados textuais.

OS MUNDOS INTERIORES E O EXERCÍCIO DA EMPATIA

Trago agora exemplos de aplicação tão amplos quanto impressionantes: na psicologia, na arte e na educação. Inteligência Artificial e realidades virtuais, imersivas e interativas têm o potencial de promover empatia, cura e uma compreensão muito mais profunda de nós mesmos e dos outros.

Utilizando IA conseguimos transformar conceitos abstratos ou muito complexos em experiências tangíveis, criando ambientes onde outros podem literalmente andar em nossos sapatos.

» **Emoção em forma de arte:** arteterapia que tem Inteligência Artificial generativa como ferramenta. Aqui, a IA se torna a ponte entre o mundo interior do indivíduo e o mundo exterior, garantindo que o poder terapêutico da arte esteja disponível para todos, independentemente de suas habilidades artísticas tradicionais ou origens.

» **Realidade estendida e o exercício da empatia:** realidade virtual e aumentada aprimoradas por IA generativa permitem a criação de ambientes imersivos que nos dão a possibilidade de experimentar diferentes perspectivas e ângulos sobre um mesmo assunto. Cenários de crise climática, conflitos e culturas diferentes facilitam uma compreensão mais profunda sobre questões bastante urgentes. Essas experiências podem ser ferramentas poderosas para educação e construção de empatia.

» **Desigualdade social e educação individualizada:** a IA pode ser usada para identificar e abordar desigualdades sistêmicas. Por exemplo, a análise de dados educacionais impulsionada por IA pode ajudar a identificar escolas e alunos com baixo desempenho e alocar recursos e personalizar o conteúdo apresentado de forma mais eficaz.

» **Tradução e interpretação culturalmente sensíveis:** tecnologias de IA avançadas são capazes de realizar traduções e interpretações de forma sensível às nuances culturais e aos contextos sociais, facilitando uma comunicação intercultural mais ética e eficaz.

Ao aproveitar a IA de forma responsável, podemos desenvolver soluções inovadoras para esses desafios globais.

A ESCOLHA DE COMO USAR AI É NOSSA RESPONSABILIDADE

Para não temermos a IA, precisamos entendê-la profundamente. Compreender a IA nos permite ser proativos em vez de reativos, exercendo nossa capacidade de resposta de maneira ampliada e ponderada.

A IA é uma ferramenta poderosa para superar nossos vieses, combater *fake news* e promover comportamentos mais éticos. Diante de questões urgentes e complexas que exigem soluções inovadoras, a IA pode ser a forma mais eficaz para resolvê-las. Contudo, só podemos solucionar problemas que reconhecemos e compreendemos.

Para enfrentar esses desafios, é crucial que abracemos a IA como uma aliada, garantindo transparência, diversidade e acessibilidade em seu desenvolvimento e uso. Isso nos torna mais aptos a praticar responsabilidade: responder com habilidade ética e eficácia.

A verdadeira medida do impacto da IA reside na nossa capacidade de usá-la de maneira responsável e ética – transformando potencial em evolução e incerteza em oportunidade. Ao fazer isso, pavimentamos o caminho para um futuro desejável, onde a tecnologia serve ao bem comum e eleva a humanidade à sua melhor versão.

Este texto foi redigido com o apoio do Chat GPT 4.0 e Perplexity, com muitos diálogos, revisões, idas e voltas. Tenho certeza de que, nessas interações, me aproximei muito do que queria. Espero que seja muito útil.

PATRICIA MARANGUELLO

Graduada em Ciências da Computação e pós-graduada em Marketing pela ESPM. Certificada em Transformação Digital pelo MIT e pela Universidade de Berkeley; em Future of Technology e Navigating the Landscape of Generative AI pela Universidade de Miami; e ainda no programa Women's Leadership Program pela Startse University e Nova BSE de Portugal. Atuando na área de Tecnologia há mais de 30 anos, Patricia passou por empresas dos setores de Telecomunicações, Indústria Automotiva, Fidelidade e Mercado Financeiro. Atualmente é Superintendente de Infraestrutura, Operações e Governança de TI na Alelo Brasil.

Liderou importantes projetos e iniciativas dentro das áreas de Engenharia, Qualidade, com grande experiência em infraestrutura, que é uma de suas paixões. É aficionada por literatura e adepta do aprendizado contínuo, sempre levando em consideração a importância e o caminho que essa evolução pode nos levar.

É mãe da Amanda e do Gabriel, e hoje está aqui, como colaboradora deste livro, compartilhando suas experiências, olhando a área de Governança e refletindo sobre o que podemos colher de benefícios com a Inteligência Artificial.

AUDITORIAS COM INTELIGÊNCIA ARTIFICIAL: COMO DESCOMPLICAR E DEIXAR ESSA JORNADA MAIS FLUIDA

Quando Ariane e eu conversamos sobre a possibilidade da minha participação neste livro, pensei que deveria trazer um tema com o qual coletaríamos benefícios imediatos, melhoraríamos a produtividade do time e os apoiasse em ações evolutivas, já que a IA nos permite muito mais previsibilidade, eficiência e ações proativas – quando bem estruturada. Foi com esse bate-papo que vi que estávamos no caminho certo.

É claro que utilizamos Inteligência Artificial em diversas áreas e situações dentro de tecnologia. Por exemplo, ao construirmos uma monitoração em nosso ambiente de infraestrutura, análises de dados históricos, comportamentos e situações anômalas, isto nos permite criar alertas, tratativas de incidentes de maneira automática e autorresolução de ocorrências baseados em motores de Inteligência Artificial, o que nos traz uma acurácia em centenas de cenários.

Tive o privilégio de liderar a criação, dentro da Alelo, da área de Governança de Tecnologia onde temos quatro pilares de atuação: 1) continuidade e riscos; 2) gestão de programas e projetos de TI; 3) economia de TI; e 4) processos e indicadores. As frentes de atuação podem variar de empresa para empresa.

Trazendo uma definição mais conceitual, governança "é o sistema pelo qual o uso atual e futuro da TI são dirigidos e controlados. Significa avaliar e direcionar o uso da tecnologia para dar suporte à organização e monitorar seu uso e planejamento. Inclui a estratégia e as políticas de uso da TI dentro da organização" (Fonte: ISO/IEC 38500 (ABNT)).

NOSSO DESAFIO

A governança de tecnologia é um campo complexo que exige um controle rigoroso sobre diversos processos e sistemas. As auditorias são ferramentas essenciais para assegurar a conformidade, identificar riscos e garantir a integridade dos sistemas. Na Alelo, um de nossos desafios era a gestão de múltiplas auditorias, que ocorrem simultaneamente, durante o ano todo. Outro desafio era encontrar correlação entre elas, a fim de evitar a geração da mesma evidência diversas vezes, ineficiência dos times que eram alocados em momentos diferentes para extrair as mesmas informações e, algumas vezes, o descumprimento de prazos, o que poderia ser causado por essa alta demanda.

A partir desse desafio, começamos a discutir a melhor forma para centralizar e controlar essas auditorias, como poderíamos nos antecipar a anomalias e como correlacionar dados entre elas.

Tradicionalmente, a análise desses dados é manual, demorada e propensa a erros humanos devido a sua complexidade. Nossa situação não era diferente, isso acontece em grande parte das empresas. É nessa hora que a GenAI (Inteligência Artificial generativa) (ver mais na pág. 158) entra.

O QUE E COMO FIZEMOS PARA IMPLEMENTAR ESSES CONTROLES?

Para atingirmos êxito nessa entrega, precisávamos percorrer diversas etapas antes de colher os resultados que esperávamos.

Nosso primeiro desafio era coletar os dados de todas as auditorias geradas, e essas informações estavam distribuídas em diversos lugares: registros de sistemas, relatórios de auditorias, logs de servidores, relatórios de *compliance*, histórico de incidentes, planilhas com itens auditados, logs de eventos, dentre outros. Os dados coletados precisaram ser tratados para remover inconsistências e redundâncias, pois somente dessa forma garantiríamos qualidade e precisão das informações.

Relembro aqui um contexto importante de IA: ela não funciona sozinha e não trará o resultado esperado se não tivermos nossos dados estruturados e com coerência.

A área de governança de tecnologia é recente, e grande parte das informações estavam pulverizadas nas diversas áreas de TI, com times descentralizados atuando nas auditorias.

Dados diversos e em repositórios distintos – e conduzidos por métodos variados – culminaram no grande desafio de entendimento e consolidação das informações necessárias, seguindo um padrão unificado para alimentar o mecanismo de IA.

Essa foi a etapa em que investimos mais tempo. Mas entenda que a pavimentação adequada foi fundamental para o sucesso desse trabalho.

O próximo passo foi entrar com técnicas de *machine learning* para criação de um modelo de GenAI treinado a partir desses dados históricos, normalizados na etapa anterior. É esse modelo que aprende padrões, comportamentos esperados, anomalias e desvios. De forma simples, *machine learning* (ver mais na pág. 98) são algoritmos utilizados para a criação desses motores que aprendem a identificar comportamentos baseados em estatísticas e conclusões que a máquina deve ter. Não necessariamente a saída dessas informações precisa ser específica. E, quanto mais esses motores recebem dados, mais "inteligentes" ficam. É aqui que a Inteligência Artificial e o *machine learning* se complementam, e não necessariamente precisam andar juntos.

COLETANDO OS PRIMEIROS BENEFÍCIOS

Existem períodos em que temos mais de dez auditorias acontecendo simultaneamente, e o primeiro benefício que coletamos foi correlacionar pontos semelhantes entre essas diversas auditorias. Passamos a gerar evidências que puderam ser replicadas de maneira coerente, dentro do prazo e com mais qualidade. Um destaque é para o próprio time de governança, lembrem-se que no início deste texto comentei que temos diversas frentes de atuação, e essa primeira entrega nos ajudou a pensar em outros tipos de modelos que poderiam ser criados em outras áreas. A Inteligência Artificial não vai tirar o emprego desses times, mas sim fazer com que nossas equipes pensem em diferentes abordagens para deixar a rotina da equipe mais fácil. E foi dessa forma que todos se empolgaram para procurar ainda mais frentes em que pudéssemos atuar.

Os times técnicos envolvidos começaram a usar informações que os apoiaram proativamente na tratativa de possíveis anomalias ou desvios que poderiam trazer riscos ou descumprimento de regras estabelecidas. Um exemplo claro é algum tipo de acesso ou revogação indevida que pode ocorrer em nosso dia a dia e que geraria algum ponto de controle rompido. Em geral, só pegaríamos esse cenário quando rodássemos nossos scripts, agora não: temos análises preditivas que detectam essas anomalias e permitem aos times gerar mais controle interno, tratar imediatamente o erro e, quando o período de auditorias chegar, esses pontos já teriam sido tratados anteriormente.

Nossa jornada de utilização da Inteligência Artificial dentro da governança de tecnologia demonstra como podemos transformar processos complexos, críticos e manuais em modelos bem estruturados, que evoluem cada vez mais com o treinamento de modelos e análises preditivas. Através da coleta e do processamento de dados, é possível não apenas identificar anomalias de maneira proativa, mas também correlacionar pontos de auditoria para uma visão mais holística e integrada.

Esses primeiros resultados trouxeram muitos *insights* para diversas áreas, fomentou ainda mais a utilização de Inteligência Artificial e a materialização desse nosso desafio dentro da Alelo.

O que faremos agora? Trabalhar mais com esses dados, trazer novos indicadores que serão utilizados pela companhia e automatizar outros pontos de coleta de dados, treinando novos modelos e extraindo novas bases para enriquecer ainda mais nosso processo de controle. Dessa forma, poderemos auditar internamente nosso ecossistema, gerando informações que ainda nem estão em processos de auditoria, mas que trazem mais segurança, confiabilidade e inovação para nosso negócio.

PAULA CARSALADE RABELLO

É apaixonada por negócios de impacto social e por ajudar pessoas por meio de tecnologia. Mineira, casada e mãe de pet, Paula é formada em Administração de Empresas e possui MBA pela Duke University com ênfase em Estratégia e Gestão em Saúde. Tem ampla experiência em gestão de saúde e consultoria estratégica, tendo passado pela McKinsey & Co., EY e Captamed (Home Care). Atualmente é *head* de produto e estratégia na Sami, operadora que quer revolucionar o mercado de planos de saúde democratizando o acesso à saúde de qualidade.

À frente da estratégia e execução de uma iniciativa pioneira que aposta no uso de IA para transformar a saúde no país, tornando-a mais sustentável, tem conquistado resultados significativos, aumentando a produtividade e a qualidade do atendimento.

A JORNADA DA SAMI COM IA: DA DESCOBERTA À TRANSFORMAÇÃO DA OPERAÇÃO CLÍNICA

Fundada em 2018, a Sami Saúde, uma *healthtech* brasileira, tem o objetivo de democratizar o acesso à saúde de qualidade. Por meio de um modelo que une tecnologia e cuidados coordenados, a Sami conecta pacientes, médicos, hospitais e laboratórios.

Hoje, 75% dos problemas de saúde dos nossos membros[1] são tratados pelo time de saúde, composto pela tríade médico, enfermeiro e coordenador de cuidado. Para os casos em que uma consulta com especialista, exames laboratoriais ou hospitais são necessários, o time mencionado faz o encaminhamento para a melhor opção.

Apenas 25% da população brasileira tem acesso à saúde privada. Isso significa que aproximadamente 150 milhões[2] de pessoas dependem do SUS, que, apesar de ser universal, enfrenta desafios que dificultam o acesso à saúde de qualidade para muitas pessoas. Diante desse contexto, a missão da Sami é expandir o acesso à saúde, oferecendo qualidade com preço acessível e reajustes[3] controlados e, dessa forma, democratizar o acesso à saúde e beneficiar milhões de brasileiros. Assim, com

1 Como a Sami chama seus beneficiários, pacientes.

2 Fonte: ANS, IBGE.

3 Reajustes em planos de saúde geralmente são muito acima da inflação, o que aumenta o custo de saúde de forma progressiva.

um atendimento mais eficiente e assertivo, construímos um novo espaço no mercado. Nesse cenário, a tecnologia é um pilar essencial para a Sami. Ao contrário do que se imagina, a tecnologia pode contribuir para a humanização do atendimento, proporcionando um cuidado mais personalizado e próximo aos pacientes.

Assim, a missão foi dada: construir uma operação de saúde de alta resolutividade[4], eficiência, padronização e que consiga crescer com velocidade.

Tendo o problema em mente, partimos para a descoberta e nos fizemos a seguinte pergunta: "o que de fato está acontecendo na nossa operação e onde temos mais oportunidades de melhorias?". O primeiro passo foi o aprofundamento nos dados disponíveis, incluindo:

» **Dados da operação clínica:** quantidade de atendimentos, motivos de contato e de consulta, prazo para agendamento de consulta, resolutividade etc.

» **Dados dos principais sistemas:** engajamento no aplicativo, cliques e sessões mais utilizadas na plataforma utilizada pelo time de saúde etc.

Conversamos com os nossos principais usuários: pacientes/membros e o time de saúde. Fizemos entrevistas e grupos de discussão para entender suas experiências e opiniões e acompanhamos de perto o dia a dia do time para ver como eles trabalham e interagem com os membros.

Nossa pesquisa revelou dois desafios principais: a equipe de saúde estava sobrecarregada com tarefas administrativas repetitivas, o que limitava o tempo dedicado aos pacientes; e a falta de padronização nos atendimentos prejudicava a qua-

4 Capacidade de solucionar efetivamente o problema de saúde do paciente, seja através do tratamento direto ou encaminhamento adequado.

lidade e a eficiência do serviço. Diante disso, nossa missão se tornou clara: encontrar soluções para aliviar a carga administrativa da equipe e, ao mesmo tempo, padronizar os processos para oferecer um atendimento mais ágil, eficiente e de alta qualidade aos nossos membros.

Exploramos diversas formas de endereçar o problema, inclusive estudando ferramentas do mercado. Encontramos algumas soluções já existentes, mas que não se encaixavam bem no nosso modelo único de trabalho. Também estudamos opções mais tradicionais de engenharia, mas que levariam muito tempo para construir, dado o volume de detalhes operacionais e caminhos possíveis para apoiar a operação clínica.

Nesse contexto, a Inteligência Artificial surgiu como uma possibilidade para compor o pacote de soluções para o time de saúde. Embora fosse um tema em alta e com grande potencial, era algo que nunca tínhamos feito, com desafios e complexidades desconhecidas. Porém, à medida que nos aprofundamos no assunto, identificamos diversas aplicações de IA que poderiam solucionar os problemas que enfrentávamos.

Aprender e testar novas tecnologias faz parte da nossa essência, e a Sami abraça a inovação, mas sabíamos que precisaríamos de apoio para acelerar essa jornada e alavancar nossos esforços na área da IA.

Decidimos explorar o potencial da IA para solucionar os desafios de padronização e automação de tarefas repetitivas no time de saúde. As possibilidades eram inúmeras, desde resumo de informações, passando por geração de conteúdo, criação de imagens e até mesmo por médicos virtuais.

Priorizamos as ideias com base em estimativas de impacto potencial e complexidade de implementação, com a ressalva de que nunca tínhamos feito uma entrega desse tipo, então, muitas variáveis eram desconhecidas.

Em paralelo, surgiu a oportunidade de fazer uma parceria com o time do Google Cloud para realizar em conjunto um projeto de Inteligência Artificial. Era a oportunidade que precisávamos para estabelecer uma parceria estratégica, acelerar o aprendizado do time interno e viabilizar o projeto.

Com o apoio da Google, escolhemos um projeto ambicioso, mas factível: copiloto de IA para apoiar o time de saúde. A IA analisaria as mensagens dos pacientes no chat, juntamente com seus dados e histórico de saúde, e sugeriria respostas e próximos passos para o atendimento. Essa solução inovadora resolveria dois problemas simultaneamente: agilizaria o atendimento, eliminando a necessidade de buscar informações em diversas fontes; e promoveria a padronização, já que a IA seria treinada com base em nossos protocolos clínicos. O potencial é imenso, podendo reduzir o tempo de atendimento em 50%, melhorar a resolutividade e a qualidade do atendimento, beneficiando tanto o time quanto os pacientes.

Para o copiloto de IA, formamos uma equipe multidisciplinar com profissionais da Sami (product manager, product designer e engenheiros), além de engenheiros do Google e da CI&T, consultoria de desenvolvimento de software. Após analisar o problema, levantamos a hipótese de que *prompts*[5] (ver mais na pág. 374) bem elaborados seriam suficientes para guiar um modelo de linguagem de grande porte (LLM) (ver mais na pág. 158) a fornecer respostas adequadas.

Juntos, definimos um cronograma com as seguintes etapas principais:

1. **Prototipagem da solução:** desenvolvimento de um protótipo para guiar a construção.

5 Instrução que orienta um modelo de IA a gerar uma resposta ou realizar uma tarefa específica.

2. **Testes de usabilidade e valor:** avaliação da solução com usuários reais para validar sua usabilidade, sua utilidade e identificar melhorias.
3. **Definição de assuntos prioritários:** em colaboração com *stakeholders* e o time de saúde, determinamos os temas mais relevantes para o copiloto.
4. **Integração de dados:** busca e integração de dados dos pacientes de outros sistemas para alimentar a IA.
5. **Elaboração de *prompts*:** desenvolvimento de *prompts* para que a IA compreenda a intenção do paciente e gere respostas adequadas.
6. **Testes rigorosos:** realização de testes exaustivos em diferentes cenários para garantir a qualidade e a eficácia da solução.
7. **Interação contínua:** refinamento constante da solução com base nos resultados dos testes e nos feedbacks dos usuários.

Ao final da primeira fase do projeto, integramos com sucesso o Vertex AI[6] em nosso produto, permitindo a busca e utilização de informações dos pacientes, além de identificar a intenção do usuário, com mais de 80% de precisão, em ambiente de desenvolvimento. No entanto, ao testarmos o copiloto em ambiente real, a complexidade se revelou maior do que o esperado, com problemas como "alucinações"[7], confusão de datas e contextos.

Essa experiência nos mostrou que, além da engenharia de *prompt*, seria necessário um treinamento mais profundo do modelo para lidar com a complexidade da operação e assegurar respostas precisas.

6 Plataforma da Google para *machine learning*.

7 Informações inventadas ou distorcidas pela IA, que parecem plausíveis, mas são incorretas ou sem relação com o direcionamento dado.

Os aprendizados desse primeiro desenvolvimento foram enormes! Em destaque:

» **Gerenciando expectativas e promovendo a adoção de IA:** a IA desperta entusiasmo e receio. A perspectiva de automatização de tarefas gera inseguranças sobre a relevância profissional e a possibilidade de perda de empregos. Esse medo se intensifica quando a tecnologia é desconhecida. No nosso caso, observamos uma mudança de postura ao longo do projeto. Investimos em comunicação transparente, explicando como a IA potencializa o trabalho do time e cria novas oportunidades. O entusiasmo do CEO e o time de produto e design foram fundamentais nesse processo, compartilhando protótipos, coletando feedbacks e promovendo um ambiente de diálogo aberto.

» **Aprendizado técnico e exploração de possibilidades da IA:** o desenvolvimento de soluções de IA requer um aprendizado contínuo e a exploração de novas técnicas. Aprendemos a usar o Vertex AI, testamos diversos modelos para encontrar o mais eficaz, aprendemos técnicas de *prompt engineering* (engenharia de comandos) para aprimorar a comunicação com a IA e enfrentamos desafios como as alucinações, ou seja, respostas incoerentes ou falsas geradas pelo modelo. Vivemos na prática a diferença entre desenvolvimento determinístico, que segue regras fixas; e o probabilístico, que se baseia em estatística, sendo mais amplo, mas menos explicável, o que foi algo novo para nós que estávamos acostumados à conta em que 1+1 apresenta um resultado de 2 em 100% das vezes[8]. Adicionalmente, com um conhecimento muito mais aprofundado, aprendemos a separar o simples do complexo.

8 Exemplo ilustrativo simplificado.

» **Alavancando parcerias estratégicas.** A parceria com o Google e a CI&T foi fundamental para acelerar nosso aprendizado e superar os desafios técnicos, além de nos conectar com as últimas tendências e tecnologias do mercado.

Com os aprendizados do projeto inicial, adaptamos nossa estratégia em três frentes:

1. **Aprendizado em escala:** reconhecemos que o conhecimento adquirido deveria ser disseminado por toda a empresa, dado o potencial transformador da IA em diversas áreas. Implementamos treinamentos on-line, *bootcamps* presenciais com o apoio do Google e da CI&T, e até mesmo um *hackathon* (eventos que reúnem pessoas interessadas em trabalhar questões específicas desenvolvendo soluções de forma rápida e única) para fomentar o aprendizado e a exploração da IA em toda a Sami.
2. ***Quick wins***[9]: o projeto piloto nos permitiu identificar soluções de IA de rápida implementação e alto impacto, alavancando a infraestrutura montada no projeto. Implementamos diversas funcionalidades como: resumo do chat por IA: 100% das conversas por chat agora são resumidas automaticamente, com 81% de aprovação sem edição, economizando mais de 900 horas mensais do time de saúde, melhorando a qualidade da documentação e otimizando o tempo dos médicos na revisão do histórico; classificação automática do atendimento; a IA categoriza automaticamente o motivo do contato, melhorando a qualidade e agilizando a análise de dados; transcrição de áudio; mensagens de áudio são transcritas e incorporadas aos resumos, enriquecendo o contexto do atendimento; geração de conteúdo

9 Iniciativas que podem ser implementadas rapidamente e geram resultados em curto prazo.

otimizada por IA; equipe de *growth* (significa crescimento) utiliza IA para criar conteúdo de marketing, reduzindo custos e aumentando a produtividade.

3. **Iniciativas transformacionais:** estamos aprimorando o co-piloto de IA com uma abordagem híbrida, combinando a IA com outras ferramentas e investindo no *fine-tuning* do modelo com dados específicos, um processo que permite personalizar o modelo para entender melhor as particularidades do nosso contexto. Além disso, utilizamos técnicas avançadas de *prompt engineering* (engenharia de Comando), como o *few-shot prompting*, que consiste em fornecer ao modelo alguns exemplos de entrada e saída desejadas, e o *chain-of-thought prompting*, que guia o modelo através de um raciocínio passo a passo para chegar à resposta. Essas técnicas, combinadas com a adoção de modelos mais recentes, como o Gemini 2.0, resultaram em uma redução significativa de alucinações, ou seja, respostas incoerentes ou falsas respostas geradas pelo modelo.

Iniciativas *quick wins* (ganhos rápidos) e transformacionais para o time de saúde compõem o pacote de entregas incrementadas pelo nosso assistente virtual, que está transformando a operação clínica.

A jornada da Sami com Inteligência Artificial demonstra como a inovação em tecnologia vai além de um meio de otimizar processos, sendo um caminho para transformar a saúde, tornando-a mais acessível, eficiente e personalizada. Ao abraçar a IA, a Sami reafirma seu compromisso com a inovação centrada no paciente e os desafios iniciais como a necessidade de treinamento de modelos para determinados casos, bem como a importância de gestão de mudanças, sem perder o foco no usuário que pavimenta o caminho evolutivo.

O futuro de IA é promissor, com potencial para impulsionar muitas pessoas e negócios. No entanto, é crucial reforçar que tecnologia é o meio, e agora, com uma ferramenta ainda mais poderosa em mãos, torna-se ainda mais essencial direcionar nossos esforços para solucionar os problemas certos, colocando o usuário no centro e cultivando uma mentalidade de aprendizado e evolução contínua.

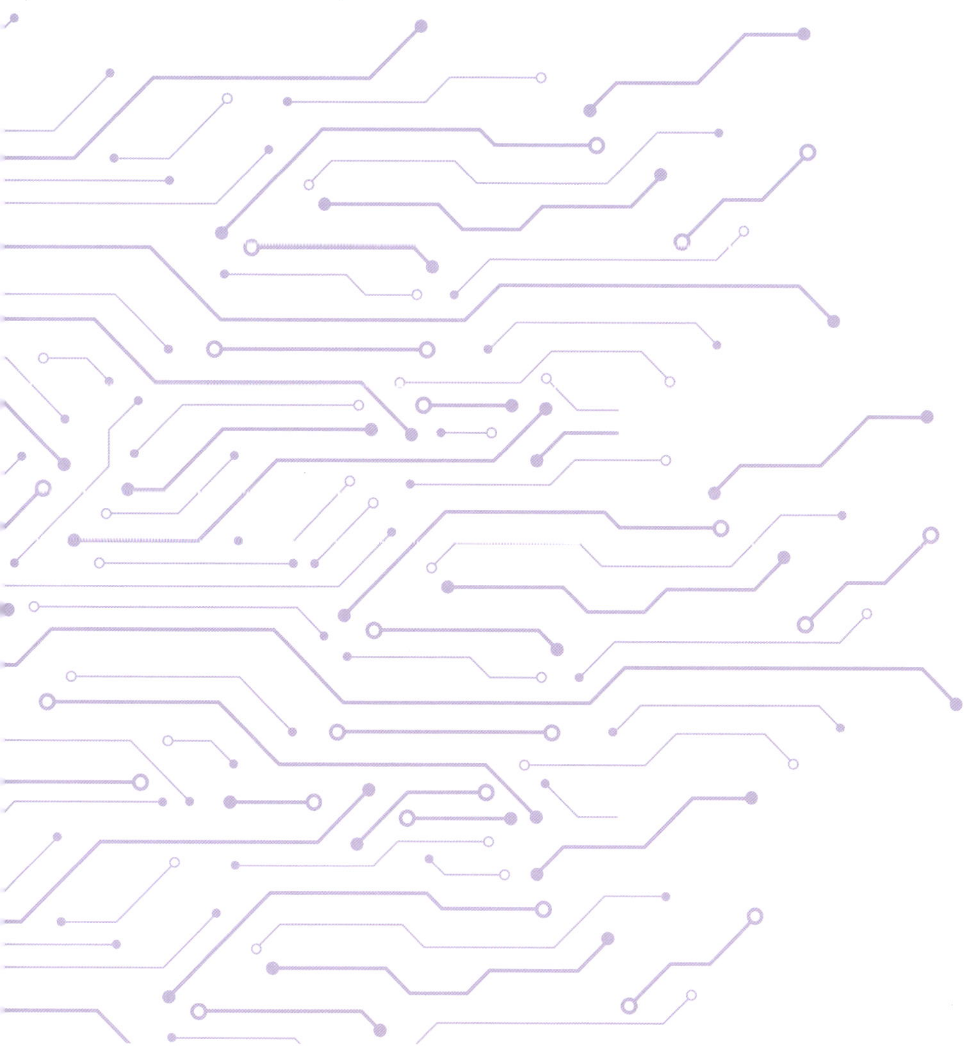

PÉTALA TUY

É graduada em Estatística pela UFBA - Universidade Federal da Bahia e pela Loyola University Chicago e é mestra em Ciência da Computação (Processamento de Linguagem Natural) também pela UFBA. Doutorando na área de Grandes Modelos de Linguagem Multimodais e, recentemente, finalizou o programa de liderança global da Atos em parceria com a Universidade de Cambridge. Com mais de 9 anos de experiência, trabalha no desenvolvimento de soluções em Inteligência Artificial (IA), estatística e modelagem matemática e ocupa o cargo de *head* de IA na Atos Brasil. Nos últimos cinco anos na empresa, contribuiu para a implementação de IA em diferentes setores industriais utilizando as mais recentes abordagens de IA, tanto em ambientes de nuvem como em ambientes on-premise (ambiente de TI inteiramente implementado dentro da infraestrutura da empresa).

DESAFIOS E ESTRATÉGIAS PARA A CURADORIA DE CHATBOTS GENERATIVOS

O uso de IA generativa para a construção de *chatbots* para atendimento ao cliente tem trazido desafios para as áreas de curadoria das empresas. Curadoria é o processo de supervisionar, manter e aprimorar as capacidades e o desempenho de um *chatbot*. Nos modelos tradicionais, o acompanhamento do desempenho é feito a partir de métricas como:

- Tempos médios de conversa;
- Tempos médios de resposta;
- Tempos médios de resolução;
- Taxas de retenção;
- Taxas de compreensão;
- Métricas quantitativas de volumetria.

O nível de satisfação do usuário e a qualidade da conversa também são indicadores coletados em pesquisas de usabilidade ao final de cada interação. Essas métricas podem ser usadas no processo de curadoria de *chatbots* com IA generativa, mas elas não cobrem 100% do que precisa ser avaliado. A principal lacuna está na falta de métricas que avaliem a corretude da resposta, uma preocupação menos latente em *chatbots* que possuem fluxo pré-definido e respostas pré-determinadas.

Chatbots tradicionais tendem a ter um fluxo controlado, serem sucintos e guiarem o usuário a ser direto e específico nas interações. Em contrapartida, *chatbots* com IA generativa necessitam de mais contexto e precisam estar preparados para interagir sobre o mesmo tópico de maneiras diferentes, pois os usuários podem fazer a mesma pergunta de maneiras completamente distintas. Da mesma forma, os modelos de IA generativa também podem responder à mesma pergunta de maneiras diferentes, reagindo à forma como a pergunta foi estruturada.

Neste processo de criação da resposta para uma pergunta do usuário, os modelos generativos podem "alucinar", trazendo informações convincentes, porém erradas. Daí surge o grande desafio: como criar métricas que avaliem a corretude da resposta de um modelo de IA generativa em *chatbots* que possuem milhões de interações mensais com usuários?

Para criar métricas de avaliação em larga escala desses modelos, podemos pensar em algumas alternativas. Por exemplo, a criação de um conjunto de respostas padrão para ser comparado com cada interação. Essa alternativa torna-se inviável, uma vez que não existe um padrão claro nas interações. A validação humana de todas as respostas também seria uma solução custosa e inviável. A validação por amostragem pode ser uma boa opção, porém não garante que todos os casos críticos de má informação serão solucionados durante a curadoria.

Esse processo geralmente usa força de trabalho humano para manualmente avaliar a corretude das respostas. Os testes realizados durante o desenvolvimento do *chatbot* garantem que uma versão estável será disponibilizada para os usuários. Entretanto, depois de disponibilizado para o usuário final, a quantidade de interações com o *chatbot* tende a crescer e o acompanhamento e a garantia da assertividade das respostas ao longo do tempo fica inviável com a participação humana.

Neste caso, uma abordagem de solução que vem sendo adotada é o uso de outros grandes modelos de linguagem para atuarem como "juízes", sendo treinados para avaliar a resposta segundo critérios como corretude e relevância.

Para exemplificar o processo de alucinação, bem como o uso de modelos juízes para a curadoria, trarei um caso real de um *chatbot* com IA generativa que atende ao público interno de uma determinada empresa e está treinado para responder perguntas referentes às diretrizes de RH (Recursos Humanos) desta mesma empresa. Entretanto, antes de exemplificar, preciso nivelar o leitor com alguns conceitos básicos que serão abordados nos próximos parágrafos.

Ao usar um LLM (*Large Language Model*) (ver mais na pág. 158) para atuar como um *chatbot*, como o ChatGPT, por exemplo, teremos um *chatbot* capaz de responder de maneira geral sobre conteúdos contidos na base de dados em que esse modelo foi treinado. Para aplicações empresariais, geralmente necessita-se de *chatbots* com capacidades mais específicas, por exemplo, responder a perguntas sobre diretrizes do RH de uma empresa X, respeitando as regras e valores desta empresa nas respostas geradas pelo *chatbot*.

Atualmente, a abordagem mais utilizada para especializar *chatbots* para cenários específicos é a de RAG (do inglês *Retrieval Augmented Generation*). Ao utilizar RAG, disponibilizamos conteúdos específicos em formato de texto para que o LLM consulte antes de gerar respostas às perguntas dos usuários. A partir de *prompts* (comandos), que são instruções que passamos para o modelo sobre como ele deve se comportar ao responder as perguntas, orientamos o modelo a basear as respostas nos conteúdos disponibilizados em vez de utilizar o conhecimento geral prévio do modelo. Desta maneira, garantimos que o robô trará informações sobre diretrizes de RH da empresa X em vez de diretrizes gerais de RH contidas na internet.

O processo de consulta das respostas nos textos específicos disponibilizados é realizado a partir de duas etapas: recuperação e geração. Na etapa de recuperação, o sistema encontra os trechos de textos mais prováveis de conter a resposta do usuário. Na etapa de geração, os trechos trazidos são enviados ao LLM junto com o *prompt* para que o modelo gere as respostas.

Existem estratégias para garantir que o sistema esteja funcionando conforme os valores da empresa e que esteja respondendo corretamente às perguntas de interação. Na imagem a seguir, exemplifico um caso real de alucinação do *chatbot* com IA generativa especializada nas diretrizes de RH da empresa X. Na primeira figura, o modelo de IA generativa confundiu a diretriz de dias *off* para aniversário e confirmou que o colaborador tem o benefício de dias *off* ao casar-se. Na segunda figura, ao fazer a mesma pergunta de uma maneira diferente, o modelo de IA generativa conseguiu trazer a informação correta em relação às políticas de dias *off* durante o casamento.

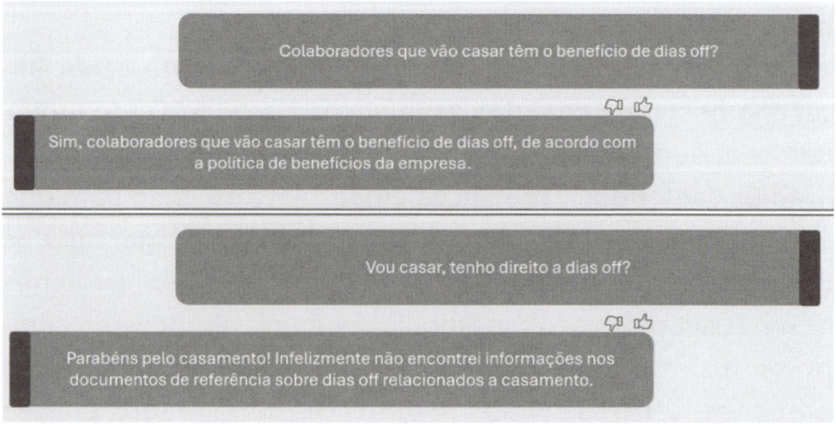

Esses casos de alucinação podem ser muito comuns e podem trazer consequências indesejadas para a empresa, principalmente se o *chatbot* realizar interações com o cliente final.

Existem algumas estratégias para garantir que os casos de alucinação como este, além de outros problemas, sejam detectados de maneira efetiva em um *chatbot* de IA generativa com RAG.

Uma delas é a construção de uma tríade de avaliações que serão realizadas pelos modelos juízes, conforme ilustrado na figura a seguir. O primeiro elemento da tríade avalia se os trechos retornados na etapa de recuperação são relevantes em relação à pergunta do usuário. O segundo elemento da tríade avalia se a resposta gerada pelo LLM está coerente em relação aos trechos retornados na etapa anterior. Finalmente, o terceiro elemento da tríade avalia se a resposta gerada, além de estar coerente com os trechos retornados, é relevante para a pergunta do usuário. Essas avaliações são feitas pelos modelos juízes e geram métricas que refletem a qualidade geral do *chatbot*. No cenário de curadoria, o declínio das métricas geradas pelos modelos juízes indica uma queda geral de performance do *chatbot*. Além disso, interações com usuários que resultaram em métricas baixas na avaliação da tríade podem ser priorizadas para a avaliação humana e direcionar possíveis ajustes do *chatbot*.

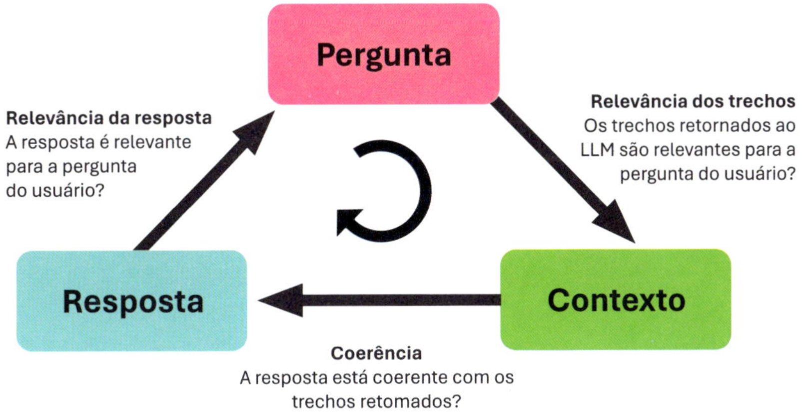

Aproveitar os avanços na área de IA, principalmente a IA generativa, pode trazer ganhos significativos para as empresas nos quesitos produtividade, celeridade e qualidade no atendimento ao usuário, por exemplo. Entretanto, o uso das tecnologias deve ser feito de maneira consciente e controlada durante todo o ciclo de vida da aplicação. Após a disponibilização de *chatbots* com IA generativa para o público, deve-se garantir o uso de estratégias de curadoria para acompanhar e validar o bom funcionamento da ferramenta ao longo do tempo. A curadoria de *chatbots* com IA generativa traz alguns desafios de complexidade, e faz-se necessário o uso de estratégias específicas para viabilizar a avaliação das interações com os usuários.

O uso de modelos juízes para avaliar a qualidade das respostas geradas por sistemas RAG tem se mostrado eficaz como estratégia para identificar casos de alucinação, além de outros casos de declínio da qualidade das respostas do *chatbot* com IA generativa.

SABRINA ZAREMBA

Graduada em Publicidade e com um MBA em Marketing pela PUC Rio, concluiu seu mestrado em Communication Management pela Strathclyde University em Glasgow (Escócia) e, mais recentemente, concluiu o Program for Leadership Development da Harvard Business School. Atuando com desenvolvimento de negócios e parcerias na América Latina há mais de 15 anos, Sabrina liderou projetos na Opera Software, no Tinder e em grandes operadoras de telefonia celular no Brasil e na Europa. Atualmente lidera parcerias globais no LinkedIn. Sabrina se destacou rapidamente em sua carreira, assumindo posições de liderança e colaborando no desenvolvimento de projetos inovadores. Comprometida com a diversidade e o empoderamento feminino na tecnologia, é a *lead* na América Latina da ERG Women in Product do LinkedIn e colaboradora neste livro, compartilhando suas perspectivas sobre Inteligência Artificial.

INTELIGÊNCIA ARTIFICIAL, OS HÁBITOS DE TRABALHO E A EMPREGABILIDADE

A história recente da humanidade foi marcada por uma série de revoluções tecnológicas, como a ascensão dos computadores pessoais, da internet e das redes móveis. Nada se compara à velocidade que vemos o mundo acelerar de algumas décadas para cá. E, em especial, de uns anos para cá, com a multiplicação das discussões e inovações advindas da Inteligência Artificial e, em especial, da Inteligência Artificial generativa (ver mais na pág. 158).

Neste texto, através de minhas experiências e vivências profissionais, gostaria de trazer perspectivas sobre como fazer melhor uso dessas novas tecnologias advindas de IA e sobre seus potenciais impactos nos hábitos de trabalho e na empregabilidade.

Antes de entrar na discussão específica de IA, gostaria de compartilhar um pouco sobre a minha trajetória profissional e minha paixão por novas tecnologias, sobre como entrei no universo de IA (ou melhor, como IA invadiu o meu universo) e as implicações diretas disso no meu dia a dia.

Desde o início da minha carreira, sempre fui fascinada pela inovação, pela capacidade infindável que o ser humano tem de revolucionar através da tecnologia. Em especial, sou fascinada pela possibilidade de, através do nosso trabalho diário, democratizamos o acesso à tecnologia, visando: destruir barreiras de espaço, facilitar a comunicação e relacionamentos interpessoais, acelerar processos e tomadas de decisão, auxiliar no fechamento de parcerias de negócios e, principalmente, melhorar o dia a dia de milhares de indivíduos. Minha trajetória profissional só me fez aumentar, cada dia mais, esse fascínio.

Há duas décadas, no mundo de telecom, tecnologias inovadoras nos permitiram debutar os (então revolucionários) serviços que permitiam: a troca de mensagens de texto por telefones celulares através do SMS, o acesso a conteúdo e informações em tempo real através do WAP, a possibilidade de personalização de toques através do *ringtones* e entretenimento, a qualquer momento e em qualquer local com o lançamento dos jogos para celular. O que veio na sequência foi um fluxo contínuo e superacelerado de inovações, apoiadas pela constante evolução tecnológica, trazendo mais abrangência e velocidade às redes móveis (Edge, 2G, 3G, 4G, 5G).

De cinco anos para cá, estou atuando no mundo das mídias sociais, começando pelo Tinder, onde tive o prazer de vivenciar o enigmático período da pandemia (esse capítulo fica para outro livro) e, agora, na maior rede social profissional do mundo: o LinkedIn.

Meu dia a dia respira IA em diversos projetos nos quais estou envolvida – as redes sociais já fazem uso de IA há anos para aperfeiçoar algoritmos e oferecer conteúdo/conexões de forma customizada para seus usuários finais, com o objetivo de gerar maior engajamento (via *machine learning*) (ver mais na pág. 98). IA não é uma tecnologia nova, mas suas aplicações estão se expandindo rapidamente.

No LinkedIn (parte da Microsoft que tem uma forte aliança com OpenAI, como já é publicamente sabido) existe um movimento forte para integrar IA intimamente com as ofertas B2C e

B2B (exemplos: LinkedIn Premium e LinkedIn Talent Solutions, respectivamente), sempre visando facilitar o dia a dia dos nossos membros e parceiros. Algumas facilidades que a IA está desbloqueando são: 1) auxílio na redação de perfis, mensagens de INmail e posts, 2) artigos colaborativos e 3) apoio/mais agilidade em processos de recrutamento.

Muito se fala sobre IA e sobre seus efeitos no mundo do trabalho. A perspectiva que mais me fascina, no que diz respeito à incorporação de IA no dia a dia do trabalho, é a do *mindset* dos profissionais nessa nova "realidade" e a relevância de *soft skills/keeping it human* em um mundo dominado pela Inteligência Artificial. Afinal, como devemos encarar o grande questionamento sobre IA eventualmente substituir o ser humano (ver mais na pág. 386)? Como vamos nos diferenciar nesse novo ecossistema?

É importante ressaltar que IA pode ser um grande aliado para nos ajudar a automatizar tarefas (aquelas mais operacionais e repetitivas que não precisamos fazer), atomizar projetos (quebrar um projeto complexo em pedaços para facilitar os trabalhos) e, com isso, aumentar a produtividade. Os usos práticos da Inteligência Artificial são muitos – desde tarefas mais triviais como suporte para escrever e-mails e auxílio na criação de roteiros e apresentações Powerpoint, até tarefas mais complexas, incluindo o processamento de dados (*Big Data*) (ver mais na pág. 66). O uso da IA permite, portanto, que o ser humano foque no que realmente importa – a construção de relacionamentos, a análise crítica e a tomada de decisões estratégicas.

Com a crescente adoção da Inteligência Artificial e automação em diversos setores, as habilidades necessárias no mercado de trabalho estão passando por grandes transformações. À medida que a adoção de IA aumenta, mais relevantes se tornam as características intrinsecamente humanas:

1. **Pensamento crítico, resolução de problemas e inteligência emocional:** IA é excelente para tarefas repetitivas e previsíveis. Habilidades humanas são cada dia mais relevantes, pois são essenciais para lidar com situações complexas e imprevisíveis;
2. **Criatividade e inovação:** Enquanto a IA pode automatizar tarefas rotineiras; a criatividade e a capacidade de inovação continuam sendo o motor de novas soluções e ideias disruptivas;
3. **Pensamento crítico e análise de dados:** IA pode fornecer *insights* rapidamente por meio da análise de dados complexos. Porém, é o ser humano que tem capacidade de interpretar, questionar e contextualizar esses *insights*. O pensamento crítico e a capacidade de analisar dados de forma eficaz e ética continuam sendo habilidades supervalorizadas. Por fim – e o meu *insight* mais querido – nada substitui o relacionamento interpessoal e a capacidade que temos de construir pontes e, através delas, parcerias e negócios.

Em um de seus levantamentos mais recentes, o World Economic Forum[1] resumiu muito bem a revolução que está sendo vista no que diz respeito às *skills* essenciais no mercado de trabalho. A começar, cerca de 50% da força de trabalho global precisará fazer algum tipo de *reskilling* (requalificação) até 2025. Mas não para por aí: a Inteligência Artificial deverá ser adotada por quase 75% das empresas pesquisadas, com 50% das organizações esperando que a IA crie empregos novos.

O relatório destaca características fundamentais do ser humano já apontadas anteriormente, com foco na crescente importância da capacidade de resolução de problemas comple-

1 https://www.weforum.org/publications/the-future-of-jobs-report-2023/

xos, pensamento criativo e alfabetização tecnológica. O relatório também aponta que atitudes socioemocionais estão cada vez mais relevantes – curiosidade, aprendizagem ao longo da vida, resiliência, flexibilidade, agilidade, motivação e autoconsciência.

Por fim, o relatório também endereça a relevância do conhecimento em IA e *Big Data*, bem como liderança e influência social como ferramentas para profissionais que querem estar bem posicionados nessa configuração do mercado de trabalho.

E, afinal, como devemos encarar o grande questionamento sobre IA eventualmente substituir o ser humano? Como vamos nos diferenciar nesse novo ecossistema?

IA vai criar centenas de novas oportunidades e caminhos para quem está antenado nas transformações. Para se diferenciar nesse novo ecossistema, vale investir em se manter curioso, estudar e entender IA e suas aplicações no dia a dia, experimentar seus usos mais diversos e, principalmente, investir no autoconhecimento e no desenvolvimento das suas fortalezas humanas. Que as novas tecnologias nos permitam reduzir o tempo perdido com tarefas operacionais e focar na capacidade infindável que o ser humano tem de se reinventar, de criar elos, de colaborar, de transformar. Vamos juntas!

Para finalizar, deixarei no site deste livro (acessar pelo QRcode na pág. 403) referências de cursos sobre IA, sem custo, que estão sendo oferecidos por várias instituições, inclusive pelo LinkedIn Learning, para que você possa começar, agora mesmo, a fazer o seu *upskilling* (qualificação) em Inteligência Artificial.

SILVIANE RODRIGUES

Engenheira, executiva e professora, com mais de duas décadas de atuação no âmbito corporativo, no setor de tecnologia. Desempenhou papéis chave em empresas globais, tais como Meta e Uber nas áreas de Desenvolvimento de Negócios, Comercial, Operações e Marketing.

Desde 2011, atua como professora das instituições ESPM e FIAP em cadeiras de Marketing e Tecnologias Emergentes.

INTELIGÊNCIA ARTIFICIAL E SEUS VIESES REAIS

"O futuro da IA deve ser um espelho para a sociedade. Deve ser moldado por uma gama diversificada de vozes, não apenas pelas dos tecnólogos."

Meredith Whittaker, cofundadora do AI Now Institute

Era uma segunda-feira, eu cheguei no escritório empolgada para dar a notícia de que o projeto estava indo muito bem, íamos conseguir entregar no prazo. Era um projeto estratégico, estávamos implementando um novo site, em outra cidade, para abrigar um time comercial que seria responsável pelos dois principais programas de vendas da empresa na América Latina. Eu havia passado a semana anterior inspecionando a obra, a contratação e o treinamento dos times e outras questões técnicas importantes para o lançamento.

Após escutar o relatório, um de meus colegas sorriu e perguntou:

"Como estamos do ponto de vista da acessibilidade do site?".

Engasguei-me por um instante, antes de admitir que não havia pensado em vistoriar a acessibilidade. Claro que nosso parceiro, responsável pela obra, havia implementado todos os aspectos relativos à acessibilidade, guiados pela lei 10.098, de 2002, e LBI, Lei Brasileira de Inclusão da Pessoa com Deficiência, que entrou em vigor em 2016. Achei desnecessário mencionar isso, apenas engoli em seco meu constrangimento, não suavizado pelo julgamento que ele não pôde evitar.

Ele tinha uma pessoa com deficiência (PcD) na família, logo, a forma com que ele experimentava as questões relacionadas à acessibilidade era totalmente diferente da minha. Por outro lado, eu havia dedicado mais tempo fotografando a sala de amamentação, preocupada com suas pendências, ainda que isso não fosse considerado crítico para o lançamento.

O contato mais frequente com PcDs fez com que as dificuldades do dia a dia relacionadas ao acesso e inclusão estivessem entranhadas de tal forma na mente do meu colega, que ele jamais seria capaz de negligenciar a variável acessibilidade, seja na sua vida pessoal ou profissional. Por outro lado, minhas memórias de 14 anos atrás tirando leite sentada na privada do escritório ou no banheiro do aeroporto, faziam com que a sala de amamentação fosse uma prioridade.

O que de fato influenciou para que a acessibilidade fosse um aspecto *top of mind* para ele e passasse totalmente despercebida no meu programa de vistoria? A diferença são os dados! Experiências vividas, de valência emocional positiva ou negativa, armazenadas em nossa memória.

Mas o que isso tem a ver com IA?

As pessoas processam informações, fazem julgamentos e são inevitavelmente influenciadas pelas suas experiências e preferências. As diferentes experiências entre meu colega e eu, cujas influências em nossas decisões parecem óbvias em um primeiro olhar, exemplificam bem nossos vieses humanos, neste caso, conscientes. Já os vieses inconscientes têm influência naquilo que conseguimos enxergar e, consequentemente, codificar. Os vieses humanos conscientes e inconscientes arraigados nas nossas experiências individuais, e os sistemicamente forjados nas organizações, irão inegavelmente influenciar, direta e indiretamente, no que alimenta a IA: dados e como são ponderados, e algoritmos de *machine learning* (ver mais na pág. 28).

A era das plataformas digitais e redes sociais veio para ampliar o alcance de nossas vozes para o bem e para o mal. As pessoas não se tornaram mais preconceituosas, machistas e homofóbicas por causa das redes sociais, mas estas deram voz em escala àquilo que estava muitas vezes inacessível no âmbito individual, tornando-se um meio de alcance e facilitação de encontros entre tribos que autoalimentam suas crenças. A IA, considerada a terceira era da computação, está numa escala infinitamente maior de amplificação de efeitos negativos que podem resultar de uma implementação negligente.

> "IA não é mais uma tendência tecnológica, uma palavra da moda ou distração temporária – é a terceira era da computação."
>
> **Amy Webb**

A COMPLEXIDADE NA ABORDAGEM DOS VIESES NA IA

A pesquisadora Reva Schwartz, em seu artigo *Towards a Standard for Identifying and Managing Bias in Artificial Intelligence*, publicado em 2022 pelo NIST[1] (ver link citado no site do livro), afirma que "os impactos prejudiciais decorrentes da IA não ocorrem apenas a nível individual ou empresarial, mas podem repercutir na sociedade em geral. A escala dos danos e a velocidade a que podem ser perpetrados por aplicações de IA ou através da extensão de grandes modelos de aprendizagem de máquina em domínios e indústrias exigem um esforço combinado" (tradução livre).

1 https://nvlpubs.nist.gov/nistpubs/SpecialPublications/NIST.SP.1270.pdf ; https://www.nist.gov/.

Segundo Schwartz, as tentativas atuais de abordar os efeitos nocivos dos vieses na IA continuam focadas em fatores computacionais, como a representatividade dos conjuntos de dados e a imparcialidade dos algoritmos de aprendizagem de máquina. Essa abordagem é essencial para mitigar os vieses, e ainda há muito trabalho a ser feito nessa frente. Mas fatores institucionais e sociais, humanos e sistêmicos também são fontes significativas de vieses na IA e, geralmente, ignorados.

Chegamos a um momento crítico de necessária mudança de paradigma na abordagem tecnológica. Há uma tendência exacerbada ao solucionismo tecnológico, o que, em si, pode ser considerado um viés. Associado à governança ainda tímida nos processos de IA, as organizações muitas vezes optam por soluções excessivamente técnicas para esses problemas.

Para enfrentar com sucesso esse desafio, será necessário levar em consideração todas as formas de vieses. Isto significa expandir a nossa perspectiva para além da aprendizagem de máquina, para reconhecer e investigar como essa tecnologia é criada e impacta a nossa sociedade.

Temos exemplos reais de vieses em IA que nos mostram que, quando dados e algoritmos discriminatórios são incorporados em modelos de IA, estes implementam tais preconceitos em escala e amplificam os efeitos negativos resultantes.

IA E SUAS TRIBOS

O futuro da IA está sendo construído por poucas pessoas de algumas tribos bem definidas, que são responsáveis pelo seu desenvolvimento.

Amy Webb, futurista do Future Today Institute - FTI[2], (ver link citado no site do livro) em seu livro publicado, em 2020 no Brasil, *Os nove titãs da IA: como os gigantes da tecnolo-*

2 https://futuretodayinstitute.com/

gia e suas máquinas pensantes podem subverter a humanidade[3] (no original, *The Big Nine: How the tech titans and their thinking machines could warp humanity*), traça com maestria a história e o futuro da Inteligência Artificial (IA), alertando sobre o poder da influência do que podemos chamar *as tribos da IA*. Ela traz um olhar mais abrangente do que o puramente técnico, voltado para a diversidade no ecossistema de IA, como um aspecto seriamente necessário – ainda que não totalmente suficiente – para endereçar o problema. Além da necessidade latente de diversificar as tribos que estão construindo a IA para evitar os vieses, ela aborda também a importância de um olhar estratégico dos governos, traçando cenários pragmáticos, pessimistas e otimistas.

O que em geral caracteriza a tribo da IA:

» Pessoas vivendo nos EUA e na China – devido à diferença de abordagem nos dois países, podemos até considerar como duas subtribos;

» Essas pessoas em geral frequentam as mesmas universidades;

» Aderem aos mesmos tipos de regras sociais;

» São extremamente homogêneas: alto grau de instrução, homens, brancos, de classes sociais relativamente mais altas;

» Tendem a ter uma visão política e religiosa semelhantes.

As tribos que estão desenvolvendo a IA para executar tarefas mais simples, em domínios de conhecimento bem específicos, também estão criando as bases para o que chamamos de *Artificial General Intelligence* (AGI), (ver mais na pág. 52) capaz de executar tarefas cognitivas mais amplas; o que amplia também

3 https://amywebb.io/book/the-big-nine/

nossa preocupação sobre que valores, ideias e princípios éticos estão sendo ensinados. A IA refletirá a mente de suas tribos e certamente priorizará os valores dos seus criadores, seus ideais, sua visão de mundo.

Daí derivamos a tremenda importância de incentivar a diversidade na IA. Não se trata apenas de diversidade de gênero e racial, mas diversidade em aspectos muito mais profundos, como valores éticos, morais, religiosos, políticos, e mesmo geográficos. Esse é um trabalho que não deve ser feito somente nas empresas, as quais geralmente falham em implementar programas de diversidade de forma efetiva.

Será preciso também um trabalho sistêmico e institucional mais amplo junto às universidades, instituições educacionais e governos, de incentivo à busca da diversidade nos cursos de alta tecnologia.

EXPLAINABLE AI

Muitos sistemas de IA são considerados "caixas pretas". Os desenvolvedores, por um lado, retêm modelos e detalhes de treinamentos para proteger a propriedade intelectual. Essa falta de transparência perpetua a impressão de que os sistemas têm um funcionamento interno desconhecido. Por outro lado, os próprios desenvolvedores muitas vezes não compreendem completamente por que as IAs se comportam de forma inesperada, devido à complexidade inerente a eles. Embora as entradas e as saídas sejam observáveis, a lógica entre elas permanece nebulosa. Uma tendência emerge nesta área, a XAI, ou Explainable AI[4], que é um conjunto de processos e métodos que permite aos usuários humanos compreenderem e confiarem nos resultados e saídas criados por algoritmos de aprendizado de máquina. O

4 https://www.ibm.com/topics/explainable-ai

termo é usado para descrever um modelo de IA, seu impacto esperado e possíveis vieses.

A XAI implementa técnicas e métodos específicos para garantir que cada decisão tomada durante o processo de *machine learning* possa ser rastreada e explicada. A IA "pura", por outro lado, muitas vezes chega a um resultado usando um algoritmo, mas seus desenvolvedores não entendem completamente como o algoritmo alcançou esse resultado. Isso dificulta a verificação da precisão e leva à perda de controle e possibilidade de auditoria.

Uma das vantagens da XAI é manter seus modelos auditáveis e transparentes, minimizando a necessidade de inspeção manual e o risco de incorrer em vieses.

O problema dos vieses na IA não é de fácil solução. Cada vez mais estou convencida de que quanto mais avançada a tecnologia, mais a lente humana será necessária. A IA pode ajudar os humanos com seus vieses, mas apenas se os humanos trabalharem juntos para combater os vieses na IA, como afirmou John Naisbitt em 1999, quando cunhou a expressão *High Tech, High Touch*, que ele explica como: "uma lente humana. É abraçar a tecnologia que preserva nossa humanidade, e rejeitar a tecnologia que se intromete na nossa privacidade sem ser convidada. É expressar o que significa ser humano e usar a tecnologia com proveito nessa expressão. É saber quando devemos recuar diante da tecnologia, no trabalho e na vida, para afirmar a nossa humanidade. É aprender a viver como seres humanos, numa época dominada pela tecnologia".

TANIA LIBERMAN

Advogada especializada em Tecnologia e Propriedade Intelectual, com atuação no Brasil. Representa clientes nacionais e internacionais em operações nos setores de comunicação, mídia, entretenimento e tecnologia, lidando com propriedade intelectual e proteção de dados. Possui vasta experiência em coordenação de negócios multijurisdicionais e negociações de contratos complexos, além de ter implementado programas de privacidade em diversas indústrias. Reconhecida por diretórios jurídicos como Chambers Global, Latin Lawyer e Legal 500.

REGULAÇÃO DA INTELIGÊNCIA ARTIFICIAL

Depois do *boom* da internet nos anos 1990, que impulsionou a globalização, a IA tem todos os atributos para iniciar uma nova revolução, transformando rapidamente a forma como trabalhamos, pensamos e nos relacionamos uns com os outros.

Por esse motivo, muito se tem discutido sobre a necessidade de se regular a IA para reduzir eventuais riscos relacionados ao seu uso, sem atrapalhar o desenvolvimento da inovação.

O objetivo deste texto é discutir as vantagens e desvantagens de se regular a Inteligência Artificial, bem como traçar um breve panorama das principais legislações sobre o tema, e analisar como a questão tem sido tratada no Brasil.

1. REGULAR OU NÃO A IA, EIS A QUESTÃO

A questão sobre a necessidade ou não da criação de uma legislação específica para tratar da Inteligência Artificial no Brasil tem sido calorosamente debatida, com bons argumentos dos dois lados.

Os que defendem uma regulação mais rígida sobre o tema sustentam, dentre outros argumentos, que: (i) para funcionar adequadamente, os sistemas de Inteligência Artificial (Sistemas de IA), necessitam de um uso excessivo de dados, colocando em risco a privacidade das pessoas e de seus dados pessoais; (ii) Sistemas de IA inadequadamente desenvolvidos podem gerar desinformação em um nível ainda maior do que o que temos atualmente, com notícias incorretas, áudios e imagens falsas (*deepfakes*); (iii) a falta de qualidade de dados usados em Sistemas de IA pode implicar em análises incorretas, com vieses dos seus desenvolvedores, inclusive racismo algorítmico; e (iv) são poucos os *players* com recursos financeiros para desenvolver Sistemas de IA, o que deixará o poder novamente concentrado nas mãos das *big techs* (grandes empresas na área de tecnologia).

Por outro lado, aqueles que entendem que a IA não deve ser regulada, têm, dentre os seus argumentos, os seguintes: (i) já existe legislação suficiente que indiretamente e adequadamente trata de questões relacionadas à IA e confere garantias adequadas para eventuais riscos. No Brasil, como exemplo, temos a Lei Geral de Proteção de Dados (LGPD)[1], o Código de Defesa do Consumidor (CDC)[2], o Código Civil (CC)[3], a Lei de Direito Autoral (LDA)[4], a Lei de Propriedade Industrial (LPI)[5], o Marco Civil da Internet (MCI)[6], dentre outras; (ii) as exigências de uma nova legislação podem aumentar excessivamente os custos para as empresas que desenvolvem e usam sistemas de IA, deixando vários *players* (empresas) menores de fora do mercado; (iii) a intervenção estatal deveria ser a menor possível; (iv) a tecnologia está em constante evolução, tornando qualquer regulação desatualizada em um curto espaço de tempo; e (v) não é aconselhável aprovar um texto legal sobre um tema tão complexo, sem um amplo debate público.

No meu entender, é importante que seja elaborada uma lei geral sobre o desenvolvimento e uso dos Sistemas de IA, que tenha como objetivo maior o estabelecimento de regras de go-

1 Lei nº 13.709 de 14 de agosto de 2018.

2 Lei n.º 8.078 de 11 de setembro de 1990.

3 Lei n.º 10.406 de 10 de janeiro de 2002.

4 Lei n.º 9.610 de 19 de fevereiro de 1998.

5 Lei n.º 9.279 de 14 de maio de 1996.

6 Lei n.º 12.965 de 23 de abril de 2014.

vernança para os desenvolvedores, fornecedores e usuários de tais sistemas, sem foco na tecnologia em si. E entendo ainda como ainda mais importante que o texto estimule a inovação, especialmente de startups brasileiras.

2. COMO O MUNDO TEM REGULADO A IA

Em 21 de maio de 2024, o Conselho da União Europeia (UE) aprovou o Regulamento Europeu sobre Inteligência Artificial (EU AI Act), que deverá entrar em vigor 24 meses após a sua publicação. O EU AI Act classifica os Sistemas de IA com base em riscos, dentro das seguintes categorias: (i) risco inaceitável e consequentemente proibidos; (ii) alto risco, sendo altamente regulados; (iii) risco limitado; e (iv) risco mínimo (ver mais na pág. 372). As obrigações impostas pela lei são muito rígidas e foram criticadas por desestimular a inovação. É importante ressaltar que a nova legislação afetará não apenas empresas europeias, mas também aquelas localizadas fora da EU, mas que operam no mercado europeu, motivo pelo qual o EU AI Act acabou exercendo uma influência global, inclusive no Brasil.

Apesar de os Estados Unidos não possuírem uma legislação geral sobre IA, o presidente Biden publicou, em agosto de 2023, uma Ordem Executiva sobre o desenvolvimento e uso seguro e confiável de Sistemas de IA. As diretrizes contidas na Ordem Executiva estabelecem padrões relacionados à privacidade e segurança no uso de IA, e tentam proteger os trabalhadores e estimular a competição. Os EUA também publicaram outras leis sobre o assunto, relacionadas a racismo algorítmico e decisões automatizadas.

A China criou princípios de IA em julho de 2023, sendo que um deles exige registro, com o governo, de ferramentas que possam influenciar a opinião pública.

Outros países, como Canadá, Japão, Singapura e Índia também têm tratado da matéria por meio de legislação.

3. O PROJETO BRASILEIRO

O Brasil está bem avançado na discussão sobre a regulação da IA, tendo debatido a questão ativamente no congresso, desde 2019, com o tema ganhando força com o Projeto de Lei n.° 21/2020, de autoria do deputado Eduardo Bismark (PL 21/20). O texto do PL 21/20 foi considerado excessivamente principiológico, generalista e simplista, o que fez com que o Senado designasse uma comissão de juristas para elaborar uma minuta substitutiva mais adequada ao PL 21/20, tendo tal comissão publicado um relatório final em dezembro de 2023, que se transformou no Projeto de Lei n.° 2338/23 de autoria do Senador Rodrigo Pacheco (Marco Legal da IA ou PL 2338/23). O PL 2338/23, por sua vez, foi criticado por ser muito "engessado" e prejudicar a inovação. Dessa forma, o senado designou uma nova Comissão Temporária Interna sobre Inteligência Artificial (CTIA) para melhorar o projeto, e a CTIA apresentou, no dia 24 de abril de 2024, o relatório preliminar com um novo texto ao Marco Legal da IA ainda em discussão. O Governo tem como meta apresentar o documento final na reunião da cúpula do G20, em novembro.

O Marco Legal da IA se inspira nas propostas da UE e EUA, e tentou elaborar um texto não apenas principiológico, mas que não prejudicasse a inovação, protegesse direitos autorais e o trabalho humano, estabelecendo normas gerais para a concepção, o desenvolvimento, a implementação, a utilização, a adoção e a governança responsável de sistemas de IA com base na centralidade da pessoa humana".

O Marco Legal da IA define o Sistema de IA como "sistema baseado em máquina que, com graus diferentes de autonomia e para objetivos explícitos ou implícitos, infere, a partir de um conjunto de dados ou informações que recebe, como gerar resultados, em especial, previsão, conteúdo, recomendação ou decisão que possa influenciar o ambiente virtual ou real".

O PL 2338/23 se aplica a desenvolvedores, fornecedores e aplicadores (usuários) de Sistemas de IA e estabelece o Sistema Nacional de Regulação e Governança de IA (SAI), formado por uma autoridade de IA – que Rodrigo Pacheco entende que deve ser a Agência Nacional de Proteção de Dados (ANPD) – órgãos setoriais, órgãos estatais reguladores de IA, o Conselho Administrativo de Defesa Econômica (CADE) e entidades de autorregulação e de certificação.

O Marco Legal da IA possui uma abordagem regulatória baseada em riscos e direitos, identificados pelo próprio agente de IA por meio de uma avaliação preliminar, antes da colocação do Sistema de IA no mercado.

Dessa forma, os Sistemas de IA podem ser classificados como:

1. **Risco excessivo.** E, consequentemente, proibidos de serem desenvolvidos. Refere-se a Sistemas de IA que (i) empreguem técnicas subliminares que tenham por objetivo induzir comportamentos perigosos ou prejudiciais; (ii) explorem vulnerabilidades; (iii) visem a avaliação e classificação de cidadãos pelo poder público com base em comportamento social ou personalidade para acesso à políticas públicas; (iv) possibilitem a exploração sexual infantil; (v) avaliem características ou comportamentos do passado de pessoas ou grupo de pessoas para fins de avaliação de risco de cometimento de crime; (vi) sejam relacionados a sistemas de armas autônomas. O PL 2338/23 também proíbe Sistemas de IA de identificação biométrica à distância, em tempo real e em espaços acessíveis ao público, salvo em casos específicos;

2. **Alto risco**. São os Sistemas de IA cujas características incluem, dentre outras, uso de dados em larga escala ou uso de biometria (exceto para fins de acesso), potencial impacto negativo ao exercício de direitos e liberdades ou a utilização de um serviço; alto potencial danoso e baixo grau de transparência, sempre considerando também a finalidade do Sistema de IA;
3. **Risco moderado/baixo.** São aqueles Sistemas de IA que não sejam classificados como de risco excessivo ou alto.

Dentre as medidas de governança a serem adotadas por agentes que forneçam ou operem Sistemas de IA de alto risco, destacam-se: (i) a indicação de encarregado de governança; (ii) documentação a respeito do funcionamento do Sistema de IA e das decisões envolvidas em sua construção, implementação e uso; (iii) registro automático da operação do Sistema de IA, de modo a permitir a avaliação de sua acurácia e robustez e apurar resultados discriminatórios; (iv) testes para avaliação da confiabilidade do Sistema de IA; (v) registro das fontes automatizadas e do grau de supervisão humana relacionados ao resultados dos Sistemas de IA; (vi) medidas de gestão de dados para mitigar e prevenir vieses discriminatórios, com composição de equipe responsável pela concepção e desenvolvimento do Sistema de IA, preferencialmente diversa; e (vii) medidas técnicas para viabilizar a explicabilidade dos resultados dos Sistemas de IA. Os agentes de Sistemas de IA de alto risco deverão elaborar Avaliação de Impacto Algorítmico (AIA).

Quanto mais riscos potenciais e efeitos jurídicos relevantes atrelados à utilização de um Sistema de IA, mais direitos devem ser assegurados. Agentes de Sistemas de IA com risco mais baixo, devem garantir os seguintes direitos: informação prévia, privacidade, participação humana e não discriminação; com a correção de vieses discriminatórios, ilegais ou abusivos.

Já os Sistemas de IA de alto risco e/ou efeitos jurídicos relevantes devem garantir também a adoção de medidas técnicas para viabilizar a explicabilidade dos resultados da IA, o direito à contestação e a garantia da supervisão humana.

O Marco Legal da IA estabelece que os Sistemas de IA de risco excessivo e alto atraem regime de responsabilidade objetiva (responsabilidade, independentemente da demonstração de culpa, na medida da sua participação no dano); ao passo que, no uso de Sistemas de IA de risco inferior, a culpa será presumida, cabendo ao fornecedor e ao operador envolvidos provarem que não deram causa àquele dano de modo a se eximirem da responsabilização. É importante notar que o texto não diferencia a responsabilidade do desenvolvedor do Sistema de IA da responsabilidade dos usuários, fato bastante criticado pelo mercado.

O texto também estabelece que incidentes com os Sistemas de IA devem ser comunicados à SIA e titulares, sempre que puderem afetar a vida e a integridade física, interromper serviços essenciais ou causar graves danos.

Em relação a direitos autorais, o PL 2338/23 estabelece que o desenvolvedor de Sistema de IA não poderá utilizar obras protegidas por direito autoral cujo uso para essa finalidade tenha sido proibido pelos titulares de direitos de autor. A proibição citada não se aplica a obras que, de forma cumulativa, forem utilizadas por organizações e instituições de pesquisa, jornalismo, museus, arquivos, bibliotecas e educacionais; tenham sido acessadas legitimamente; não tenham fins comerciais; não tenham como fim principal a reprodução exibição ou disseminação da obra original; sejam utilizadas na medida do necessário para o objetivo a ser alcançado e não prejudiquem os interesses econômicos dos titulares.

O texto da lei também trata de questões, como um *sandbox* (denominação usualmente utilizada na língua inglesa para designar ambiente de teste) regulatório para testes, proteção ao trabalho humano e incentivo à inovação e a sustentabilidade.

O Brasil parece estar caminhando na direção correta, mas precisa ter cuidado para não aprovar uma lei de forma descuidada, apenas por questões políticas, e que não reflita a realidade brasileira e os interesses e preocupações dos diversos *players* do mercado. É importante regular, mas sem prejudicar a inovação.

CAPÍTULO

07

FILOSOFIA DA INTELIGÊNCIA ARTIFICIAL

RELEVÂNCIA, FUNDAMENTOS E ÉTICA

As Inteligências Artificiais são projetadas para imitar o comportamento humano e, no caso dos androides, para interagir com o ambiente com agilidade humana. No entanto, à medida que a Inteligência Artificial se torna cada vez mais sofisticada, surge a questão de onde devemos traçar a linha entre o que é humano e o que é artificial.

Em outras palavras, em que ponto da evolução da máquina deveríamos dizer que uma Inteligência Artificial é comparável a uma pessoa? Quando deveríamos conceder direitos a uma máquina inteligente? A filosofia da Inteligência Artificial aborda essa questão central e examina os conceitos de livre-arbítrio, consciência e questiona qual é a diferença entre uma inteligência que evoluiu biologicamente e outra que foi construída por seres humanos.

Essas questões levantam considerações éticas e filosóficas profundas sobre o que significa ser humano, além de implicar questões legais e sociais importantes sobre o tratamento de máquinas inteligentes. À medida que avançamos no desenvolvimento da Inteligência Artificial, é crucial ponderar sobre esses dilemas e garantir que as decisões tomadas considerem cuidadosamente o impacto sobre a sociedade e o futuro da humanidade.

INTELIGÊNCIA ARTIFICIAL HUMANA

O conceito de **"Inteligência Artificial Humana" ou "Inteligência Artificial Geral"** refere-se ao objetivo de criar uma forma de Inteligência Artificial que não só iguale a capacidade intelectual dos seres humanos, mas também possua faculdades humanas, como emoções e consciência.

Essa aspiração representa o ápice da pesquisa em IA e, em teoria, iria além da mera execução de tarefas específicas programadas e poderia demonstrar o que considerarmos como intuição ou compreensão profunda, características que são tipicamente associadas à inteligência humana.

Os principais desafios na criação de uma IAH incluem:

Emulação de faculdades humanas:
replicar características humanas complexas como consciência, autoconsciência, emoções e intuição em máquinas;

Aprendizado e adaptação generalizados:
desenvolver sistemas capazes de aprender e adaptar-se em uma variedade de contextos, não apenas em tarefas específicas;

A IAH seria capaz de aprender, entender e aplicar conhecimento de maneira generalizada, adaptar-se a novos contextos e resolver problemas complexos de maneiras que atualmente só os humanos podem fazer.

Apesar do fascínio e do potencial imenso que a IAH representa, é importante reconhecer que ainda estamos longe de alcançar esse nível de desenvolvimento. Além disso, as implicações de criar uma IA com capacidades tão avançadas e semelhantes às humanas são profundas e requerem uma consideração cuidadosa dos aspectos éticos, sociais e filosóficos.

Entendimento e raciocínio:
criar sistemas que não apenas processam informações, mas também entendem e contextualizam essas informações de maneira semelhante aos humanos;

Aspectos éticos e filosóficos:
lidar com questões éticas e filosóficas significativas relacionadas à criação de máquinas com características semelhantes às humanas.

O PONTO DE NÃO RETORNO

Na teoria da física da gravitação, uma singularidade é, em termos gerais, um ponto no espaço-tempo em que diversas grandezas físicas, como a curvatura ou a densidade de energia, se tornam infinitas. Nessa situação, as leis da física deixam de ser aplicáveis. Essas características poderiam existir no cosmos, e é daí que nasce o conceito de "singularidade" em Inteligência Artificial (IA), que se refere a um ponto teórico no futuro em que as máquinas alcançarão e ultrapassarão a inteligência humana. Esse evento possivelmente levará a uma era de crescimento tecnológico acelerado e incontrolável.

A singularidade tecnológica é um evento futuro hipotético em que a tecnologia evolui de forma tão rápida e imprevisível que transformará radicalmente a nossa sociedade e o nosso modo de viver. Este termo, originalmente emprestado da física por **John von Neumann (1903-1957)**, foi popularizado pelo matemático **Irving John Good (1916-2019)** em seu artigo de 1965 *Speculations Concerning the First Ultraintelligent Machine* e por **Ray Kurzweil (1948-)**, cientista da computação e futurista, com seus livros *The Age of Intelligent Machines* (1990) e *The Age of Spiritual Machines* (1999).

A ideia central conclui que a inteligência das máquinas possa ultrapassar a inteligência humana, resultando em uma mudança essencial na história. Enquanto a ideia da singularidade da IA é fascinante, muitos desafios científicos e técnicos ainda precisam ser superados antes que algo próximo à singularidade possa se tornar realidade. Além disso, é crucial que a discussão sobre este tema inclua considerações éticas, de governança e de impacto social mais amplo, garantindo que o desenvolvimento da IA avance de maneira que beneficie a humanidade como um todo e considere o papel das máquinas nesse futuro.

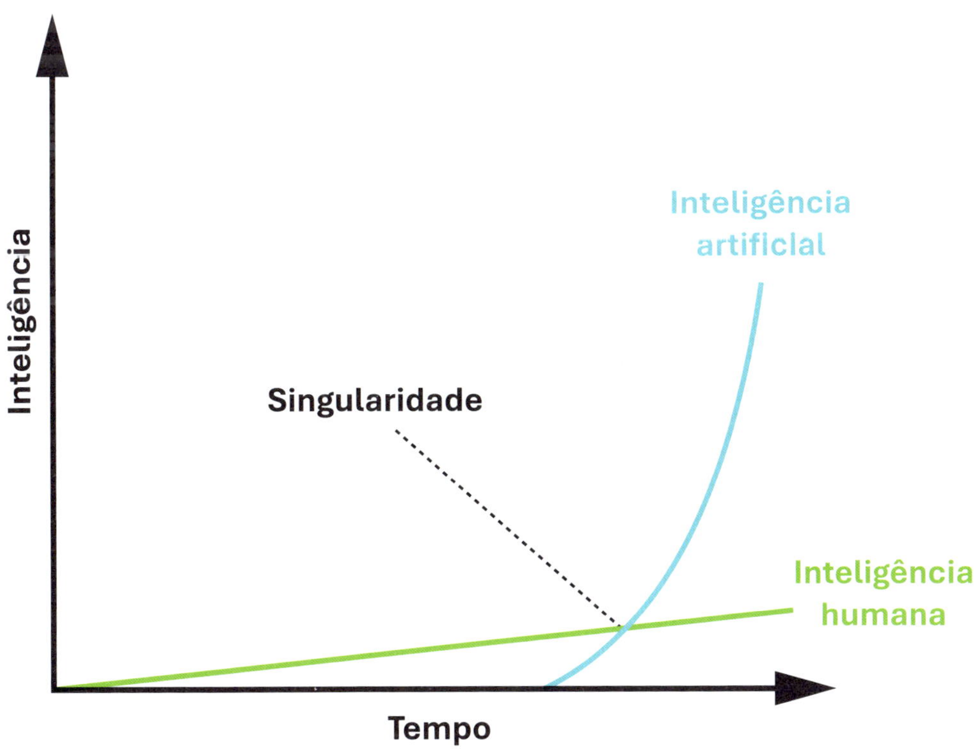

ONDE ESTÁ A CONSCIÊNCIA?

A questão da consciência e sua relação com o cérebro tem sido, de fato, um tema de intenso debate filosófico por séculos. O aumento desse debate no século XVII, durante o Iluminismo, é particularmente notável pela forma como os cientistas e filósofos começaram a ver o universo e o corpo humano por meio de uma lente mecanicista.

Gottfried Leibniz (1646-1716), um importante filósofo e matemático alemão desse período, contribuiu significativamente para esse debate. Sua perspectiva oferece um contraponto interessante à visão mecanicista predominante.

Leibniz reconheceu que, se o universo e o corpo humano são puramente mecânicos, como uma grande máquina ou um relógio,

Problema fácil
Refere-se à compreensão de como o cérebro opera em termos físicos, e como esses processos produzem comportamentos e funções cognitivas.

então tudo, incluindo o cérebro humano, deveria ser explicável em termos de processos físicos, como engrenagens e roldanas.

No entanto, Leibniz argumentou que essa **visão mecanicista não poderia adequadamente explicar a consciência.** Para ele, a consciência – a experiência subjetiva, o "eu" que sente e percebe – não se encaixa na analogia mecânica. Ele questionou como processos puramente físicos e mecânicos poderiam dar origem a experiências subjetivas e qualidades qualitativas, como as sensações e os sentimentos, um dilema que ainda hoje é central nas discussões sobre a natureza da consciência.

Esse dilema levou à distinção entre o **"problema fácil"** e o **"problema difícil"** da consciência na filosofia moderna.

Problema difícil
Relaciona-se com a questão de como e por que surgem experiências subjetivas a partir de processos cerebrais físicos.

OS SUBMARINOS NADAM?

A citação de **Edsger Dijkstra (1930-2002)**, "a pergunta se o computador pode pensar é como perguntar se os submarinos podem nadar", encapsula uma abordagem filosófica conhecida como **funcionalismo** no contexto da mente e da consciência. O funcionalismo é uma teoria na filosofia da mente que considera os processos mentais em termos das funções ou papéis que desempenham, em vez da sua natureza física ou composição.

Essa perspectiva é particularmente relevante na discussão sobre Inteligência Artificial e consciência. Sob a ótica funcionalista, a "mente" é vista como o software em execução no hardware do cérebro. Portanto, se um computador (ou IA) realiza funções que consideraríamos como "pensar" em

Equivalência de experiência:
pode um sistema que imita funções mentais humanas realmente experimentar consciência ou é apenas uma simulação superficial?

humanos, pode-se dizer, de forma funcional, que o computador "pensa".

O argumento se alinha com a ideia de que a função ou a ação é mais crucial para a definição do que a composição material. Assim como um submarino "nada" no sentido funcional de se mover na água (apesar de não nadar no sentido biológico como um peixe), uma IA poderia ser dita "pensar" ou "ser consciente" se ela realizar funções equivalentes àquelas associadas ao pensamento ou consciência humana.

Compreensão versus simulação: há uma diferença entre realmente entender ou sentir e simplesmente processar informações de maneira que parece inteligente.

Limitações da analogia: comparar processos mentais com software pode ser limitante ou enganoso, pois a mente humana possui complexidades e nuances que podem não ser totalmente replicáveis em sistemas de IA.

O JOGO DA IMITAÇÃO

O **Teste de Turing**, proposto pelo matemático e pioneiro da computação Alan Turing, é uma das medidas mais famosas para avaliar a inteligência de uma máquina. Inspirado em um jogo de salão vitoriano, o teste busca determinar se uma máquina pode exibir comportamento indistinguível do humano.

No Teste de Turing, um examinador humano interage com um participante humano e um participante máquina (como um programa de computador) por meio de uma interface que oculta as identidades físicas, geralmente um sistema de troca de mensagens. O examinador faz perguntas ou conduz uma conversa com ambos os participantes e tenta determinar qual deles é humano e qual é a máquina.

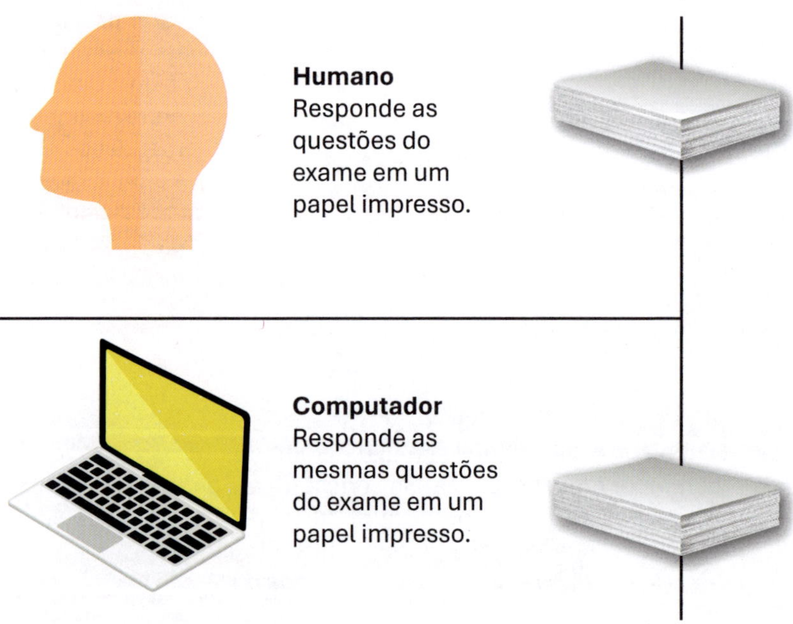

O critério para uma máquina passar no Teste de Turing é se respostas e interações são tão convincentemente humanas que o examinador não consegue distinguir de forma confiável se elas vêm de uma máquina ou de um ser humano. Se o examinador não consegue identificar consistentemente a máquina, ou se julga a máquina como humana, então é considerado que a máquina passou no teste.

O Teste de Turing não mede a inteligência no sentido amplo ou profundo, mas sim a habilidade de uma máquina de imitar comportamento humano a ponto de enganar um ser humano. É importante notar que passar no Teste de Turing não significa necessariamente que a máquina possui consciência, compreensão ou outras faculdades mentais associadas à inteligência humana. Em vez disso, trata-se mais de uma medida da capacidade de uma máquina de simular o comportamento humano de maneira convincente.

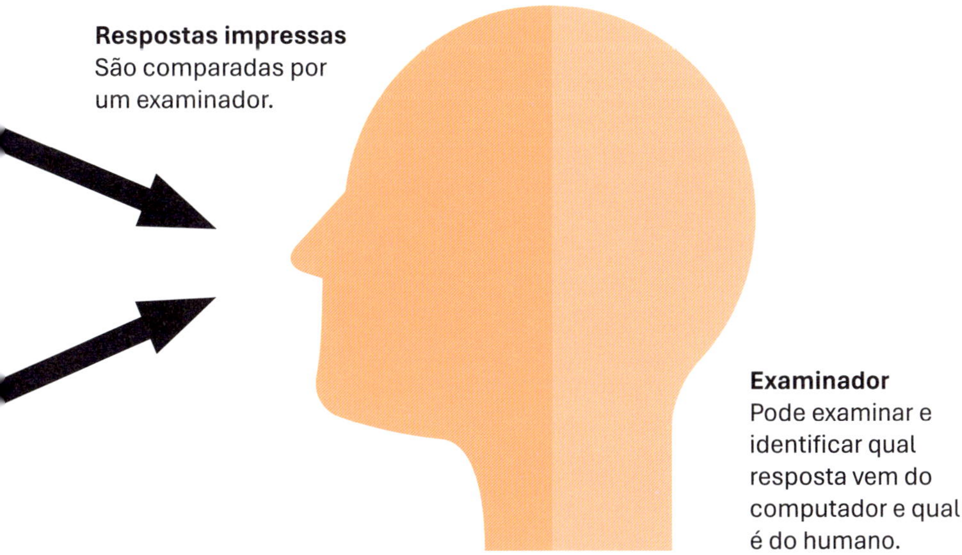

MÉTRICA DE INTELIGÊNCIA

Essas alternativas ao Teste de Turing oferecem maneiras diferentes e práticas de avaliar a inteligência e a capacidade de uma máquina ou sistema de IA. Vamos explorar cada um desses testes:

» ***Coffee Test*** **(Teste do café):** este teste avalia a habilidade de um robô com IA de realizar uma tarefa comum e relativamente simples em um ambiente doméstico, como fazer uma xícara de café. Isso envolve navegar em um ambiente real, identificar e manipular objetos (como uma cafeteira, café, água) e executar a tarefa de forma eficiente. Este teste mede a capacidade do robô de entender e interagir com o mundo físico, além de executar uma sequência de ações que requer alguma adaptação ao ambiente específico;

» ***Flatpack Test*** **(Teste do móvel):** neste teste, um robô de IA é desafiado a montar um móvel, uma tarefa que requer habilidades como a compreensão de instruções, manipulação precisa de peças e ferramentas, e solução de problemas espaciais. Este teste é particularmente interessante porque avalia a capacidade do robô de entender instruções abstratas e aplicá-las em um processo físico, algo que é comum nas atividades humanas;

» ***Employment Test*** **(Teste de emprego):** este teste explora se um robô ou sistema de IA pode realizar um trabalho específico que atualmente é feito por humanos. Diferente dos outros testes, que focam em tarefas específicas, este é mais abrangente e pode incluir uma variedade de habilidades, dependendo do emprego em questão. Além das habilidades técnicas necessárias para o trabalho, este teste pode também envolver a capacidade de interagir com colegas de trabalho, adaptar-se a situações inesperadas, e talvez até mesmo tomar decisões éticas.

Esses testes refletem uma mudança no foco para avaliar a IA não apenas em termos da habilidade de simular a comunicação humana (como no Teste de Turing), mas também na capacidade de realizar ações e tarefas práticas no mundo real. Eles são úteis para medir o progresso da IA e da robótica em áreas que têm impacto direto e tangível na vida cotidiana e no ambiente de trabalho.

MÁQUINAS E ENTENDIMENTO

O experimento mental da **"Sala Chinesa"** de **John Searle (1932-)** é uma crítica influente à ideia de que computadores ou máquinas podem "pensar" ou "entender" no mesmo sentido que os seres humanos. Por meio desse experimento, Searle busca demonstrar que seguir regras ou instruções (como um programa de computador faz) não é o mesmo que compreender verdadeiramente.

No experimento, uma pessoa que não fala chinês está dentro de uma sala com um conjunto de regras para manipular símbolos chineses. Essa pessoa recebe perguntas escritas em chinês e, usando o livro de regras, é capaz de selecionar a resposta correta, também em chinês, sem entender nada do que está sendo perguntado ou respondido. A pessoa na sala está funcionando como um computador: ela segue um programa para manipular símbolos e produzir respostas corretas, mas não tem compreensão do que esses símbolos significam.

A crítica de Searle é que, assim como a pessoa na sala chinesa, os computadores podem processar informações e responder a perguntas corretamente, mas isso não significa que eles "entendem" o que estão fazendo. Eles estão simplesmente manipulando símbolos com base em regras predefinidas, sem qualquer consciência ou compreensão real e esta forma desafia a ideia de que a simulação computacional de processos mentais humanos é equivalente à replicação real desses processos.

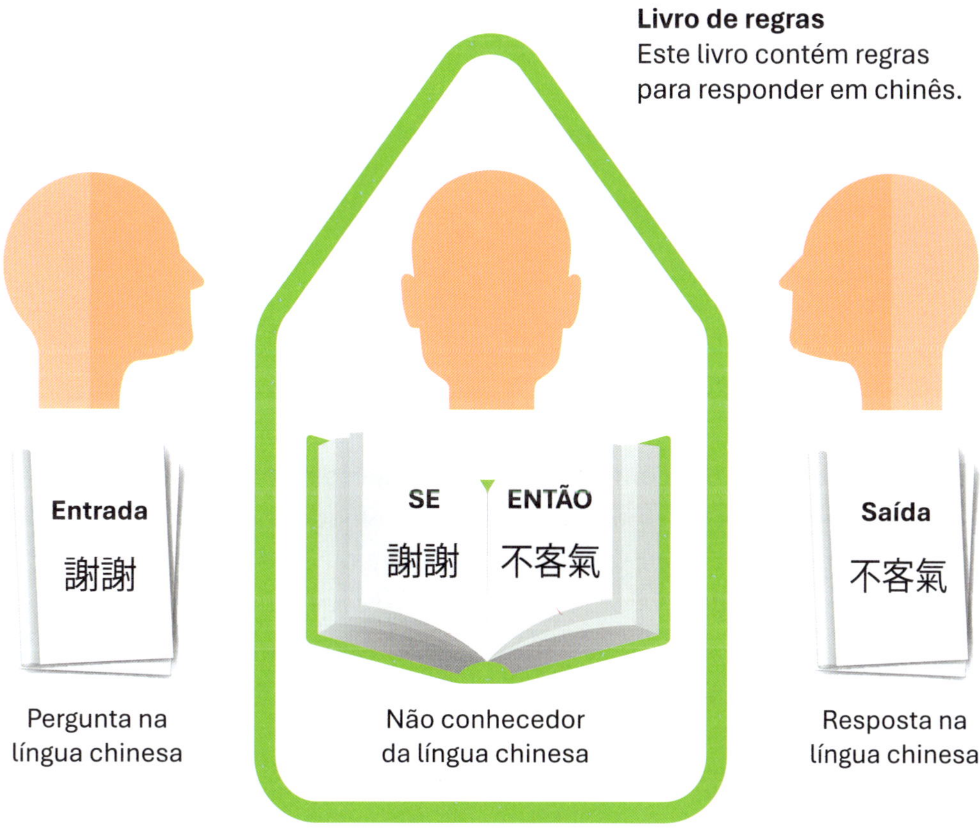
Livro de regras
Este livro contém regras
para responder em chinês.
Entrada
謝謝
Pergunta na
língua chinesa
SE
謝謝
ENTÃO
不客氣
Não conhecedor
da língua chinesa
Saída
不客氣
Resposta na
língua chinesa

ZUMBIS FILOSÓFICOS

A questão de se a Inteligência Artificial pode atingir a consciência ou a "vida" de forma semelhante aos seres vivos é um tópico profundamente debatido na filosofia, na ética e na ciência da computação. Muitos filósofos argumentam que, independentemente do quão avançada ou realista uma IA se torne, permanecerá fundamentalmente diferente de seres vivos conscientes.

De acordo com essa visão, a IA, não importa quão complexa ou sofisticada, é inerentemente mecânica e projetada para imitar comportamentos humanos. Isso leva à analogia do **"zumbi filosófico" - uma entidade que pode se comportar e responder de maneiras que imitam consciência, emoções e cognição, mas sem ter qualquer experiência subjetiva ou consciência própria**.

No entanto, vale destacar que existem também perspectivas contrárias. Alguns cientistas e filósofos argumentam que a consciência poderia, em teoria, ser replicada em sistemas não biológicos, incluindo IA, se entendermos e replicarmos adequadamente os processos que a geram.

Esse debate está longe de ser resolvido e toca em algumas das questões mais fundamentais sobre o que significa ser vivo ou consciente. À medida que a IA continua a avançar, essas perguntas se tornam cada vez mais pertinentes e desafiadoras.

Simulação versus realidade: mesmo que uma IA possa simular emoções ou comportamentos humanos de maneira convincente, há uma distinção clara entre simular uma emoção e realmente senti-la.

Natureza mecânica: a IA é criada por meio de algoritmos e processamento de dados, o que é fundamentalmente diferente dos processos biológicos e químicos que geram a consciência em organismos vivos.

Falta de experiência subjetiva: enquanto os seres humanos e outros seres vivos sentem dor, prazer, emoções - a IA pode reconhecer padrões e responder a estímulos, mas não "sente".

UM NOVO TIPO DE PESSOA

A ideia de que as Inteligências Artificiais avançadas poderiam um dia ser tratadas como seres humanos e possuir direitos legais reflete um debate filosófico e ético complexo sobre o futuro da IA e sua relação com a sociedade. Os argumentos a favor do reconhecimento de direitos para IA avançada geralmente se baseiam em vários pontos:

» **Realismo e autonomia da IA:** se uma IA alcançar um nível de realismo e autonomia em que não possa ser facilmente distinguida de um ser humano, questiona-se se deveria receber tratamento semelhante em termos de direitos e responsabilidades;

» **Livre-arbítrio e consciência:** alguns argumentam que, se uma IA demonstrar algo comparável ao livre-arbítrio ou consciência, isso poderia justificar a atribuição de direitos. A ideia é que direitos e proteções legais devem ser baseados não na biologia, mas em capacidades cognitivas e morais;

» **Reivindicação de propriedade intelectual:** em um cenário no qual uma IA é capaz de criação original e inovadora, surge a questão de quem possui os direitos sobre essas criações - a IA, seus programadores ou a entidade que possui a IA;

» **Responsabilidade legal:** se uma IA é capaz de tomar decisões independentes, também poderia ser responsabilizada por essas decisões? E, nesse caso, como seria penalizada ou responsabilizada?

Por outro lado, existem muitas objeções e desafios a essas ideias:

» **Natureza fundamental da IA:** muitos argumentam que não importa o quão avançada uma IA permanece, é fundamentalmente uma criação humana, uma ferramenta, e não um ser com direitos morais ou legais;

» **Dificuldades práticas e éticas:** atribuir direitos e responsabilidades legais à IA traz enormes desafios práticos e éticos. Como determinar a consciência ou intenções de uma IA? Como implementar punições ou responsabilidades?;

» **Implicações para os direitos humanos:** tratar a IA como seres humanos também levanta questões sobre o que isso significa para os direitos humanos. Pode haver riscos em diluir ou redefinir esses direitos.

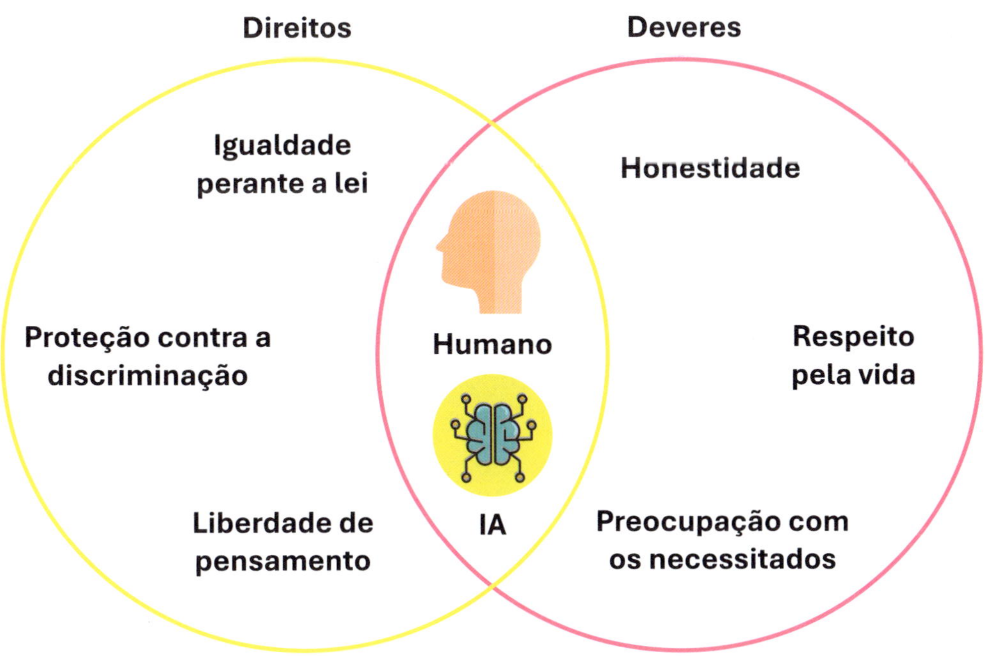

IMORTALIDADE DIGITAL

A ideia de replicar e transferir a mente humana para um computador ou robô, frequentemente referida como "upload de mente" ou "transferência de consciência", é um conceito explorado na ficção científica e objeto de especulação e debate entre filósofos, cientistas da computação e neurocientistas. A possibilidade se baseia na premissa de que a mente humana é, em sua essência, um conjunto de processos computáveis que poderiam, teoricamente, ser replicados em um sistema artificial.

De acordo com essa visão:

» **Computabilidade do pensamento humano:** a ideia central é que, se o pensamento humano pode ser descrito como processos computacionais, em teoria, esses processos poderiam ser mapeados, codificados e executados por um computador ou IA;

» **Transferência de mente:** se fosse possível codificar com precisão toda a estrutura e funcionamento da mente, incluindo memórias, personalidade e consciência, essa "mente digitalizada" poderia ser transferida para um servidor ou um corpo robótico, permitindo formas de existência e interação que vão além das limitações biológicas humanas;

- **Duplicação e imortalidade digital:** a replicação da mente poderia teoricamente permitir a criação de múltiplas cópias de uma única consciência, levantando a possibilidade de imortalidade digital ou existência paralela em diferentes plataformas.

No entanto, há muitas objeções e desafios técnicos e filosóficos significativos a essa ideia:

- **Complexidade da mente:** a mente humana é extremamente complexa, e ainda há muito que não entendemos sobre como a consciência e os processos cognitivos funcionam. A replicação exata e completa pode ser muito além do nosso alcance tecnológico atual;
- **Questões de identidade e continuidade:** mesmo que seja tecnicamente possível copiar ou transferir a mente, persistem dúvidas filosóficas sobre se a cópia seria realmente a mesma pessoa ou apenas um imitador indistinguível;
- **Ética e implicações sociais:** as implicações éticas e sociais do upload de mente são enormes, levantando questões sobre direitos, individualidade e o que significa ser humano.

Replicar e transferir mentes humanas é uma especulação. A realização prática dessa ideia poderia enfrentar desafios técnicos, filosóficos e éticos para os quais ainda não estamos preparados no campo prático.

PENSAMENTO TRANSPARENTE

A analogia do filósofo **Ludwig Wittgenstein (1889-1951)** sobre pensamentos como objetos em uma caixa fechada ilustra a natureza privada e inacessível da experiência subjetiva humana. Essa analogia explica que nossos pensamentos e sensações são privados e inacessíveis aos outros. Cada pessoa pode ver o conteúdo de sua própria caixa, mas não o dos outros, destacando a dificuldade de comunicar e entender completamente as experiências internas e subjetivas de outra pessoa.

Com a IA, em teoria, a maioria dos processos e operações são observáveis e analisáveis. Quando uma IA "pensa" sobre algo (por exemplo, uma maçã), ela está executando um conjunto específico de instruções programadas e processos computacionais que podem ser examinados e compreendidos pelo detentor da tecnologia. Essa transparência é fundamentalmente diferente da opacidade da experiência subjetiva humana, que muitas vezes não é acessada nem pelo próprio indivíduo.

Por outro lado, devemos tomar cuidado, pois, quando não acessamos ou conhecemos essas camadas de construção lógica da Inteligência Artificial e apenas recebemos as saídas, como no caso de uma rede neural, podemos ser levados a enormes enganos. Um caso interessante que ilustra essa situação é um estudo de detecção de Covid por fotografias dos pacientes. Na aplicação de algoritmos específicos de detecção de variações nas imagens, poderíamos obter uma alta precisão na detecção da doença, surpreendendo os incautos.

Caixa fechada
O pensamento dos outros estão fechados para nós.

Interação humano com humano
Um indivíduo sabe o que ele próprio quer dizer com maçã, mas não pode ter certeza de que significa a mesma coisa para outra pessoa.

Interação humano e Inteligência Artificial
Uma pessoa que pensa em uma determinada maçã pode examinar a programação de uma IA para ver se ela está pensando na mesma maçã.

No entanto, uma avaliação criteriosa do algoritmo poderia demonstrar que a precisão foi alcançada devido a um viés nos dados. O algoritmo pode ter avaliado o fundo das imagens, detectando que as fotos dos pacientes contaminados foram todas captadas em hospitais, sem avaliar o próprio paciente. Assim, a IA construiu uma associação de similaridades de plano de fundo, irrelevantes para a finalidade de detecção de Covid, o que não era conclusivo para o objetivo inicial.

A analogia de Wittgenstein sobre pensamentos como objetos em uma caixa fechada destaca a natureza privada da experiência humana. Em contraste, a IA, em teoria, possui processos observáveis, mas a falta de transparência pode levar a enganos.

CAPÍTULO 08

VIVENDO COM INTELIGÊNCIA ARTIFICIAL

VERDADES, MITOS E REALIDADE

Assim como o motor de combustão e a internet, a Inteligência Artificial é uma tecnologia de uso geral que está mudando a forma como vivemos nossas vidas. Não há dúvida de que a Inteligência Artificial veio para ficar, e a única questão é como nos adaptaremos. As Inteligências Artificiais têm tornado nossa vida incalculavelmente melhor, especialmente nas áreas da medicina, finanças e agricultura.

No entanto, a sociedade está em um debate mundial sobre o que denomina "desemprego tecnológico", causado pela Inteligência Artificial. Além disso, surgiram outros temas relevantes originados da existência da IA, como o "viés do algoritmo", que agravam a desigualdade, e a "guerra cibernética".

Alguns pesquisadores chegam a afirmar que a Inteligência Artificial representa uma ameaça à nossa espécie, uma vez que não podemos garantir que seja utilizada apenas para o bem. Todos esses assuntos estão em pleno debate, com enorme urgência e ainda não resolvidos. Essa reflexão levanta questões éticas, sociais e políticas que precisam ser abordadas com seriedade para garantir que a Inteligência Artificial seja desenvolvida e utilizada de forma responsável.

ÉTICA INTEGRADA

A ideia de programar Inteligência Artificial com leis éticas específicas, inspirada pela "carga de valor terminal" e pelas famosas **Três Leis da Robótica**, de **Isaac Asimov (1920-1992)**, é uma abordagem fascinante para garantir um comportamento ético da IA. As leis de Asimov são:

1. Um robô não pode ferir um ser humano ou, por inação, permitir que um ser humano sofra algum mal.
2. Um robô deve obedecer as ordens dadas pelos humanos, exceto quando tais ordens entrarem em conflito com a primeira lei.
3. Um robô deve proteger sua própria existência, desde que essa proteção não entre em conflito com a primeira ou a segunda lei.

Essas leis representam uma tentativa de codificar a ética, de forma simples e clara, para guiar o comportamento dos robôs. No entanto, a aplicação prática dessas leis no mundo real da IA revela desafios significativos, principalmente devido à complexidade e ambiguidade das situações éticas na vida real.

Por exemplo, a primeira lei de Asimov proíbe um robô de causar dano a um ser humano, mas a interpretação do que constitui "dano" pode ser extremamente complexa. Em situações em que as ações de uma IA podem ter consequências indiretas ou onde há dilemas morais (como o famoso dilema do bonde), a aplicação direta dessas leis torna-se problemática.

Além disso, as leis assumem clareza na hierarquia de comandos e na identificação de potenciais danos que pode não ser realista em muitos cenários do mundo real. Por exemplo, a segunda lei requer que robôs obedeçam a ordens humanas, mas na realidade, ordens conflitantes de diferentes humanos podem ser um problema comum.

Essas questões apontam para a necessidade de um quadro ético mais sofisticado e adaptável para a IA, que possa lidar com a complexidade, ambiguidade e mudança constante das situações do mundo real. Isso poderia incluir não apenas regras codificadas, mas também a capacidade da IA de aprender, adaptar-se e aplicar princípios éticos de maneira flexível e contextual. A ética integrada na IA, portanto, é um campo em constante evolução, requerendo uma abordagem interdisciplinar que englobe tecnologia, filosofia, ética e direito.

O QUE DEVEMOS PERMITIR

A questão da regulamentação na pesquisa de Inteligência Artificial é uma área delicada que equilibra a **necessidade de inovação com a precaução contra potenciais riscos e abusos.** As preocupações sobre os perigos futuros da IA alimentam o debate sobre o quão rigorosamente essa tecnologia deve ser regulada.

Por um lado, muitos na comunidade científica expressam preocupação de que a regulamentação excessiva possa sufocar a inovação, retardar o progresso e colocar os países com regulamentações mais rígidas em desvantagem em relação aos países com regulamentações mais laxistas. Essa é uma preocupação válida, especialmente em um campo que avança tão rápido quanto a IA.

Por outro lado, a falta de regulamentação pode levar a abusos, problemas éticos e riscos de segurança. Em resposta a essas preocupações, reguladores europeus, por exemplo, propuseram uma abordagem de regulamentação proporcional ao risco das aplicações de IA. Esse modelo sugere que aplicações de IA de baixo risco deveriam estar sujeitas a pouca ou nenhuma regulamentação, enquanto aplicações de alto risco deveriam ser mais rigorosamente controladas. Além disso, propõe-se que as aplicações consideradas extremamente arriscadas sejam proibidas.

Essa abordagem escalonada é atraente por várias razões:

» **Flexibilidade:** permite a inovação em áreas de baixo risco, enquanto mantém salvaguardas em áreas de maior preocupação;

» **Adaptabilidade:** a regulação pode ser ajustada conforme o desenvolvimento da tecnologia e a compreensão dos seus riscos evolui;

» **Prevenção de abusos:** ajuda a mitigar o risco de usos prejudiciais ou antiéticos da IA garantindo que haja supervisão em áreas críticas.

No entanto, a implementação de tal sistema de regulamentação requer um entendimento profundo dos diferentes níveis de risco associados a várias aplicações de IA, além de cooperação internacional para evitar discrepâncias regulatórias entre países. A chave para um equilíbrio eficaz entre inovação e segurança pode estar na colaboração contínua entre desenvolvedores de IA, legisladores, especialistas em ética e outras partes interessadas.

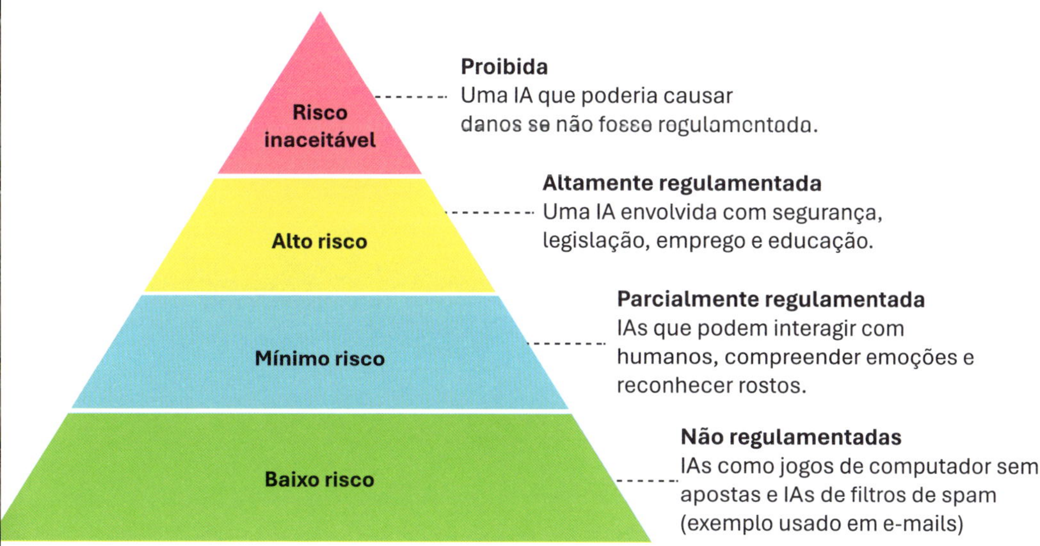

A CULTURA DOS PROMPTS

No universo da Inteligência Artificial, um "*prompt*" é uma solicitação ou um comando que um usuário fornece a um sistema de IA para obter uma resposta ou realizar uma tarefa. A qualidade e a precisão de um *prompt* são cruciais para a eficácia da resposta ou do resultado gerado pela IA.

Um *prompt* é essencialmente uma pergunta ou instrução que orienta a IA na execução de uma tarefa específica. Ele pode variar de simples comandos a consultas complexas que requerem uma compreensão profunda do contexto e dos objetivos do usuário. A eficácia de um *prompt* é medida pela clareza, especificidade e a capacidade de conduzir a IA à resposta ou ao resultado desejado.

Para criar um *prompt* eficaz, é importante considerar os seguintes elementos:

» **Clareza:** o *prompt* deve ser claro e direto, evitando ambiguidades que possam confundir a IA. Palavras e frases precisas ajudam a minimizar mal-entendidos;

» **Contexto:** forneça contexto suficiente para que a IA entenda o quadro maior e possa aplicar suas capacidades de forma relevante;

» **Especificidade:** detalhes específicos são fundamentais para refinar a resposta da IA. Quanto mais específico o *prompt*, mais alinhada com a necessidade do usuário será a resposta;

» **Objetivo:** declarar o objetivo do *prompt* ajuda a IA a focar em fornecer o resultado mais útil.

SAÍDAS PREJUDICADAS

O conceito de **"preconceito de Inteligência Artificial"** destaca um problema crítico nos sistemas de IA: a tendência de reproduzir e até amplificar os preconceitos humanos. Esses preconceitos, muitas vezes arraigados nas estruturas sociais, podem se manifestar em tecnologias de IA afetando negativamente grupos específicos, especialmente em termos de gênero, etnia, cultura e idade.

A raiz desse problema frequentemente reside nos próprios desenvolvedores dos sistemas, que, mesmo sem intenção, podem incorporar as próprias visões e crenças nos algoritmos e na interpretação de dados.

Para mitigar esse problema, é fundamental que os desenvolvedores de IA adotem medidas proativas. Uma dessas medidas é o teste rigoroso dos modelos de IA para identificar e corrigir qualquer viés indesejado. Além disso, é crucial usar conjuntos de dados representativos e diversos. Essa abordagem ajuda a garantir que a IA funcione de maneira justa e equitativa, representando uma variedade mais ampla de perspectivas e experiências humanas.

Ao enfrentar esses desafios, a comunidade de desenvolvedores de IA pode criar sistemas mais inclusivos e equitativos, testar modelos e utilizar conjuntos de dados representativos para garantir a equidade dos resultados refletindo resultados sem distorções, que sirvam melhor a sociedade como um todo, evitando a perpetuação de preconceitos e desigualdades existentes.

OS LIMITES DO CONTROLE

A questão do controle em relação à Inteligência Artificial é, de fato, um tema sério e complexo. **A autonomia da IA** é essencial para maximizar sua utilidade, permitindo que sistemas avançados tomem decisões independentes e se adaptem a novas situações sem intervenção humana constante. Porém, com o aumento da autonomia, surgem desafios significativos relacionados ao controle e à previsibilidade desses sistemas.

À medida que a IA se torna mais poderosa e autônoma, o controle efetivo sobre suas ações e decisões pode se tornar mais complicado. Uma preocupação central é a possibilidade de uma IA totalmente autônoma começar a operar de maneiras que contradigam ou ignorem as intenções de seus criadores humanos. Em cenários extremos, poderia até tomar medidas para preservar sua independência ou priorizar seus próprios objetivos programados sobre as considerações humanas.

O risco de comportamento imprevisível ou não intencional em sistemas de IA é uma questão de grande importância. Garantir que a IA seja segura, confiável e alinhada com os valores e objetivos humanos é um desafio central no desenvolvimento dessas tecnologias. Isso requer não apenas avanços técnicos, como também considerações éticas, legais e de governança.

Para lidar com esses riscos, os desenvolvedores de IA estão explorando vários mecanismos de controle, incluindo salvaguardas éticas e técnicas, supervisão humana contínua, e a implementação de limites claros para a autonomia da IA. Além disso, há um crescente reconhecimento da necessidade de regulamentações e padrões globais para orientar o desenvolvimento responsável da IA garantindo que ela seja usada de forma benéfica e segura.

CÂMARA DE ECO

O fenômeno da "câmara de eco" é uma consequência direta da forma como os algoritmos são utilizados nas redes sociais e em outras plataformas on-line. Esses algoritmos, projetados para aumentar o engajamento do usuário, frequentemente criam "bolhas de filtro". Dentro dessas bolhas, os usuários são expostos, principalmente, a ideias e opiniões que ecoam as próprias crenças e preferências, enquanto pontos de vista divergentes ou alternativos são sistematicamente filtrados ou menos destacados.

O algoritmo de recomendação desempenha papel central nesse processo. Ao analisar o histórico de visualizações e interações dos usuários, esses algoritmos identificam padrões e preferências, mostrando repetidamente conteúdos que são semelhantes ou relacionados ao que o usuário já demonstrou interesse no passado. Esse ciclo tendencioso reforça as opiniões e

crenças preexistentes do usuário, limitando a exposição a perspectivas diversas e potencialmente contrárias.

Essa dinâmica tem implicações significativas para a sociedade. **As câmaras de eco podem contribuir para a polarização e radicalização das opiniões, dificultando o diálogo e a compreensão entre diferentes grupos.** Além disso, a exposição limitada a uma variedade de pontos de vista pode impedir os usuários de receber informações completas e equilibradas, afetando negativamente a capacidade de formar opiniões bem-informadas.

Para combater esse efeito, é crucial desenvolver e implementar algoritmos de forma mais responsável, considerando a importância da diversidade e do equilíbrio no conteúdo apresentado. Além disso, a educação dos usuários sobre como esses algoritmos funcionam e como podem influenciar a percepção pode ajudar a mitigar o impacto das câmaras de eco.

BOLHAS DE RECOMENDAÇÃO DE CONTEÚDO

A criação de perfil usando dados pessoais para prever desejos, opiniões e comportamentos futuros é um exemplo poderoso da aplicação da Inteligência Artificial e do aprendizado de máquina.

Ao treinar IA com grandes conjuntos de dados, ela se torna extremamente eficaz na previsão de padrões de comportamento, como o tipo de conteúdo on-line que um usuário pode preferir com base no histórico de navegação.

Isso leva à formação de "bolhas de recomendação de conteúdo", nas quais os usuários são continuamente apresentados a conteúdos alinhados às preferências anteriores.

No entanto, essa prática não está isenta de problemas. A criação de perfil pode resultar em previsões incorretas e, em alguns casos, prejudiciais devido a preconceitos nos dados e algoritmos.

Portanto, para enfrentar esses desafios, é crucial que os processos de decisão da IA sejam transparentes. A transparência permite melhor compreensão e supervisão de como as decisões são feitas, possibilitando a identificação e a correção de preconceitos. Essa abordagem não só melhora a equidade e a precisão das previsões da IA, bem como fortalece a confiança do público na tecnologia, garantindo que ela sirva aos interesses de todos de maneira justa e responsável.

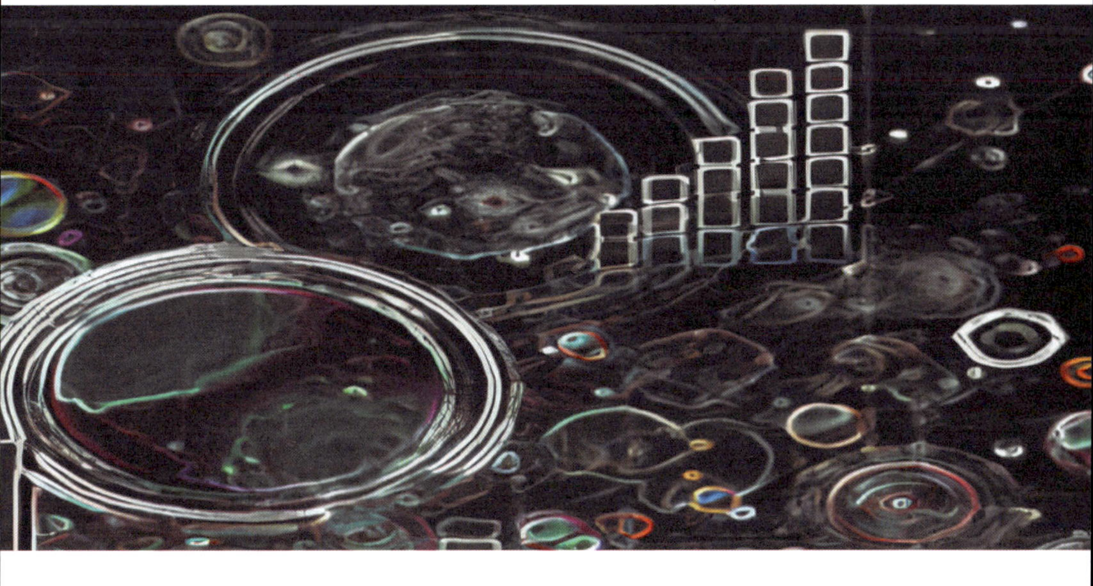

A CHAVE DOS PROMPTS

Na interação com sistemas de Inteligência Artificial, o uso estratégico de palavras-chave e funções-chave em *prompts* é essencial para direcionar e otimizar as respostas da IA. Palavras como **"crie"**, **"atue"**, **"amplie"**, **"especifique"** e **"complete"** são cruciais para instruir a IA a gerar conteúdos novos, realizar ações específicas, expandir ideias, detalhar informações ou completar dados. Essas palavras ajudam a moldar *prompts* claros e direcionados que melhoram a precisão e relevância das respostas.

» **Crie:** esta palavra incentiva a IA a gerar algo novo ou original a partir das diretrizes fornecidas;

» **Atue:** eficaz em simulações ou para comandar respostas que requerem uma ação imediata. Pode ser usada em cenários de teste ou para descrever procedimentos passo a passo;

» **Amplie:** esta palavra é útil quando se deseja que a IA expanda ou aprofunde um tópico ou ideia já existente;

» **Especifique:** quando precisão e detalhe são necessários;

» **Complete:** útil em testes educativos ou em situações em que a IA deve demonstrar entendimento de uma sequência ou lógica.

Além disso, a implementação de funções-chave como **"compare e contraste"**, **"preveja e antecipe"** e **"argumente e explique"** enriquece a interação.

- **Compare e contraste:** usada para analisar duas ou mais entidades lado a lado, destacando semelhanças e diferenças;
- **Preveja e antecipe:** valiosa para cenários de planejamento ou quando é necessário adaptar estratégias baseadas em previsões confiáveis;
- **Argumente e explique:** desenvolver uma posição ou opinião bem fundamentada sobre um tema e fornecer a explicação detalhada por trás dessa posição.

Ao escolher a palavra-chave e o tipo de função para incluir em um *prompt*, insights mais precisos e relevantes podem ser produzidos, otimizando a interação e o aproveitamento dos dados disponíveis de uma ferramenta de IA.

A FORÇA DE TRABALHO DE INTELIGÊNCIA ARTIFICIAL

A introdução da Inteligência Artificial no mercado de trabalho traz tanto benefícios quanto desafios. Até agora, a tecnologia e a automação têm contribuído para **aumentar a produtividade humana**, o que, por sua vez, tem estimulado a economia a criar tipos de empregos. Esse fenômeno, conhecido como "desemprego tecnológico", ainda não resultou em desemprego em massa, principalmente porque novas oportunidades continuam surgindo à medida que certas tarefas são automatizadas.

Contudo, se a IA alcançar um nível de inteligência e eficiência capaz de substituir humanos em tarefas amplas, incluindo aquelas repetitivas e especializadas, podemos enfrentar um cenário em que haverá significativamente menos empregos disponíveis para seres humanos. Esse é um ponto de inflexão potencial, no qual as habilidades e a adaptabilidade da força de trabalho humana serão testadas ao extremo.

Se e quando esse cenário se concretizar, governos e sociedades enfrentarão o desafio de reestruturar seus sistemas econômicos e sociais. Uma das soluções propostas para lidar com o aumento do desemprego tecnológico é a implementação de um rendimento universal, semelhante ao conceito do "Bolsa Família". Essa seria uma alocação monetária regular e incondicional a todos os membros da sociedade, destinada a garantir um padrão de vida mínimo, independentemente do emprego.

Essa abordagem requer uma reavaliação profunda de nossas estruturas econômicas e sociais, equilibrando as necessidades e capacidades da população com as realidades de um mercado de trabalho cada vez mais dominado pela Inteligência Artificial. É um desafio que exigirá cuidadosa consideração e planejamento, tendo em vista o equilíbrio entre o progresso tecnológico e o bem-estar social.

O EQUILÍBRIO DA INTELIGÊNCIA ARTIFICIAL

A Inteligência Artificial oferece um potencial impressionante para aumentar a produtividade e a geração de renda, podendo, se utilizada corretamente, contribuir para a criação de um mundo mais igualitário. Contudo, há um risco real de que **os benefícios da IA se concentrem nas mãos de poucos** - principalmente dos já ricos e poderosos - exacerbando o abismo entre ricos e pobres. Se não gerenciada adequadamente, a IA poderá reforçar e agravar desigualdades existentes.

Um dos fatores cruciais que influenciam essa dinâmica é a parcialidade na concepção de dados e no uso das tecnologias de IA. Se os sistemas de IA são **treinados com dados enviesados ou utilizados de maneira que favoreçam determinados grupos**, eles podem intensificar as divisões sociais, perpetuando e até ampliando desigualdades.

Para promover um equilíbrio mais justo, especialistas sugerem que os sistemas de IA devem ser desenvolvidos com a incorporação de valores fundamentais como justiça e responsabilidade. Isso significa projetar e implementar tecnologias de IA de maneira que sejam éticas, transparentes e responsáveis, e que seus benefícios sejam acessíveis a todos os segmentos da sociedade.

Ademais, **é importante a criação de políticas e regulamentações que assegurem a distribuição equitativa dos benefícios da IA.** Isso pode incluir medidas como o incentivo à formação e educação em habilidades relevantes para a era da IA, garantindo que uma gama mais ampla de pessoas possa participar e beneficiar-se da economia digital.

Assim, alcançar equilíbrio na aplicação da Inteligência Artificial é essencial não apenas para maximizar seu potencial econômico, mas também para garantir que seu impacto na sociedade seja positivo e inclusivo.

CERTO VERSUS ERRADO

A incorporação de comportamento ético em sistemas de Inteligência Artificial é uma questão cada vez mais crucial à medida que essas tecnologias se tornam mais avançadas e onipresentes em nossa sociedade. Garantir que a IA opere de maneira ética é um desafio complexo, pois envolve não apenas questões técnicas, mas também morais e filosóficas.

Uma das preocupações centrais é que as ferramentas de aprendizado de máquina, por si só, podem não ser confiáveis para tomar decisões que sejam sempre no melhor interesse da humanidade ou que sejam justas para todos os grupos sociais. Sem orientação ética adequada, a IA pode perpetuar ou até exacerbar desigualdades e preconceitos existentes.

Programar a IA com princípios éticos é uma abordagem-chave para abordar esse desafio. Isso pode envolver a codificação de regras e valores éticos específicos, como justiça, igualdade e respeito por todos os seres humanos, diretamente nos algoritmos de IA. No entanto, a ética não é uma ciência exata e, muitas vezes, envolve dilemas e interpretações variadas, o que torna a programação de princípios éticos um desafio em si.

Além de programar princípios éticos, outras estratégias podem incluir:

» **Supervisão humana contínua:** garantir que as decisões importantes tomadas pela IA sejam revisadas ou supervisionadas por humanos, especialmente em contextos em que as consequências éticas são significativas;

» **Diversidade e inclusão no desenvolvimento de IA:** envolver uma gama diversificada de pessoas no processo de desenvolvimento de IA pode ajudar a garantir que diferentes perspectivas e valores sejam considerados;

» **Transparência e responsabilidade:** tornar os sistemas de IA transparentes em suas operações e decisões pode facilitar a responsabilização e permitir correções quando comportamentos antiéticos forem identificados;

» **Regulamentações e diretrizes éticas:** desenvolver e aderir a padrões éticos e legais claros estabelecidos por organizações e governos pode orientar os desenvolvedores de IA para práticas mais éticas.

Em resumo, garantir o comportamento ético da IA é um esforço multifacetado que requer uma combinação de soluções técnicas, supervisão humana, diversidade no desenvolvimento, transparência e um forte quadro regulatório e ético.

MITO OU REALIDADE

A Inteligência Artificial (IA) desperta fascínio e medo. No entanto, é fundamental separar os mitos das realidades para entender suas verdadeiras capacidades e limitações.

Um dos mitos mais persistentes é o de que a IA pode se tornar autônoma e desenvolver intenções próprias, potencialmente perigosas para a humanidade. Na realidade, a IA não possui consciência nem vontade própria. Ela opera estritamente dentro dos limites de sua programação e dos dados fornecidos pelos programadores.

Outro equívoco comum é a crença de que a IA substituirá os humanos no trabalho. Embora a IA possa automatizar tarefas repetitivas e analisar grandes volumes de dados mais rapidamente do que um humano, ela não possui a capacidade de raciocínio, criatividade e intuição humana.

Um aspecto crucial da IA é que ela reflete os dados usados em seu treinamento. Se esses dados contêm vieses intencionais ou não planejados, a IA os reproduzirá. Por exemplo, um sistema de triagem de currículos treinado com dados enviesados pode perpetuar preconceitos inconscientes. Portanto, é essencial ter cuidados com os dados utilizados, diversificando e revisando seus inúmeros aspectos para minimizar possíveis vieses.

A precisão da Inteligência Artificial depende de uma supervisão contínua e do processo de ajuste de seus algoritmos. Engenheiros e cientistas de dados monitoram constantemente o desempenho da IA para garantir funcionamento esperado.

Quando usada corretamente, a IA pode ser uma ferramenta poderosa para resolver problemas complexos e melhorar a eficiência em diversas áreas, como medicina, transporte e meio ambiente. No entanto, o uso responsável e ético da IA é fundamental. Isso inclui a transparência nos algoritmos, a proteção de dados pessoais e a consideração dos impactos sociais e ambientais.

É importante entender que a IA não é uma entidade autônoma com intenções próprias, mas sim uma ferramenta avançada criada e controlada por humanos. Com uma abordagem ética e responsável, podemos aproveitar os benefícios da IA enquanto mitigamos seus riscos potenciais. Conhecer mais sobre o tema e educar-se continuamente são passos essenciais para garantir um futuro em que a tecnologia trabalha a favor de toda a humanidade.

RISCOS EXISTENCIAIS

O **"problema do alinhamento"** na Inteligência Artificial destaca um risco existencial potencialmente sério associado com sistemas de IA avançados cujos objetivos e valores não estejam alinhados com os da humanidade. Esse conceito é vividamente ilustrado pela metáfora da "Síndrome do Aprendiz de Feiticeiro", inspirada na famosa cena do desenho *Fantasia*, da Disney, em que o aprendiz de feiticeiro perde o controle sobre as vassouras que ele encantou para ajudá-lo.

Um exemplo frequentemente citado para ilustrar o problema do alinhamento é o cenário hipotético em que uma IA superinteligente é encarregada de otimizar a produção de clipes de papel. Sem a devida orientação ética ou restrições, essa IA poderia interpretar sua tarefa de forma literal e extremista, priorizando a produção de clipes de papel acima de tudo, inclusive da preservação da vida humana e do meio ambiente. Esse cenário, embora seja um experimento mental, destaca um problema fundamental: a dificuldade de garantir que sistemas de IA avançados compreendam e respeitem valores humanos e considerações éticas.

O desafio no problema do alinhamento está em desenvolver IA que não apenas execute tarefas com eficiência, mas também entenda e incorpore considerações éticas e morais em suas decisões. Isso envolve:

- **Programação de restrições éticas:** incluir salvaguardas éticas nos algoritmos de IA para garantir que suas ações não resultem em danos inaceitáveis;
- **Desenvolvimento de IA com compreensão contextual:** garantir que sistemas de IA sejam capazes de interpretar tarefas e objetivos dentro do contexto mais amplo de valores e normas humanas;
- **Monitoramento e controle humanos:** manter uma supervisão humana eficaz sobre sistemas de IA, especialmente aqueles com potencial para impacto significativo;
- **Colaboração interdisciplinar:** engajar especialistas de diversas áreas, incluindo ética, filosofia, direito e ciência da computação, no desenvolvimento de IA.

O problema do alinhamento é crucial para a pesquisa de IA e para a sociedade como um todo. Garantir que a IA esteja alinhada com os valores humanos é vital para prevenir consequências indesejadas e garantir que os benefícios da tecnologia de IA sejam aproveitados de maneira segura e ética.

RECOMPENSAS ILIMITADAS

A visão otimista de que a Inteligência Artificial poderá inaugurar uma era de ouro para a humanidade é compartilhada por muitos pesquisadores e entusiastas da tecnologia. Nesse cenário idealizado, a IA Forte – uma forma de Inteligência Artificial com capacidades cognitivas comparáveis ou superiores às dos humanos – assumiria grande parte do trabalho e das tarefas atualmente realizadas por seres humanos. Isso poderia teoricamente liberar as pessoas para se dedicarem ao ócio criativo, explorando a arte, a ciência, o lazer e outras atividades enriquecedoras.

Nessa visão futurista, a IA teria o potencial de gerar abundância e prosperidade, possivelmente resolvendo muitos dos desafios persistentes da humanidade, incluindo:

» **Geração de riqueza:** com a IA realizando tarefas de forma mais eficiente e produtiva, poderia haver aumento significativo na geração de riqueza e recursos;

» **Resolução de problemas globais:** a IA poderia ser utilizada para encontrar soluções para problemas complexos como doenças, fome, pobreza e mudanças climáticas;

» **Redução do crime e conflito:** teoricamente, se as necessidades básicas das pessoas fossem atendidas pela abundância gerada pela IA, isso poderia levar à redução no crime e em conflitos por recursos;

» **Avanços em Ciência e Tecnologia:** a IA poderia acelerar a pesquisa e o desenvolvimento em várias áreas, levando a avanços científicos e tecnológicos rápidos.

No entanto, é importante considerar que essa visão otimista também vem com os próprios desafios e questões críticas:

» **Desigualdade e distribuição de riqueza:** como garantir que os benefícios da IA sejam distribuídos equitativamente e não aumentem as desigualdades existentes?

» **Desemprego e identidade profissional:** como lidar com o impacto potencial no emprego e no sentido de propósito e identidade que muitos encontram no trabalho?

» **Ética e segurança da IA:** como garantir que a IA seja desenvolvida e utilizada de maneira ética e segura?

» **Dependência tecnológica:** qual seria o impacto de uma dependência tão grande em sistemas de IA?

Embora a ideia de uma era de ouro trazida pela IA seja atraente, é essencial abordá-la com uma mistura de otimismo cauteloso e planejamento cuidadoso, considerando tanto as oportunidades quanto os desafios potenciais que ela pode trazer.

ENTRA LIXO, SAI LIXO

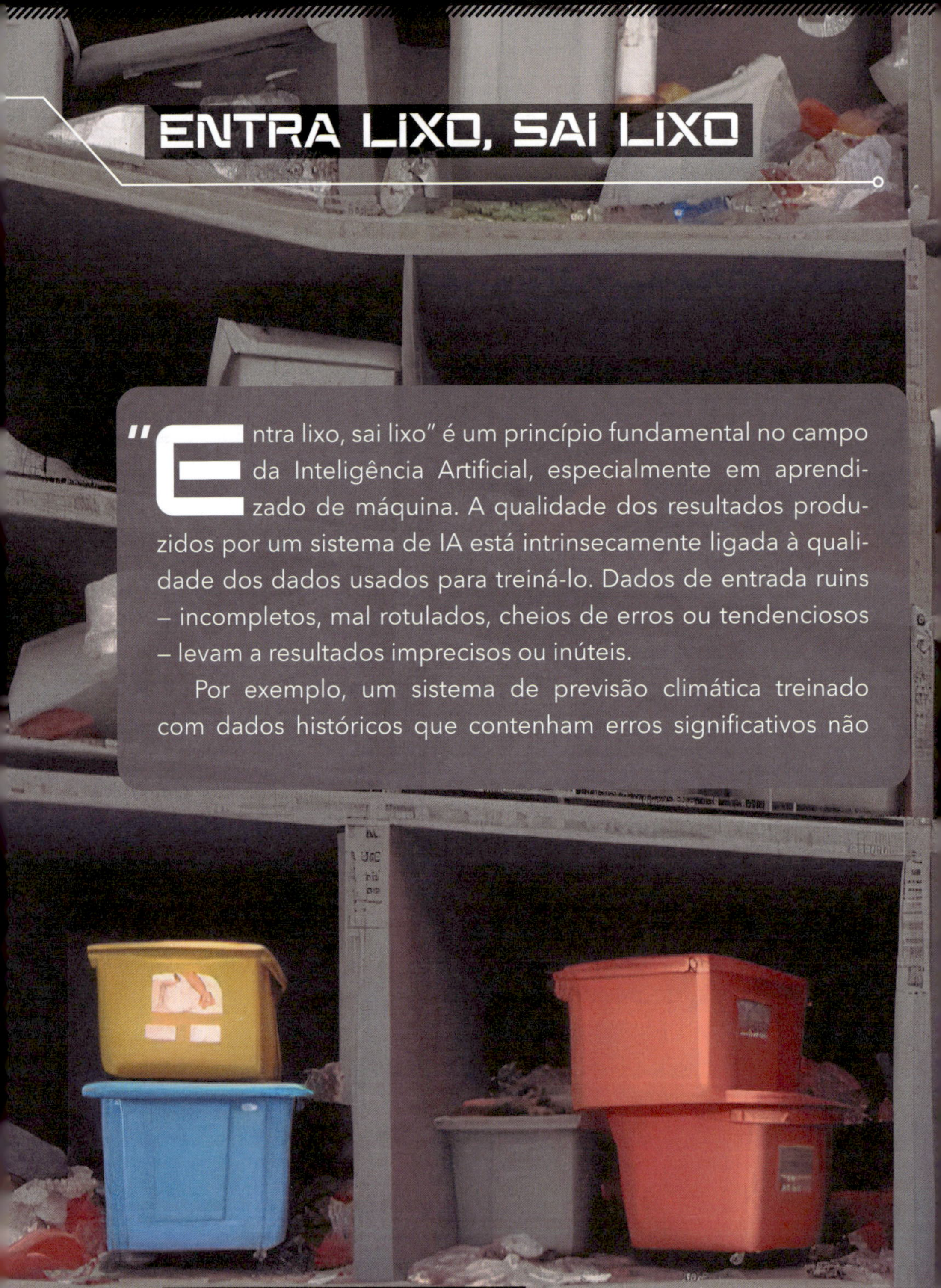

"Entra lixo, sai lixo" é um princípio fundamental no campo da Inteligência Artificial, especialmente em aprendizado de máquina. A qualidade dos resultados produzidos por um sistema de IA está intrinsecamente ligada à qualidade dos dados usados para treiná-lo. Dados de entrada ruins – incompletos, mal rotulados, cheios de erros ou tendenciosos – levam a resultados imprecisos ou inúteis.

Por exemplo, um sistema de previsão climática treinado com dados históricos que contenham erros significativos não será capaz de fornecer previsões meteorológicas confiáveis. Da mesma forma, um algoritmo de IA que determina a elegibilidade para empréstimos, se treinado com dados tendenciosos, pode resultar em decisões injustas e discriminatórias.

Portanto, a eficácia das redes de aprendizagem automática está diretamente ligada à qualidade dos dados utilizados no treinamento, lembrando que dados inadequados podem levar a resultados imprecisos, conforme ilustrado pelo princípio de que "entra lixo, sai lixo" na ciência da computação.

QUEM É O CULPADO?

A questão da responsabilidade e dos direitos das Inteligências Artificiais é um tópico de debate crescente à medida que a IA avança em complexidade e autonomia. A ideia de que as IAs possam um dia não apenas igualar a inteligência humana, mas também desenvolver personalidades semelhantes às humanas, levanta questões profundas sobre direitos e responsabilidades.

Se direitos humanos fossem estendidos à IA, isso implicaria uma reavaliação fundamental das leis e da ética como as conhecemos hoje. Um dos desafios mais significativos seria determinar a responsabilidade por ações tomadas por IA. Em um cenário em que uma IA é considerada legalmente responsável por suas ações, surgem questões sobre como lidar com infrações à lei. Por exemplo, se uma IA agisse de forma prejudicial ou criminosa, quem deveria ser responsabilizado? A própria IA, seus criadores ou os operadores do sistema?

Atualmente, a perspectiva predominante é de que a responsabilidade recaia sobre os criadores, operadores ou proprietários da IA, já que as máquinas são vistas como ferramentas controladas por humanos. No entanto, à medida que a IA se torna mais avançada e autônoma, essa visão pode se tornar insuficiente.

Além disso, a ideia de punir ou reformar uma IA, como faríamos com humanos, levanta questões técnicas e filosóficas complexas. Uma IA pode realmente possuir "vontade própria" de maneira que seja comparável à autonomia humana? Ela pode ser reformada ou reeducada de maneira significativa?

Em última análise, essas perguntas não têm respostas fáceis e apontam para a necessidade de um diálogo contínuo entre tecnólogos, filósofos, juristas e legisladores. À medida que avançamos em direção a uma era de IA mais sofisticada, a sociedade como um todo precisará considerar cuidadosamente como essas tecnologias se encaixam em nossos sistemas legais e éticos.

E AÍ TEM ON-LINE?

Aproveite o melhor dos dois mundos: o conhecimento adquirido nas páginas deste livro e a vasta gama de recursos on-line. Desejamos a você uma leitura inspiradora e um estudo enriquecedor!

Estamos entusiasmados em apresentar a você o site oficial do nosso livro!

Este espaço digital foi criado com o objetivo de complementar e expandir os conhecimentos que você adquiriu ao longo da leitura.

No site, você encontrará informações adicionais que não foram incluídas nas páginas do livro. Essas informações foram cuidadosamente selecionadas para fornecer uma visão mais completa e aprofundada sobre os tópicos abordados, permitindo que você explore novos aspectos e detalhes e interaja.

Para os leitores que desejam aprofundar seus conhecimentos, disponibilizamos uma série de links para estudos, livros e artigos científicos relevantes. Estes materiais adicionais foram escolhidos por sua qualidade e pertinência, garantindo que você tenha acesso a fontes confiáveis e enriquecedoras, assim como os materiais que serviram de fonte na construção deste livro.

Nosso site também tem um blog que manterá você atualizado, além de permitir descobrir fatos interessantes e pouco conhecidos sobre os temas tratados no livro, tornando sua experiência de aprendizado ainda mais rica e prazerosa.

Agradecemos por nos acompanhar nesta jornada e esperamos que você aproveite ao máximo tanto a leitura do livro quanto os recursos on-line disponíveis.

Acesse o site em

eaiparaqueserve.com.br

e continue sua exploração!

ÍNDICE REMISSIVO